Helga Egner (Hrsg.)

Tier – Pflanze – Mensch

Helga Egner (Hrsg.)

Tier – Pflanze – Mensch

Eingebundensein und Verantwortung

Mit Beiträgen von Günter Altner, Gertrude Deninger-Polzer, Eugen Drewermann, Sergius Golowin, Sylvia Greiffenhagen, Mario Jacoby, Barbara Mettler-Meibom, Ingrid Riedel, Rüdiger Rogoll, Hildegunde Wöller

Walter-Verlag
Solothurn und Düsseldorf

Veröffentlichung der Internationalen Gesellschaft
für Tiefenpsychologie e.V. Stuttgart
Geschäftsstelle: Postfach 1147, D-73201 Plochingen

Diesen Band erhalten unsere Mitglieder als Dokumentation der Arbeit der Gesellschaft. Ihr gehören als Mitglieder an: Ärzte, Seelsorger, Psychotherapeuten, Psychagogen, Psychologen, Pädagogen, Juristen, Sozialarbeiter, im Heilberuf Tätige. Die Jahrestagung 1992 stand unter dem Leitthema Tier – Pflanze – Mensch. Eingebundensein und Verantwortung. Die Vorträge wurden durch vielfältige Gruppenarbeit vertieft und ergänzt.

Umschlagbild:
Henri Rousseau, Urwaldlandschaft mit untergehender Sonne. 1910
Öffentliche Kunstsammlung Basel, Kunstmuseum
Inv. Nr. 2225. Foto: Martin Bühler, Basel

Die Deutsche Bibliothek – CIP-Einheitsaufnahme
Tier – Pflanze – Mensch: Eingebundensein und Verantwortung/
Helga Egner (Hrsg.). Mit Beitr. von Günter Altner ... –
Solothurn; Düsseldorf: Walter, 1993
ISBN 3-530-88020-5
NE: Egner, Helga (Hrsg.); Altner Günter

Satz: Utesch Satztechnik GmbH, Hamburg
Druck und Einband:
Offizin Andersen Nexö Leipzig GmbH
Printed in Germany
ISBN 3-530-88020-5

Inhalt

Vorwort

Wie wir Menschen uns selbst verstehen, ist nicht nur davon beeinflußt, welche anderen Menschen mit ihren Ideen, ihrem Handeln, ihren Emotionen auf uns einwirken oder in welcher Umgebung wir leben: in das Beziehungsfeld unserer Entwicklung gehören auch die Begegnungen mit Tieren und Pflanzen, mit dem Boden, mit Luft und Wasser – mit all dem, was wir im allgemeinen «Natur» nennen.

Wenn die Herbsttagung 1992 der Internationalen Gesellschaft für Tiefenpsychologie eV unter das Thema «Tier – Pflanze – Mensch: Eingebundensein und Verantwortung» gestellt wurde, so unter anderem in der Absicht, manche in der Natur- und Umweltdiskussion so freigebig und oft unbesonnen verwendeten Schlagworte aus der Ebene der Ärgernis erregenden Leerformeln herauszuheben, ihren Inhalt und ihre Provokation für unser Handeln zu erkennen und im Bewußtsein bleibend wachzuhalten. Die Referenten und Referentinnen, denen persönliches Betroffen- und Engagiertsein anzumerken war, gingen von den verschiedensten Seiten an das Thema heran und betonten alle auf ihre Weise, daß «Leben» nicht nur das menschliche Leben meint, daß vielmehr die «Ehrfurcht vor dem Leben», von der Albert Schweitzer spricht, die ganze Vielfalt des Lebendigen und die Verantwortung für ihre Erhaltung einschließen muß.

Schon immer haben Tiere und Pflanzen in den Religionen, in Kunst und Kultur eine herausragende Rolle gespielt. Dies stellte I. Riedel an den Bildern Marc Chagalls dar, in denen Pflanzen und Tiere als Symbole für unsere Instinkte, für unseren Eros, für unser Lebendigsein überhaupt angesehen werden können und unsere Seele be-

leben, wenn wir sie betrachten. S. Golowin hob hervor, daß «Ochs und Esel» in der Volkskultur von alters her nahe beim Menschen wohnten und zu seinem Innenbild und Kraftfeld gehören. G. Deninger-Polzer widmete ihren Beitrag dem Wesen von Tier- und Pflanzengottheiten in den Religionen. Hier war die Verbindung von Tier, Pflanze und Mensch in Gottesbildern, die der Seele entspringen, mit einem entsprechenden Welt-Bild, einer Gesamtschau der irdischen und kosmischen Wirklichkeit ebenso unübersehbar wie die Verehrungswürdigkeit aller Lebewesen, die es heute vermehrt zu schützen gilt. Die Gleichwertigkeit und wechselseitige Beeinflussung fand auch ihren Ausdruck in dem Beitrag von S. Greiffenhagen, die eindrucksvoll belegen konnte, wie sehr etwa Tiere auf das seelische Wohlbefinden des Menschen oder gar seine Heilung einwirken können, was jeder bestätigt, der mit Tieren lebt. In vielen Bereichen der Erziehung, der Kranken- und Altenpflege werden sie zu Therapeuten, wie ein Garten, der darüber hinaus Bewunderung vor dem fast unermüdlichen Wachstum und dem «Überlebenswillen» der Pflanzen hervorrufen und den Rhythmus von Vergehen und Werden mit dem menschlichen Leben in einen Sinnzusammenhang bringen kann, was R. Rogoll zeigte.
All das Lebendige und Lebendigmachende in Stein, Pflanze, Tier und Mensch hat H. Wöller in der Gestalt der Sophia gesehen, die als einzigartige Gefährtin Gottes vielleicht sogar schon bei der Erschaffung der Welt dabei war und Symbol nicht nur für die Weisheit der Dinge ist, sondern zugleich für das Lebendige an sich. Daß sich der Mensch von der «vielfarbigen Weisheit» des Ursprungs weit entfernt hat, indem er unbedenklich die Natur vergewaltigt und nicht erkennt, wie sehr er selbst dabei verroht und sich Leiden zufügt – dies zu zeigen war das Anliegen E. Drewermanns.
In der Fähigkeit zur Erkenntnis und zur freien Entscheidung, worin sich der Mensch von allen anderen Lebewesen unterscheidet, sieht M. Jacoby das eigentlich Menschliche. Zugleich erkennt er in der vergleichsweise starken «Instinktunsicherheit» des Menschen den Grund dafür, warum dieser ständig in sich den Widerstreit zwischen Kultur- und «animalischem» Naturwesen spürt und austra-

gen muß. Die Bewußtheit, im Laufe der Evolution erreicht, kann den Menschen auch gefährden. Dies wies B. Mettler-Meibom am Einfluß der Medienwelt nach, aus der wir einen großen Teil unserer Informationen und unseres Wissens gewinnen. Die unbestreitbare Abhängigkeit von den Medien verführt gerade auch im Bereich des Naturerlebens zu einer distanzierend-distanzierten Haltung, die das Lebendige als Sache konsumiert und nicht als einen Wert an sich erkennt.

Nicht zuletzt machte G. Altner zwingend deutlich, wie unabdingbar die gegenwärtige Überlebenskrise – eine Folge der bedenkenlosen Nutzung der natürlichen Ressourcen – die Besinnung auf eine Ethik fordert, die Leben als ein Gut erkennt, das in seiner Unverfügbarkeit heilig und anvertraut ist. Der Entwurf einer «Bioethik», der unter anderem darauf zielt, die Natur aus dem Sachenrecht herauszunehmen und zum eigenen Rechtssubjekt zu machen, könnte die Schutzbedürftigkeit der Natur betonen und jedermann die Möglichkeit bieten, ihr Lebensrecht und ihre Bewahrung einzuklagen. Der einzelne und die Gesellschaft werden zur Selbstverpflichtung aufgerufen, dieser Ethik entsprechend zu handeln. Die «Gerechtigkeit» gegenüber der Schöpfung und ihre «Bewahrung» sollte im deutschen Grundgesetz ebenso ihren Platz finden wie die Einschränkung der freien Entfaltung der Persönlichkeit, sofern durch sie «die natürlichen Lebensgrundlagen von Menschen, Tieren und Pflanzen zerstört» werden – eine Forderung, die gegenwärtig in deutschen Gremien diskutiert und nun durch eine Resolution unterstützt wird, die durch die Mitgliederversammlung den deutschen Bundes- und Länderbehörden zugeleitet wurde.

Erneut sind die sorgfältige Gestaltung der Tagung, die Gewinnung von Referenten und Referentinnen den beiden Wissenschaftlichen Leitern Ingrid Riedel und Peter Michael Pflüger zu verdanken. P. M. Pflüger hat zudem – auch dafür gilt ihm Dank – seit zwanzig Jahren die Herausgabe der Jahresbände betreut, die nun von diesem Jahrgang an in meine Hände übergeht.

Darmstadt, im März 1993 Helga Egner

Mario Jacoby

Das sogenannt «Animalische» im Menschen

Der Titel, den ich den folgenden Ausführungen gegeben habe, zeugt von einiger Vorsicht. Dies äußert sich darin, daß das Animalische, sofern es sich auf den Menschen bezieht, in Anführungszeichen gesetzt ist. Denn zunächst muß die Frage gestellt werden, ob es im Menschen das Animalische im eigentlichen Sinne überhaupt gibt, ob wir mit Recht vom Animalischen im Menschen sprechen können. Natürlich stellen wir uns unter dem Animalischen etwas vor, was schon an unzähligen Redensarten zu beobachten ist: Da frißt einer «wie ein Schwein». Ein anderer ist ein sexueller «Sauhund». Wie «wilde Tiere» gehen zwei aufeinander los. In der Schulklasse gibt es zu viele «Schnattergänse», die Nachbarin ist eine «falsche Schlange», eine «dumme Kuh» oder vielleicht auch eine «Meckerziege». Zwei sich Liebende gehen miteinander um wie zwei «Turteltäubchen», aber pfui einer Frau, wenn sie sich wie eine «läufige Hündin» benimmt.

Dies sind verschiedene Beispiele des sprachlichen Umgangs mit unserer «Tiernatur». Allerdings fällt bei dieser Aufzählung bereits auf, daß sie drei verschiedene Verstehensebenen miteinander vermischt. Einmal ist von derjenigen Ebene die Rede, auf der ich eine Qualität meines Erlebens oder Verhaltens als animalisch bezeichne. Und zwar wird es sich dabei vornehmlich auf Triebhaftes beziehen. Wenn ich «wie ein Schwein» fresse, statt gesittet zu essen, so erlebe ich mich unwiderstehlich von Gier beherrscht. «Sauhund» kann bedeuten, daß ich rücksichtslos sexuelle Triebe ausleben will – aber auch, daß ich Dinge tue, die jeder ethischen Verantwortung, ja jeder menschlichen Anständigkeit Hohn sprechen. Am ehesten erleben wir also denjenigen Bereich als «animalisch», der

zunächst unsere Körperlichkeit mit ihren Funktionen und vor allem unsere Getriebenheiten betrifft.
Die zweite Ebene drückt bereits einen spezifisch menschlichen Bereich aus. Wenn ich Schulmädchen als Schnattergänse oder die Nachbarin als dumme Kuh oder als Meckerziege bezeichne, so weiß jedermann, daß es sich um eine Metapher handelt, um ein «Als ob». Auch schon ein Kind, wenn es seine Familie als Tierfamilie zeichnet, weiß, daß es sich nicht «wirklich» um Tiere handelt.
Die dritte Ebene zeichnet sich dadurch aus, daß wir Tiere unserer menschlichen Vorstellungswelt angleichen. Sie werden, unabhängig von ihrer je eigenbestimmten Lebenswelt, anthropomorphisiert, nach menschlichen Maßstäben beurteilt und bewertet. Die Kuh ist dumm, die Schlange falsch, der Pfau eitel, die Taube sanft, das Schwein dreckig, die Kröte eklig, etc.
Es ist offensichtlich: Wenn wir nach dem Animalischen im Menschen suchen, müssen wir zunächst von der Frage ausgehen, was denn überhaupt das spezifisch Menschliche ausmacht. Und spezifisch menschlich ist es bereits, diese Frage zu stellen, eine Frage, die wahrscheinlich so alt ist wie die Menschheit selbst, wenn wir an all die mythischen, religiös-theologischen und später philosophischen Beantwortungsversuche denken. Es handelt sich um eine Fragestellung, die von jeher zur Orientierung in der Welt lebensnotwendig ist, die heute vor allem zum Anliegen der philosophischen Anthropologie, der vergleichenden Verhaltensforschung und nicht zuletzt der Tiefenpsychologie wurde. In unserem Zusammenhang ist die Frage dahin zu präzisieren: Wie unterscheidet sich der Mensch von den übrigen Lebewesen, das heißt von der Tierwelt? Johann Gottfried Herder nannte zur Zeit der Aufklärung im 18. Jahrhundert den Menschen den ersten Freigelassenen der Schöpfung (Herder 1966, S. 119). Adolf Portmann (1958) sprach in unserem Jahrhundert davon, daß sich der Mensch spezifisch durch seine «Entscheidungsfreiheit und Weltoffenheit» auszeichne, während die Tiere «instinktgesichert und umweltgebunden» seien. Für Arnold Gehlen ist der Mensch ein «instinktives Mängelwesen», das sich selbst erst zum Menschen machen muß (Gehlen 1955). In

anderer Interpretation ist der Mensch «der nackte Affe» (Morris 1967) oder auch «das sprechende Tier».

Vom psychologischen Standpunkt aus scheinen mir vor allem drei Charakteristika spezifisch menschlich zu sein. Da ist zunächst unser kreatives Potential. Es beruht auf der Fähigkeit, sich überhaupt vorstellen zu können, daß das Vorgefundene in der Natur anders sein könnte, als es ist, daß man es verändern könnte – und als «Homo faber» auch verändert, verändern muß. Auf diesem Potential beruht unsere Kultur und Zivilisation samt deren abgrundtiefen Schatten. Als zweiten spezifisch menschlichen Faktor sehe ich die Fähigkeit des Menschen, sich selbst zum Objekt der Reflexion zu machen, eine Vorstellung seiner selbst zu entwickeln und sich zu sich selbst, oder vielmehr zu dieser Vorstellung seiner selbst, zu verhalten. Diese Fähigkeit bildet bekanntlich die Grundlage dessen, was wir höhere menschliche Bewußtwerdung und menschliche Selbsterkenntnis nennen. Und hier kommen wir zu einem dritten Punkt, der eng damit zusammenhängt und unserem eigentlichen Thema nahe rückt: ich denke an die menschliche Grundbefindlichkeit, die sich – um mit C. G. Jung zu sprechen – durch die «Dissoziabilität der Psyche» auszeichnet (Jung 1946b, Par. 365ff.).

So seufzte schon Goethe von den «zwei Seelen, ach», die in seiner Brust wohnen. Auch Jungs Entdeckung von Persönlichkeit Nr. 1 und Persönlichkeit Nr. 2, die ihm seit seiner Kindheit so viele Rätsel aufgab, gehört hierher (Jung/Jaffé 1962). Die heutige Hirnforschung glaubt die Lokalisierung verschiedener, oft gegensätzlicher Befindlichkeiten und Funktionsweisen in den beiden Hirnhälften entdeckt zu haben. Erfahrungsgemäß gibt es allerdings nicht nur zwei Seelen, sondern eine Vielheit von Seelen «in uns» und auch «um uns», was archaische Menschen, welche die Natur als beseelt erlebten, deutlicher spürten. Und auch das Pantheon der vielen, oft im Streit miteinander liegenden Götter polytheistischer Religionen ist davon ein Abbild.

Diese Dissoziabilität der Psyche ist unsere spezifische Befindlichkeit und Lebensbedingung, unsere Chance und unser Fluch. Wir sind nicht einfach Ausführende einer in der Natur angeordneten

Programmierung, wie es für das Tierreich weitgehend zutrifft. Dementsprechend sind wir, um mit Portmann (1958) zu sprechen, auch nicht «instinktgesichert». In gewissen Bereichen sind wir «entscheidungsfrei», von der Natur freigelassen. Dieser Ort anscheinender Freiheit, den wir zu Recht oder zu Unrecht mit Ichbewußtsein bezeichnen, ist nur möglich auf Kosten der instinktiven Sicherheit und unter Verlust der Einheit mit unserer sogenannten Instinktnatur. Auch ist es eine Freiheit, die wiederum auf Orientierung angewiesen ist, auf Richtlinien des Verhaltens. Zu diesem Zweck werden kollektive Tabus und soziale Regeln, später ethische Normen und Gesetze notwendig. Das heißt, der Mensch benötigt einen wie immer gearteten Kulturkanon, beruhend auf einer entsprechenden Weltanschauung und deren Werthierarchie. Und somit sind wir gleichzeitig Natur- und Kulturwesen und haben unendlich Mühe, den Widerstreit der verschiedensten Anforderungen und Bedürfnisse zu verkraften, um eins mit uns selber zu sein. Zudem ist Gehlen recht zu geben, wenn er schreibt, daß der Mensch sich selbst Aufgabe sei: «Er muß sich erst zum Menschen machen, wobei dieses Unfertigsein nicht Luxus ist, der auch unterbleiben könnte, sondern zu seinen physischen Lebensbedingungen, zu seiner Natur gehört» (Gehlen 1955, S.35). Im weiteren nennt Gehlen den Menschen auch das «riskierte Wesen», da er eine direkt konstitutionelle Chance habe, seine lebensnotwendige Entwicklung zum Menschen auch zu verpassen, auf der Strecke zu verunglücken. Als Psychotherapeuten, die sich berufsmäßig mit schadhaften und verunglückten Entwicklungen zum Menschen befassen, können wir diese Erkenntnis nur bestätigen.

Die Frage kann nun erneut gestellt werden: Was bedeutet es, wenn wir vom Animalischen im Menschen sprechen? Auch wir sind Geschöpfe der Natur, wir bilden eine Spezies innerhalb der Säugetierfamilie, die als «Homo sapiens» bezeichnet wird. Daß wir in den Primaten nahe Stammesverwandte haben, wird nach dem Sieg der Evolutionslehre wohl kaum noch ernstlich bezweifelt. Der Übergang vom Affen zum Menschen bedeutet jedoch einen bisher unerklärlichen Qualitätssprung innerhalb der Evolution. Trotzdem ist es naheliegend anzunehmen, daß zumindest Verhaltensweisen unserer direkten evolutionären Vorfahren weiterhin in uns wirksam sind – was auch offensichtlich der Fall ist. Wir gehören aber zu einer eigenen Gattung, deren Lebensweisen, trotz teilweiser Verwandtschaft mit den tierischen Vorfahren, artspezifisch sind. Mit andern Worten: Bei uns Menschen ist sogenannt animalisches Verhalten – auch wenn es noch so sehr von der übrigen Person dissoziiert erscheint – eben doch immer menschliches Verhalten. Ich meine, wenn man wüste Sexualorgien oder gegenseitiges sich Hinmetzeln als animalische oder gar bestialische Triebbefriedigungen bezeichnet, beleidigt man die Tiere. Solches ist leider eben menschlich! Zwar gibt es viele Bereiche, die stammesgeschichtlich in uns vorgegeben sind und die weitgehend mit dem Verhalten höherer Säugetiere übereinstimmen, sie bekommen aber im menschlichen Bereich einen je artspezifischen Stellenwert.

Denken wir zum Beispiel an die Aufzucht der Kinder. Die Ethologen (z.B. Eibl-Eibesfeldt 1970, S. 149ff.) beobachten bei Tiermüttern ein angeborenes Brutpflegeverhalten. Auch beobachten sie sogenannte «sensible» Phasen, in denen das Tierkind sich bindet oder die für spezielle Entwicklungsschritte entscheidend sind. Das gleiche gilt natürlich auch für die menschliche Mutter-Kind-Beziehung – Erich Neumann spricht diesbezüglich von «Artgemäßheit» der Zuwendung und von «archetypischer Stadienentwicklung» (Neumann 1963). Und hier stellt sich die Frage nach dem menschlichen Mutterinstinkt. Ich glaube annehmen zu dürfen, daß zwar eine Art instinktiven mütterlichen Verhaltens beim Menschen eine wichtige Rolle spielt. Zugleich müssen wir aber auch Notiz davon nehmen, daß es eine Geschichte sich wandelnder Mutter-Kind-Beziehung seit dem Altertum gibt. Wir wissen auch, auf wie verschiedene Weise sich die Mütter in archaischen Stämmen ihren Säuglingen zuwenden, je nach den Wertsetzungen des jeweiligen Kulturkanons. Auch der sogenannte Mutterinstinkt unterliegt jeweiligem Kultureinfluß. So beschreibt zum Beispiel Margaret Mead das Mutterverhalten beim Kannibalenstamm der Mundugumor vom Fluß in Neuguinea folgendermaßen:

«Die Säuglinge werden dort in einen engen, grobgeflochtenen Tragkorb plaziert, und der Kontakt mit ihnen geschieht meist mittels eines von Fingernägeln verursachten Kratzgeräusches am Korb. Beim Stillen halten die Frauen die Säuglinge beim Stehen an die Brust und das Baby darf nur soviel Nahrung zu sich nehmen, daß es nicht mehr schreit und sich in seinen Korb zurücklegen läßt. Sobald es auch nur einen Moment zu trinken aufhört, muß es in sein Gefängnis zurück» (Mead 1970, S. 182).

Damit werden früh Gewalttätigkeit, Ehrgeiz, Rachsucht, Eifersucht, Freude am Kampf gezüchtet, was dem Idealtyp der Mundugumor entspricht.

Gibt es also einen Mutterinstinkt im Menschen, welcher der Instinktgesichertheit in der Tierwelt entspricht? Die Antwort ist offensichtlich nein (siehe auch Badinter 1980). Jedenfalls ist das Animalische zugleich mit menschlicher Unsicherheit und deren kulturellen Kompensationen behaftet, es nimmt im Menschen veränderte Form an.

Denken wir zum Beispiel an das sogenannte Rangkampfverhalten unserer tierischen Vorfahren, welches zweifelsohne im Menschen weiterhin wirksam ist. Viele Tiere, die in Gruppen leben, stellen durch Rangkämpfe ihre soziale Ordnung her. Bekannt und sprichwörtlich ist ja die «Hackordnung», die aufgrund von Raufereien bei einer Hühnerschar entsteht. Bei den Hühnern geht es lediglich um den Vortritt zum Schlaf- und Futterplatz. Kämpfe um die soziale Rangordnung sind aber bei höheren Wirbeltieren, die in Verbänden zusammenleben, eine regelmäßige Erscheinung. Bei höheren Säugern bilden sich auf der Basis der Rangordnung arbeitsteilig differenzierte Gruppen. Die Ranghohen übernehmen zum Beispiel bei vielen Affen eine Reihe von Aufgaben. Sie verteidigen die Kleinen, führen die Gruppe, halten sie zusammen und schlichten Streit zwischen Gruppenmitgliedern. Bei den höheren Affen bilden die Ranghöchsten eine Art Regierung (siehe z. B. Eibl-Eibesfeldt 1970, S. 100ff.). Es geht also um Dominieren und Gehorchen, sich Höherstellen und sich Unterordnen. Dadurch wird die soziale Ordnung hergestellt und aufrechterhalten.

Wenn es nun um unser menschliches Rivalisieren geht, um unser

Streben nach Ansehen, Prestige und Macht, auch um Wahlkämpfe in Politik und Wirtschaft, so denken wir meist zunächst nicht an das Animalische im Menschen. Aber gerade da zeigt dieses, im Tierreich sinnvolle, animalische Verhalten eine Verschmelzung mit spezifisch menschlicher Raffinesse, mit menschlicher «Entscheidungsfreiheit» und Kreativität, wie zum Beispiel dem freien Einsatz betrügerischer List und dem ganzen Werbeklimbim durch den Einsatz der Medien. Für den Extremfall werden zur Durchsetzung von Prestigeansprüchen immer effektivere Waffen bereitgestellt, die von menschlicher Kreativität ausgeklügelt sind. Auch das Bedürfnis, einen Ranghöchsten zu bewundern und sich ihm kritiklos zu unterwerfen, stammt aus unserer Tierseele ebenso wie der Antrieb, ihm diesen Rang streitig zu machen. Ich glaube, es erübrigt sich, mit weiteren Einzelheiten darauf hinzuweisen, wie sich diese animalische Erbschaft, wenn mit menschlichen Möglichkeiten vermischt, auf verheerendste Weise auszuwirken vermag. Als Menschen können wir uns dabei niemals auf «tierische» Unschuld berufen.

Nochmals möchte ich feststellen: Wenn wir vom Animalischen im Menschen sprechen, wissen wir gefühlsmäßig sicherlich, was wir damit meinen. Es muß aber stets hinzugefügt werden, daß das Animalische in uns immer menschlich ist. Ich meine natürlich nicht «menschlich», wie es oft im idealisierenden Sinne als edel, frei, ethisch gut und wertvoll verstanden und gepriesen wird – als Gegensatz zum «Unmenschlichen». Ich meine es zunächst wertneutral.

Bekanntlich hat Jung, der sich um das Verstehen unserer psychischen Grundgegebenheiten bemühte, anordnende Wirkkräfte im Unbewußten des Menschen entdeckt, die sogenannten «Archetypen». Sie manifestieren sich sowohl in unseren grundlegenden Verhaltensmustern als auch in kollektiven Bildern unserer Vorstellung. In diesen Bildern sind Tiersymbole aller Art weitverbreitet. Gedeutet auf der Subjektstufe, handelt es sich um (zum Beispiel) Schlangen-, Löwen-, Vogel-, Affenaspekte in uns selbst. Sie können einzelne Komplexe und Verhaltensmuster im Menschen symbolisieren, demonstrieren aber damit die typisch menschliche Verfassung, die sich durch Dissoziabilität der Psyche auszeichnet. Sie sind also Teilaspekte, die Autonomie gewinnen und zeitweise oder auch chronisch unser gesamtes Erleben und Verhalten dominieren können. Sie können uns gleichsam «auffressen», wie es der Wolf im Märchen vom Rotkäppchen mit der «lieben Großmutter» tut. Trotzdem werden wir dadurch nie zu Tieren im eigentlichen Sinne.

Die Frage nach unserer menschlichen Grundausstattung an angeborenen Verhaltens- und Erlebensweisen, die Frage nach der «Natur» des Menschen, wird wieder neu gestellt durch die moderne amerikanische Säuglingsforschung. Josef Lichtenberg zum Beispiel, obwohl Psychoanalytiker, spricht nicht mehr von Trieben, sondern von grundlegenden menschlichen Motivationssystemen, die schon im Säugling beobachtbar sind. Es handelt sich

1. um die Regulierung physiologischer Erfordernisse, die auch seelisch erlebt werden;
2. um das Bedürfnis nach Bindung, das später auch in ein Zugehörigkeitsbedürfnis übergeht;
3. gehört es zum Grundbedürfnis, die Umwelt zu erkunden und sich darin zu behaupten;
4. besteht aber auch die Notwendigkeit zu aversiven Reaktionen, die sich entweder in Widerspruch oder Rückzug äußern. Hierzu gehören die negativ getönten Affekte, wie Angst, Ekel, Wut etc.;
5. ist natürlich an das Bedürfnis nach Sinnlichkeit, Zärtlichkeit und sexueller Erregung zu denken. Nach Lichtenberg gibt es zu all diesen Grundmotivationen neurobiologische Korrelationen im menschlichen Hirn (Lichtenberg 1989).

Vielleicht sind das einige Grundmotivationen der Spezies Homo sapiens. Sie haben zwar weitgehende Ähnlichkeit mit den Grundmotivationen der Säugetierfamilie, es ist aber spezifisch menschlich, daß sie in ihrer Gegensätzlichkeit leicht miteinander in Konflikt geraten und je nach der Art unserer Interaktionen mit Umwelt und Bezugspersonen gefördert, blockiert, pervertiert werden können.

Es ist im weiteren spezifisch menschlich, daß wir uns zur Energie unserer Grundmotivationen oder zum «Animalischen» in uns – wenn wir es so bezeichnen wollen – *verhalten* müssen. Die Natur hat uns «freigelassen» und uns nicht, wie es bei den übrigen Lebewesen der Fall ist, das Verhalten zwingend, aber auch sinnreich, mittels Instinkten vorgegeben. Die Kulturgeschichte der Weltanschauungen ist zugleich eine Geschichte der Entwicklungen verschiedenster Einstellungen gegenüber unserer sogenannt animalischen Natur (siehe Elias 1969). Wir müssen uns also zur Welt um uns und in uns irgendwie verhalten. Wir sind gezwungen, Kultur zu schaffen, das heißt in die Natur und ihre Abläufe einzugreifen, mit den Tieren um uns und dem sogenannt Animalischen in uns umzugehen. Das Schwierige, ja Perfide an unserer menschlichen Situation ist die Tatsache, daß uns dabei gewisse Triebaspekte oder Bedürfnisse in den Rücken fallen und unser Verhalten im geheimen motivieren. Mit andern Worten: dieser Umgang mit dem Animalischen ist wiederum von Bedürfnissen und oft ganz handfesten Interessen motiviert, bewußt – aber meist unbewußt. Diese sollten im Prinzip zwar in Schach gehalten werden durch Taburegeln, durch göttliche Gebote und Forderungen einer Ethik – also durch Werte des jeweiligen Kulturkanons – denn auch dessen Werte, die unsere Einstellungsweisen und unser Verhalten oft diktieren, sind mit unbewußten Strebungen und gewissen Grundbedürfnissen vermischt. Dabei können die Tiere um uns und der animalische Bereich in uns einen ganz verschiedenen Stellenwert innerhalb der jeweiligen Wertskala einnehmen, was für unser Thema bedeutsam ist. Im ganzen gilt immer noch auf weite Strecken der biblische Satz: «Macht euch die Erde untertan.» Und dieser Satz legitimiert das Recht, ja sogar die Pflicht des Menschen, Natur außen und Instinktnatur innen zu unterwerfen und zu beherrschen. Herrschen, wie wir gesehen haben, ist aber mit dem Machtinstinkt verknüpft, der wiederum der Tierseele entspringt und im Menschen oft in pervertierter Form auftritt.

Die Fragwürdigkeit menschlichen Beherrschens, welches mit Unterdrücken, Verdrängen, Ausnützen und Mißbrauchen daherkommt, ist uns heute drastisch vor Augen geführt, auch wenn sich dieses Herrschen gegen die eigene Instinktnatur richtet. Namentlich die Tiefenpsychologie versucht diesbezüglich eine Einstellungsänderung zu vermitteln. Für Jung war es bekanntlich ein wesentliches therapeutisches Anliegen, eine bewußte Einstellung zu finden, «die es dem Unbewußten (d. h. der Natur in uns) erlaubt, zu kooperieren, anstatt zu opponieren» (Jung 1946, Par. 366). Auch viele Märchen erzählen davon, daß Tiere für denjenigen, der sich ihnen auf richtige Weise zuwendet, äußerst hilfreich werden, viel mehr «wissen» und vermögen als der Held. Überhaupt ist es auffallend, wie oft das Tier in Religion, Mythus und Kult als übermenschliches Wesen, ja als Gott angesehen wurde. Das Tier gilt im archaischen Bewußtsein als ein Gott oder zumindest als göttlich, auf höherer Bewußtseinsebene offenbart sich Göttliches durch das Tier. Das wird verständlich, wenn man bedenkt, daß im Instinktverhalten der Tiere durchaus ein höheres kosmisches Walten gesehen werden kann, welches dessen Instinkte weise und zweckdienlich steuert. Es wird also ein geistiges, sinnvolles Prinzip verehrt, das hinter der Funktions- und Lebensweise des Tieres steht.

Innerpsychisch gesehen, ist wohl die Deutung naheliegend, daß der Mensch gerade in diesen sogenannt animalischen Manifestationen seiner Natur eine Orientierung zu finden hofft, die kosmischer Weltordnung entspricht. Es war wiederum Jung, der darauf hingewiesen hat, daß die menschliche Instinktgrundlage im kollektiven Unbewußten von einem geistigen Prinzip numinosen Charakters angeordnet und reguliert wird. Von diesem Standpunkt aus sind Geist und Natur keine Gegensätze. Der Geist wirkt in und durch die Natur – er «inkarniert» sich.

Mit dieser Einstellung wird also dem Unbewußten ein hoher Wert zugeschrieben. Man soll auf die Träume hören, die spontan aufsteigenden Intuitionen, die Körpersensationen beachten, denn sie «wissen» alle mehr als unser so fragwürdiges und einseitiges, mit dem Ich verbundenes Bewußtsein. Nur: dieses Bewußtsein ist eben spezifisch menschlich. Es ist nicht nur unser schlimmster Fluch, sondern auch unser höchstes Gut. Und, «auf das Unbewußte hö-

ren», was sage ich damit aus? Ist nicht «das Unbewußte» ein hypostatischer Sammelbegriff für die Wirksamkeit so vieler «Seelen, ach», die sich in unseren Getriebenheiten und in der Buntheit unserer Träume und Imaginationen manifestieren, aber zugleich auch unsere Hör- und Sichtweise beeinflussen? Unser Ichbewußtsein ist letztlich ein Komplex unter vielen Komplexen. Jung sagte gegen Schluß seines Lebens zu Recht, daß das «Ich, als das angeblich und fiktiv Allerbekannteste, ... in Wirklichkeit ein höchst komplexer Tatbestand (ist), der unergründliche Dunkelheiten in sich schließt» (Jung 1954, Par. 125). Und doch ist es unser so dunkles, unergründliches, zerrissenes, verblendetes und oft unserer Natur entfremdetes Ich, das letztlich Verantwortung zu übernehmen hat. Und es ist dieser Verantwortung immer weniger gewachsen. Das Ich beruht ja auf der Dissoziabilität unserer Psyche, ist sozusagen eine zwar entscheidend wichtige Teilseele, die jedoch nie das Ganze überblicken kann. Dabei wird es, wie schon erwähnt, immer wieder von anderen Seelenanteilen, von einzelnen Trieb- oder Instinktbedürfnissen mit ihren jeweiligen Vorstellungen und Ideen beeinflußt, ja manchmal possediert, ohne daß es dies merkt. So kann es zum Beispiel zur Identifikation mit einzelnen Scheinwahrheiten oder Ideologien aller Art kommen, womit unter Umständen, in subjektiv bestem Glauben, Verheerendes angerichtet wird.
Die sogenannte menschliche Entscheidungsfreiheit, unser so kostbares Gut, beruht also auf dem Prozeß der «De-Integration» (s. Fordham 1974, S. 94 ff.). Sie ist oft begleitet vom Gefühl der Selbstentfremdung und der Unbehaustheit und steht im Gegensatz zum ursprünglich kosmischen Eingebettetsein, welches die Existenz wild lebender Tiere auszuzeichnen scheint.
Hier ist nun der Ort, auf die Anliegen analytischer Psychotherapie zu sprechen zu kommen. Analyse oder Psychotherapie wird meistens aufgesucht von Menschen, die aus den vielfältigsten Gründen die eben beschriebene menschliche Situation nicht ertragen können, bei denen die Kompensationen der Unbehaustheit durch religiöses und/oder zwischenmenschliches Eingebundensein nicht zum Tragen kommen. Es sind Menschen, denen Sinnzusammen-

hänge verlorengingen. Was hat die Tiefenpsychologie dieser Gesamtdiagnose unserer Befindlichkeit entgegenzusetzen?
Es war vor allem C. G. Jung, der gegenüber der Dissoziabilität unserer Psyche eine Gegenbewegung festgestellt hat, einen seelischen Prozeß, der – oft kaum vernehmbar – nach Integration und Zentrierung strebt. Anscheinend sind wir im Grunde unseres Wesens doch nicht so unbehaust im Kosmos. Das gestaltende Prinzip der Schöpfung ist auch in uns wirksam. Wie die gesamte Kreatur sind auch wir, auf unsere artspezifische Weise, eingebunden ins Ganze, Teil des «Unus mundus», der Einen Welt.
Um zur psychotherapeutischen Praxis zurückzukommen: Es ist ja ein zentrales Anliegen unserer Analyse, die Prozesse der Integration aufzuspüren, ihnen Raum zu geben und möglichst die jeweiligen Störungen wegzuräumen, die ihnen hinderlich sind. Das versucht nicht nur die Jungsche Analyse, sondern ist heute, mehr oder weniger, das Bestreben jeglicher analytischen Psychotherapie. Wenn solche Prozesse, die nach Integration und Zentrierung streben, nicht von Natur aus in uns angelegt wären, könnte eine ganzheitliche Psychotherapie überhaupt nicht wirksam sein.
Es ist hier nicht der Ort, auf Einzelheiten der Auseinandersetzung mit dem Instinkthaft-Unbewußten, dem «Animalischen» in uns, einzugehen. Hingegen liegt mir daran, auf ein Urbild therapeutischen sowie pädagogischen Vorgehens hinzuweisen, welches uns auf symbolische Weise die Integration des animalischen mit dem spezifisch menschlichen Bereich veranschaulicht. Ich denke hier an die Gestalt des Chiron oder Cheiron, den Kentaur, der im griechischen Mythus den göttlichen Arzt Asklepios in der Heilkunst unterwiesen hat. Der mythologische Lehrmeister von Asklepios, Chiron, war als Kentaur ein Wesen, dessen Oberköper als Mann, dessen Unterleib als Pferd imaginiert und dargestellt wurde. Er war also halb Mensch, halb Pferd. Er lehrte nicht nur die Heilkunst, sondern war auch Vermittler der wesentlichen Kunst der Musen, nämlich der Musik.
In Chiron sind also Mensch- und Tiernatur vereinigt. Das Animalische ist dabei im Bild des Pferdes spezifiziert, was in diesem

Zusammenhang ein sehr aufschlußreiches Symbol ist. Wir erleben das Pferd als stark und wendig, voller Vitalität. Sogar die Antriebskraft unserer Autos messen wir noch heute an den «PS» – am Maß ihrer Pferdestärke. Das Pferd trägt den Reiter und zieht den Karren. Zu denken ist hier auch an Sigmund Freud, der bekanntlich die Beziehung des Ichs zum Es, das heißt zum triebhaften Unbewußten, mit einem Reiter auf dem Pferd verglich – eine sinnreiche Metapher für die Tatsache, daß der Reiter zwar von der Stärke und Energie des Pferdes getragen wird, es aber ihm obliegt, Richtung und Tempo zu geben und darüber Kontrolle auszuüben. Zugleich hat er sich auf die Natur des äußerst sensiblen Pferdes einzustellen, in guter Beziehung zu ihm zu stehen, sonst kann es rebellieren, wild werden und den Reiter abwerfen. Pferde haben auch einen ausgeprägten Orientierungssinn, vor allem finden sie ohne Führung den Weg zu ihrer Behausung zurück. Der sprichwörtliche «Stalldrang» ist ja Ausdruck dieser Eigenschaft. Vielleicht könnte man, symbolisch gesehen, von einem Drang, «nach Hause zu sich selbst zu finden», sprechen.
Wie dem auch sei, der Reiter auf seinem Pferd ist ein sehr treffendes Bild für die Beziehung des Ichs zum Unbewußten. Es hat immer wieder auch Maler und Bildhauer fasziniert – zu denken wäre etwa an Marino Marini, dem es zum eigentlichen Lebensthema wurde.
Chiron, als Kentaur, ist nun aber mit dem Pferd richtiggehend verwachsen. Er vereinigt damit menschliche Qualitäten, wie Reflexionsvermögen, Sprache, Entscheidungsfreiheit, Kreativität mit seiner Tier-, im speziellen seiner Pferdenatur. Ist dies nun ein archetypisches Bild modellhaften Charakters für den modernen Psychotherapeuten oder könnte es auch für die Psychotherapie selbst stehen? Ist es ein Bild, von dem Erwartungen an den Therapeuten ausgehen? Sollten Therapeuten stark sein wie ein Pferd, um alle Belastungen tragen zu können, aber doch auch sensibel, um die psychischen Hintergründe zu wittern? Sollten sie instinkthaft und vital sein, zugleich aber auch fähig, ihre animalische Natur zu kontrollieren und die Bedeutung entsprechender Manifestationen zu

reflektieren, und zwar zugunsten der Therapie? Denn keinesfalls dürfen Regungen animalischer Natur vom Therapeuten ausagiert werden, sonst kommt es zu schädlichen Grenzüberschreitungen.
Vielleicht wird ein solches Idealbild auf den Analytiker, die Analytikerin projiziert, vielleicht mag es auch dem eigenen Ichideal entsprechen. Sicherlich aber ist es ein wesentliches Bild der Heilkunst an sich, vor allem der analytischen Psychotherapie. Dabei darf etwas Entscheidendes, was uns der Mythus so drastisch vorführt, nicht vergessen werden: Es wird erzählt, daß dem Chiron eine schwere Wunde anhaftet. Chiron wurde irrtümlicherweise von einem vergifteten Pfeil getroffen – vergiftet vom Blut der vielköpfigen Ungeheuer-Schlange Hydra, einem Symbol der dunklen Naturkraft. Und zwar ist es ausgerechnet der von ihm selber erzogene Held Herakles, der die Hydra getötet hatte und ihn unbeabsichtigt mit einem vergifteten Pfeil trifft. Gegen diese Wunde versagen alle Heilmittel, die Chiron zur Verfügung stehen. Und auch Asklepios, der von Chiron unterwiesene göttliche Arzt kommt in tödlich endende Schwierigkeiten. Er verstößt mit seiner Heilkunst, deren Kraft allzu wirksam ist, gegen das «Gesetz des Hades», gegen die Weltordnung, die den Tod des einzelnen einbegreift. Dadurch entzieht Asklepios dem Hades, dem Tod, zu viele ihm zukommende Opfer und wird deshalb vom Blitz des Zeus getötet.
Ich glaube, diese Mythen sprechen für sich und stimmen vielleicht nachdenklich. Wie weit weg ist doch solche Weisheit der Begrenztheit, Verwundetheit, des Eingebundenseins in die kreatürliche Weltordnung von dem heutigen Machbarkeitsanspruch einer Psychotherapie, die auf sogenannt wissenschaftlich empirischer Psychologie beruht und die allein zur Ausübung des Psychotherapeutenberufs befähigen soll?
Zusammenfassend meine ich zum Schluß: Wir können und müssen vom Animalischen in uns sprechen, sofern wir uns klar sind, daß dies Animalische immer zugleich menschlich ist. Wir sind Eingebundene in kosmischer Ordnung und zugleich Ausgestoßene. Das Ausgestossensein wiederum macht zugleich die spezifisch menschliche Freiheit aus. Freiheit aber heißt Selbstverantwortung

und Verantwortung für unsere soziale und natürliche Umwelt, und mir kommt vor, wir seien dafür mit unserem beschränkten und störanfälligen Ichbewußtsein nur mangelhaft ausgestattet. Wir benötigen deshalb Bescheidenheit und Bezug zu den in uns wirksamen integrierenden Kräften, wobei Integrierendes und Destruktives oft nahe beieinander sind. Vertrauen einerseits und illusionslos kritisches Wachsein anderseits sind beide vonnöten, und manchmal sieht das alles sehr nach Überforderung aus.

Barbara Mettler-Meibom

Pflanze – Tier – Mensch
Eingebundensein und Verantwortung in der Mediengesellschaft

Vorbemerkung

Es kommt nicht oft vor, daß ich die Möglichkeit habe, vier Tage meine vier Wände zu verlassen, um unbeschwert von Kinderpflichten und Büroterminen einer Frage in Ruhe nachgehen zu können. In dieser Situation befand ich mich, als ich den heutigen Vortrag schreiben wollte. Ich wollte die Nähe zur Natur, zwischen Kühen und Bauernhöfen, um ganz einzutauchen in eine Thematik, die sich im städtischen oder Büro-Umfeld nur schwer erschließt, in die Frage nämlich, wie wir in unserer Mediengesellschaft mit der Verantwortung für unsere Mitwelt, die der Pflanzen und die der Tiere und nicht zuletzt die des Menschen umgehen und umgehen wollen.
Ich hatte bei meinen Planungen einen wichtigen Faktor nicht ausreichend berücksichtigt: Meine Fähigkeiten, einen Artikel zu schreiben, hängen heute auf das Engste mit der Verfügbarkeit eines Computers zusammen. Nur drei Jahre hatte es gebraucht, um mein Schreibverhalten – einst mit Stift und Papier, dann mit Schreibmaschine und Bogen – so weit umzupolen, daß mir der Computer als ein unentbehrliches Hilfsgerät erschien. In der Vergangenheit hatte ich immer über die Herren mit den kleinen Aktenkoffern gelächelt, in denen sich die tragbaren Computer versteckten. Nun wünschte ich mir selbst einen. Ich wollte ihn mitnehmen, um mich dem besser öffnen zu können, was ich heute mit Ihnen erörtern möchte. Ich wollte die Mediengesellschaft im Gepäck haben, um – aus der Distanz zu ihr – über ihr Verhältnis zu Pflanze, Tier und Mensch nachdenken zu können. Ich stellte also zu meiner Verwunderung

fest, daß die Mediengesellschaft trotz aller Aufmerksamkeit und Skepsis auch bei mir bereits so sehr Teil von mir geworden war, daß ich keinen räumlichen Punkt außerhalb ihrer mehr ansteuern wollte, um mich – kontrovers – mit ihr zu beschäftigen. Ich blieb also zu Hause – einen sogenannten Laptop mir so schnell zu besorgen, hatte ich weder die Zeit noch das Geld, nur den entsprechenden Vorsatz, dies bald zu ändern –, setzte mich an den Computer in meinem Büro und schrieb in der mir gewohnten Form das, was ich meinte, Ihnen sagen zu sollen.

Dann ereignete sich die zweite Überraschung. Ich merkte, daß mir das, was ich mir im Büro vorgenommen hatte, gerade dort nicht gelingen wollte. Ich brachte zwar etwas zu Papier, aber es atmete das Umfeld, in dem ich mich bewegte. Es kam, statt empathisch mit meinem Thema, distanziert daher. Die Technik stand mir zwar zur Verfügung, aber mit der Technik entschwand das meiner Aufmerksamkeit, wofür ich sie nutzen wollte, der Inhalt, um den ich rang.

Ich gab also ein zweites Mal nach, packte meine Siebensachen und ließ Computer Computer sein. Was ich suchte, war eine lebendige unverstellte Kommunikation mit meinem Thema. Ich wollte Kommunikationsbrüche vermeiden, das technische Gerät nicht als Barriere für meinen Dialog mit mir selbst, mit Pflanzen und Tieren erleben. Ich wollte aus dem, was ist, schöpfen und nicht aus dem, was technisch um mich herum gemacht worden war. Dies gelang mir allenfalls für einen kurzen Zeitraum. Ich stieg aus aus der Medienwelt, suchte – nicht ohne einen erheblichen inneren Aufwand – den unverstellten Dialog und kehrte belebt und meinem Thema gegenüber aufgeschlossen zurück, an meinen Computerarbeitsplatz.

Diese kleine Geschichte ist mehr als ein Zufall. Sie ist symptomatisch für die Mediengesellschaft. Egal, ob wir nun auf die Massenmedien oder die sogenannten Informations- und Kommunikationstechniken (IuK-Techniken) sehen, die Mediengesellschaft ist in alle Poren unseres Denkens und Handelns eingedrungen. Wir sind ihr Teil, und sie ist Teil von uns. Sie konturiert soziale und geographische Räume, prägt unseren Zeit- und Arbeitsrhythmus, formt unser Denken und Handeln und dringt ein in unsere Sehnsüchte und Begierden. Wie Neil Postman es in seinem neuen Buch «Das Technopol»[1] formuliert hat:

> «Technologischer Wandel ist weder additiv noch subtraktiv. Er ist ‹ökologisch› ... Genauso funktioniert auch die Medienökologie. Eine neue Technologie fügt nichts hinzu und zieht nichts ab. Sie verändert vielmehr alles.» ... «Neue Technologien verändern die Struktur unserer Interessen – die Dinge, über die wir nachdenken. Sie verändern die Beschaffenheit unserer Symbole – die Dinge, mit denen wir denken. Und sie verändern das Wesen der Gemeinschaft – die Arena, in der sich Gedanken entfalten» (Postman 1992, S. 26 u. 28).

Nun bin ich weit davon entfernt, benennen zu können, wie die Mediengesellschaft, in der wir leben, unser Denken, Fühlen und Handeln und die Organisation unseres Zusammenlebens prägt, und erst recht kann ich nur wenig Abschließendes dazu sagen, wie sie dies in dem speziellen Sektor unseres Verhältnisses zur Mitwelt tut. Wir sind alle miteinander viel zu sehr in diesen Prozeß eines kulturellen Umbruchs involviert, als daß wir heute zu allgemeingültigen Aussagen kommen könnten. Allenfalls kann ich mich dem Thema schrittweise nähern.

- Im ersten Schritt möchte ich eine/meine Standortbestimmung versuchen: Was heißt für mich Eingebundensein und Verantwortung gegenüber Mensch – Pflanze – Tier?
- Im zweiten Schritt möchte ich eine Bestandsaufnahme der Mediengesellschaft und ihrer Entwicklungsdynamik vornehmen.
- Im dritten Schritt werde ich mich bemühen, zentrale Gefährdungen der Mediengesellschaft und Ansatzpunkte für deren Überwindung zu benennen.
- Im vierten Schritt möchte ich einige Fragen an die (psycho) therapeutische Praxis aufwerfen.

Vorab jedoch noch eine Bemerkung in eigener Sache: Was ich hier äußere, dürfte viele Befürchtungen nur noch bestärken. Ein näherer Blick auf diese Mediengesellschaft zeigt meines Erachtens, daß sie

uns an Körper, Seele und Geist krank macht und daß wir dringend in der therapeutischen Arbeit, aber nicht nur dort, Ansätze verfolgen müssen, die die krankmachenden Kräfte dieser Gesellschaft ein Stück weit konterkarieren und ausbalancieren helfen. Dabei denke ich insbesondere an die Wiederbelebung der Sinne, die Wiederentdeckung des Körpers, die Beherrschung und Disziplinierung unseres Denkens und «last but not least» das sich Wiederöffnen für die spirituelle Dimension unseres Lebens und Sterbens. Ich selbst habe in der Auseinandersetzung mit der Mediengesellschaft, mit ihrer Überforderung als Wissenschaftlerin, als Frau und als Mutter, mit ihrem Informationsstreß und ihrer Tendenz zum kognitiven Rationalismus, ihrer Unterforderung und Manipulation der Sinne und ihrer Kommunikationsarmut insbesondere für die nachwachsende Generation vielfältige Erfahrungen gesammelt.
Sie haben meine Distanz zu bestimmten Charakteristika dieser Gesellschaft immer mehr wachsen lassen und mich seit nunmehr bald zehn Jahren auf den Weg körperorientierter und/oder integrativer Therapieansätze geführt. Ohne dem Weiteren vorgreifen zu wollen, will ich nicht vorenthalten, daß ich in dieser Frage den vermeintlich auf Wertfreiheit und Neutralität verpflichteten Standpunkt der sogenannten Wissenschaftlichkeit längst verlassen habe und mich hier als Betroffene äußere, die um ihren eigenen Standpunkt und Ausweg ringt.

1. Eingebundensein und Verantwortung gegenüber Mensch – Pflanze – Tier

Wir sind alle, ob als Mensch, Pflanze oder Tier, ob als belebte oder unbelebte Natur, Teil der Totalität der Schöpfung. Diese ist für uns trotz aller wissenschaftlichen Fortschritte prinzipiell unfaßbar, unendlich, unergründbar. Sie läßt uns eine Ordnung ahnen, deren innere Formkraft alles übersteigt, was wir uns mit unserer Vorstellungskraft jemals erklären können.
Der Mensch als «vernunftbegabtes Tier» ist in diese Ordnung hin-

eingegeben. Doch wir unterscheiden uns von unseren Mitgeschöpfen in einem entscheidenden Aspekt[2]: Im Gegensatz zu unseren Mitgeschöpfen können wir Werkzeuge produzieren, das heißt, wir sind dank unserer Verstandestätigkeit in der Lage, Elemente und Wirkgesetze der Natur zu erforschen und unsere Visionen mit Hilfe von Werkzeugen zu gestalten. Dies kann jedoch auf unterschiedliche Weise bzw. in einem unterschiedlichen Geist geschehen.

Jahrtausendelang haben Menschen ehrfurchtsvoll vor dem Unbegreifbaren versucht, der kosmischen Vernunft ihre Gesetze und Ordnungsprinzipien abzulauschen und sich in sie zu fügen. So gelang es ihnen – eingebunden in das, was sie nicht in Frage stellten –, ihre Kenntnisse zum Schutz gegen die Unberechenbarkeiten der Natur einzusetzen. Sie haben die Rhythmen von Sonne, Mond und Sternen, das Wachstum der Pflanzen, den Kreislauf des Wassers, die spezifischen Fähigkeiten der Tiere beobachtet; sie haben gelernt, Techniken zu entwickeln, den Boden zu bewirtschaften, Tiere zu domestizieren und sich nutzbar zu machen und sich gegen Hunger, Kälte, Hitze, Dürre und Überschwemmungen zu schützen. Ihr Umgang mit Pflanze und Tier war das, was man in Anlehnung an Ivan Illichs Begriff der «Konvivialität»[3] Lebensgerechtigkeit nennen könnte. Der Mensch erlebte sich als Teil der für ihn unbegreiflichen Schöpfung, wie seine Mitgeschöpfe auch, die Pflanzen und Tiere. Er war eingebunden in die Schöpfung und nahm aus diesem Bild seine Verantwortung sich selbst und damit seiner Mitwelt gegenüber wahr.

Wenn wir uns diesen Zustand vergegenwärtigen sollen, zitieren wir heute die Rede des Indianerhäuptlings Seattle gegenüber dem Präsidenten der Vereinigten Staaten von Amerika, als letzterer das der Vorstellungswelt der Indianer unverständliche Ansinnen vortrug, das Land, auf dem die Indianer lebten, zu kaufen[4]:

«Meine Worte sind wie Sterne, sie gehen nicht unter. Jeder Teil dieser Erde ist meinem Volk heilig, jede glitzernde Tannennadel, jeder sandige Strand, jeder Nebel in den dunklen Wäldern, jede Lichtung, jedes Insekt ist heilig, in den Gedanken und Erfahrungen meines Volkes. Der Saft, der in den Bäumen steigt, trägt die Erinnerung des roten Mannes ... Die duftenden Blumen sind unsere Schwestern, die Rehe, das Pferd, der große Adler – sind unsere Brüder. Die felsigen Höhen, die saftigen Wiesen, die Körperwärme der Ponys – und des Menschen – sie alle gehören zur gleichen Familie ... Lehrt Eure Kinder, was wir unsere Kinder lehren: Die Erde ist unsere Mutter. Was die Erde befällt, befällt auch die Söhne der Erde. Wenn Menschen auf die Erde spucken, bespeien sie sich selbst. Denn das wissen wir, die Erde gehört nicht den Menschen, der Mensch gehört der Erde – das wissen wir. Alles ist miteinander verbunden, wie das Blut, das eine Familie vereint ... Der Mensch schuf nicht das Gewebe des Lebens, er ist darin nur eine Faser. Was immer Ihr dem Gewebe antut, das tut Ihr Euch selber an» (Wir sind ein Teil der Erde, 1982, S. 9–11 u. 25–26).

Selbstverständlich in die Schöpfung eingebunden zu sein, mag man als einen Zustand der Gnade bezeichnen, jenem Zustand im Kleistschen «Marionettentheater» ähnlich, in dem die Puppen unbewußt die richtigen Schritte vollführen und durch die Anmut und Grazie ihrer Bewegungen überzeugen. Aus diesem Paradies ist die Menschheit seit Jahrtausenden, nicht erst seit Jahrhunderten, ausgewandert. Daß dahinter auch ein Geschlechterkampf steht, daß Männer und Frauen gegenüber «Mutter Erde» ein unterschiedliches Verhältnis haben, hat die Biologin und Feministin Sarah Jansen herausgearbeitet.[5] Sie unterscheidet zwischen dem Naturverhältnis matrifokaler Gesellschaften und dem Naturverhältnis des Patriarchats und sieht eine enge Beziehung zwischen dem für Männer typischen Prozeß der inneren Abspaltung von den eigenen Gefühlen und ihrer – sich im Bewußtsein und im Handeln vollziehenden – Abspaltung von der Natur. Die Natur, die im Patriarchat als ebenso bedrohlich wie die Frau erlebt wurde, wolle der Mann beherrschen. Der Mann schwinge sich zum Gott über die Natur auf: «Nicht mehr das Leben ist ‹göttlich›, wie in matrifokalen Kulturen, sondern nur noch derjenige, der sich anmaßt, Leben nach seinen Vorstellungen zu schaffen» (Jansen 1984, S. 78). Mit dem Heraustreten aus dem «Gefühl der Verbundenheit mit und der Verantwortung für Mutter Erde und deren Lebewesen» (Jansen 1984, S. 76), wie es sich insbesondere in magischen Techniken äußere, habe sich in einem jahrhundertelangen Prozeß ein «patriarchales» Naturverhältnis entfaltet, das nach Jansen durch folgende Kennzeichen charakterisiert ist:

«1. Die Trennung zwischen dem Naturwissenschaftler als handelndem Subjekt und der Natur als beobachtetem, manipulierten und unterworfenen Objekt;
2. Die Übertragung von Funktionsprinzipien und Strukturen der patriarchalen Gesellschaft auf die Natur, so daß ein patriarchal verformtes Naturbild Grundlage des Umgangs dieser Gesellschaft mit der Natur ist;
3. Die Übertragung der patriarchalen Maschinenlogik auf die Bearbeitung der Natur: als existent gilt nur, was berechenbar ist, und was es nicht ist, wird berechenbar und damit sowohl weniger bedrohlich wie auch ausbeutbar gemacht» (Jansen 1984, S. 71).

Dieser Prozeß ist heute keineswegs abgeschlossen. Im Gegenteil, die Naturausbeutung und Naturbeherrschung bedient sich immer neuer technischer Instrumente und erreicht im Zeichen der Informations- und Kommunikationstechniken, der Raumfahrt und der Gen- und Biotechniken kaum vorstellbare Ausmaße. Die Objekte menschlich-männlichen Allmachtswahns reichen ebenso in das All wie in die Welt des mikroskopisch Kleinen und der subatomaren Teilchen und Prozesse.
Dabei wirken die Werkzeuge und die von ihnen geschaffene «zweite Natur» umfassend auf uns Menschen zurück, prägen und formen uns in dem von Postman zitierten Sinne. Deswegen müssen wir ihre Existenz zur Kenntnis nehmen, wollen wir nicht blind sein für die materiellen und seelischen Rahmenbedingungen für den heute neu gewünschten und geforderten Dialog mit Menschen, Pflanzen und Tieren. Eine unbestreitbare Entwicklung hat die Werkzeugproduktion jedenfalls hervorgebracht: Sie hat unseren Kontakt zu eben dieser Mitwelt deutlich abgeschnitten. Die technischen Artefakte haben sich zwischen uns und unsere lebendige Mitwelt gestellt. In welchem Ausmaß dies der Fall ist, wird gerade dort deutlich, wo der distanzierende und von Werkzeugen geprägte Umgang mit un-

serer Mitwelt noch nicht üblich war. Was sich in der ägyptischen Mythologie, in den Bildern eines Marc Chagall oder in Märchen und Mythen an Nähe (innen wie außen) zwischen Mensch, Pflanze und Tier darstellt, kann uns aus heutiger Sicht nur noch in Erstaunen versetzen.[6]
Zugleich wächst aber auch ein Bewußtsein dafür, daß wir uns auf einem gründlichen Irrweg befinden. Die Mißachtung unseres faktischen Eingebundenseins in die Schöpfung schlägt immer offensichtlicher auf uns selbst zurück. Wer sich nicht eingebunden in die Schöpfung fühlt, nimmt seine Verantwortung so wahr, daß sie für die Schöpfung und damit auch für ihn selbst verantwortungslos geworden ist. Der lang verdrängte Schatten unserer wissenschaftlich-technischen Kultur steigt bedrohlich auf. Heute haben wir offenbar die zweite Lektion des Kleistschen «Marionettentheaters»[7] zu lernen. In seinen Worten:

«Mithin ... müßten wir wieder vom Baum der Erkenntnis essen, um in den Stand der Unschuld zurückzufallen? Allerdings, antwortete er; das ist das letzte Kapitel von der Geschichte der Welt» (Kleist, Über das Marionettentheater, S. 92).

Was menschheitsgeschichtlich unbewußt zur Verfügung stand, das Wissen um die Einbettung in die Natur, muß nun mühsam ins Bewußtsein gehoben werden. Wir müssen lernen, am kosmischen Reigen bewußt teilzuhaben, ohne seine Spielregeln zu verletzen: Wir müssen den Tanz neu lernen; wir müssen lernen, neu zu sehen, neu zu hören, neu zu fühlen. Wir müssen – Männer wie Frauen in der «patriarchalen Gesellschaft» – die Herrscherattitüde ablegen und statt dessen den Mut zur Demut entwickeln: daß wir nicht Gott sind, sondern nur den göttlichen Funken in uns tragen, daß wir nicht die Schöpfung bestimmen und doch deren Werkzeuge sind, daß wir auf die Allmachts-Ohnmachts-Spaltung verzichten und unseren Teil dazu leisten müssen, die von uns angerichtete Unordnung allmählich wieder einer Ordnung weichen zu lassen, die wir allerdings nicht allein herstellen können. Wir müssen die Dualität

zwischen ich und Du, Mensch und Tier, belebter und unbelebter Natur, Erde und Kosmos transzendieren, um das «Gleichgewicht des Lebens» (Illich 1986, S. 11) nicht weiter zu stören und weiterhin an der Einheit des Ganzen teilhaben zu dürfen.
Fasse ich diese Gedanken des ersten Abschnittes zusammen, so heißt für mich Verantwortung gegenüber Mensch, Pflanze und Tier in der gegenwärtigen Epoche, daß wir uns unseres Eingebundenseins in die Schöpfung wieder bewußt werden müssen, uns der krisenhaften Gefährdung unserer Mitwelt und damit unserer selbst gewahr werden sollen und unser Handeln am Maßstab der «Lebensgerechtigkeit» zu orientieren haben. Dies verlangt von uns eine neue aktive Wahrnehmungs- und Sinnestätigkeit, aus der ein neues, anderes Handeln erwachsen kann. Statt der ökologischen Blindheit müssen wir lernen, anders zu fühlen, zu riechen, zu schmecken, zu tasten und zu sehen. Wir müssen fähig werden, unsere Teilhabe zu erfahren. Zur «communicatio» mit der Natur und mit dem Gegenüber muß die «communio» mit der Schöpfung/die Erfahrung der Nichtgetrenntheit treten und handlungsrelevant werden. Wie sind hierfür die Bedingungen in der Mediengesellschaft?

2. Aspekte der Mediengesellschaft

Zum Begriff der Mediengesellschaft

Vielfältig sind die Namen, mit denen man den Zustand der heutigen Gesellschaft beziehungsweise Gesellschaften beschreibt. Da ist die Rede von der Weltgesellschaft, von dem «globalen Dorf» (Marshal McLuhan), von der spät-, post- oder superindustriellen Gesellschaft oder der Wissensgesellschaft. Der Begriff der Mediengesellschaft ist dagegen ein heute eher unüblicher Begriff. Meist wird statt dessen von Informationsgesellschaft oder noch euphemistischer von Kommunikationsgesellschaft gesprochen. Gegenüber solchen, in der Regel mit positiven Erwartungen von Industrie und

Politik besetzten Begriffen kommt der Medienbegriff platter, allerdings – wie ich meine – auch ehrlicher daher. Er stellt die technischen Artefakte in den Vordergrund, die, wie Postman am deutlichsten hervorgehoben hat, eben nicht nur additiv hinzugetreten sind, sondern die unsere Gesellschaft grundlegend verändern. Mediengesellschaft als Begriff steht damit in der Tradition von Begriffen wie Eisenbahngesellschaft (19. Jahrhundert) und Autogesellschaft (20. Jahrhundert). Auch hier hat es sich um technische Entwicklungen gehandelt, die nicht nur eine Antwort auf gesellschaftliche Entwicklungen darstellten, sondern die vor allem die Ökonomie und das Soziale der Gesellschaften umfassend geprägt haben.
Medien hat es gegeben, seit es die Menschheit gibt. Mit der Einführung des Fernsehens in den 50er Jahren und dem Aufkommen der Digitaltechnik und der EDV in den 60er Jahren durchläuft die Medienentwicklung jedoch eine immer noch anhaltende Beschleunigung nach Zahl, Art und Anwendung, die es rechtfertigt, ihr eine gesellschaftsstrukturierende Kraft zuzuschreiben, die der des Autos und der Eisenbahn ähnelt. Beim Blick auf die Mediengesellschaft gilt es deren Doppelgesichtigkeit wahrzunehmen. Einerseits ist sie von einem massiven und sich immer mehr ausweitenden Einsatz von sogenannten Informations- und Kommunikationstechniken[8] gekennzeichnet, andererseits dringen die Massenmedien immer weiter in die Poren der Gesellschaft. Daher werde ich mich mit beiden Technik- und Anwendungslinien befassen.

Die Mediengesellschaft in ihrem informations- und kommunikationstechnischen Aspekt

Die Entwicklung und Anwendung der Informations- und Kommunikationstechniken in ihren modernen Varianten Telefon, Computer, Fernmeldenetze und Satelliten samt den dazugehörigen Gerätefamilien hat zwei Väter: Militär und Ökonomie. Beide ähneln sich in einem entscheidenden Punkt. In psychologischen Termini gesprochen: Ihre «Schatten» sind besetzt mit Feindbildern, gegen die alle Kräfte mobilisiert werden – sei es um geographische Räume zu schützen oder um die eigene Herrschaft auszudehnen, sei es um Marktanteile zu sichern oder neue hinzuzugewinnen. Unterstützt von den jeweiligen Regierungen, aber auch von einer weitgehend indifferenten Öffentlichkeit, ist es diesen Akteuren in den letzten Jahrzehnten gelungen, sich Spielregeln zu schaffen, die den Topos des Kampfes strukturell verfestigen – sei es als militärisches, sei es als ziviles Wettrüsten. Das Wettrüsten, euphemistisch auch Friedenssicherung oder ökonomisch-technischer Fortschritt genannt, bringt ein Arsenal technischer Geräte hervor, mit dem die jeweiligen Macht- und Herrschaftsansprüche effizienter angemeldet und durchgesetzt werden können. Die Erde, der Orbit, unsere Wirtschaft und unsere privaten Alltage, ja unsere Gefühlswelten werden zu symbolischen oder materiellen Machtarenen. Die sogenannten Informations- und Kommunikationstechniken (IuK-Techniken) haben mit den folgenden Charakteristiken hierfür strategische Bedeutung:

- Unabhängigkeit von Raum und Zeit,
- Schnelligkeit,
- Erreichbarkeit,
- Automatisierung der Informationsverarbeitung.

So eröffnen sie im militärischen Bereich zum Beispiel den unschätzbaren «Vorteil», per Satellit, Funk, Kabel, Computersimulation und Fernsteuerung nicht nur den Gegner aus der Distanz orten und genau studieren zu können, sondern auch noch aus der Distanz, sozusagen «clean oder lean», Krieg zu führen. Selbst die Einübung in die Kriegsführung kann per Computersimulation ohne Kontakt mit der Realität, ohne sinnliche Erfahrung praktiziert werden. Der Golfkrieg als erster elektronischer Krieg der Geschichte war sicherlich nicht weniger blutig als der serbisch-kroatische Krieg, aber er war ein elektronischer Distanzkrieg, bei dem die Wirklichkeiten der beiden kriegführenden Parteien von den Wahrnehmungen her nicht mehr ineinanderspringen konnten.
Gleichermaßen unersetzbar sind die Informations- und Kommunikationstechniken in den Arenen des zivilen Wettrüstens, in den

Wirtschaftskämpfen aller gegen alle. Auf der steten Suche, die lokalen, regionalen, nationalen oder internationalen Konkurrenten aus dem Felde zu schlagen oder sich gegen sie zu wehren, durchlaufen die Produktionsapparate der hochindustrialisierten kapitalistischen Staaten der nördlichen Hemisphäre einen stetigen Prozeß der technischen Innovation.

Der sogenannte technische Fortschritt dient in erster Linie dazu, mit Hilfe von Produkt- und Prozeßinnovationen Marktanteile zu erringen. Eingespannt in eine «Philosophie» der Wachstumsökonomie sind diese Prozesse inzwischen strukturelle Selbstläufer, denen – nach dem Zusammenbruch des real existierenden Sozialismus – auch kein andersgeartetes Gesellschaftsmodell mehr gegenübersteht, sondern nur noch der Irrweg in den ökologischen Kollaps – es sei denn, wir finden einen gänzlich anderen Weg: den zu einer «sustainable economy», einer «nachhaltigen» Entwicklung beziehungsweise einer «konvivialen» Ökonomie.

Wie die sogenannten IuK-Techniken geeignet sind, als konkurrenzkapitalistisches Vehikel zu dienen, läßt sich vielleicht an einem Beispiel verdeutlichen: In den USA gibt es seit langem sogenannte Warenterminbörsen. An diesen wird nicht mit Aktien gehandelt, sondern mit Waren, so zum Beispiel mit Getreide, dessen weltweit größter Produzent und Exporteur die USA sind. Entscheidend für den Spekulationserfolg ist wie immer der richtige Kauf- und Verkaufszeitpunkt. Erforderlich ist in diesem Fall eine genaue Kenntnis darüber, wann wo welche Menge Getreide welcher Qualität erntereif ist. Dies kann mit vergleichsweise großer Sicherheit durch Satellitenbeobachtung aus dem Orbit gelingen, mit deren Hilfe entsprechende Daten generiert werden. Es versteht sich von selbst, daß der Zugang zu diesen Daten die entsprechenden Machtstrukturen national wie international widerspiegelt, also nicht jeder hat Zugang zu den Daten und schon gar nicht zum selben Zeitpunkt.

Diese hier nur prototypisch vorgeführte Form der informations- und kommunikationstechnisch unterstützten Methode des Geldmachens hängt zwingend von der Verfügbarkeit eines äußerst komplexen technischen Telekommunikationsnetzwerkes und entsprechender Datenverarbeitunskapazitäten ab, mit deren Hilfe Informationen beschafft, verarbeitet, entschlüsselt und in ökonomische Handlungsstrategien umgesetzt werden können. Zur Zeit laufen die Entwicklungen auf vollen Touren: Weltweit werden neue digitale Fernmeldenetze mit leistungsfähigeren Glasfaserkabeln gebaut, Satelliten in den Orbit geschickt, Mobilfunknetze aufgebaut, neue Gerätegenerationen entwickelt und auf den Markt gebracht. Daß diese Entwicklung nicht irgendwo Halt macht, sondern bis in unseren privaten Alltag vordringt, läßt sich an Beispielen zu den oben erwähnten Charakteristika erkennen.

Zeit- und Raumunabhängigkeit: Wo Telefon, Anrufbeantworter und Fernabfrage zusammengeschaltet werden, wird auch private Alltagskommunikation zeit- und raumunabhängig. Dasselbe gilt für alle Formen privater Telearbeit, das heißt der im privaten Alltag organisierten Computerarbeit, die mit Datenverarbeitungszentralen über Fernmeldenetze verbunden ist.

Schnelligkeit: Extrem verkürzte Antwortzeiten bei Computern gelten als wichtige Faktoren für die Vermeidung von Streß. Von Computerkids wissen wir, daß sie offenbar die am Computer eingeübte Zeiterwartung auf die menschliche Umwelt übertragen. In dieselbe Richtung weist, daß noch nie die menschliche Psyche so sehr von Zeitnot und Zeitstreß geplagt war wie in der Zeit der zeitsparenden Maschinen, die einerseits Beschleunigung und andererseits Langeweile, also nicht erfüllte Zeit produzieren.[9]

Erreichbarkeit: Schnurloses Telefon, Autotelefon und alle weiteren Arten des Mobilfunks in Verbindung mit Medien der Sprachspeicherung (Anrufbeantworter) und der Fernabfrage erwecken den Eindruck von ubiquitärer Erreichbarkeit, die längst über den Geschäftsbereich hinausgegangen und in den privaten Alltag vorgedrungen ist.

Automatisierung der Informationsverarbeitung: Im privaten Alltag betreten wir hier noch Neuland. Dennoch gibt es Prototypen und massive «vested interests». Sie zeichnen die Vision des «intelligent oder smart home», in dessen Zentrum ein informationstechnisches

Gerät steht, mit dessen Hilfe alle Arten von Informations- und Kommunikationsfunktionen innerhalb und außerhalb des Hauses und dies in zwei Richtungen wahrgenommen werden können. Prototypisch formiert sich hier die technisch angeschlossene Monade, die auf Mitwelt verzichten und dennoch an ihr medial teilhaben kann.[10]

Dieser allmähliche Prozeß der Veränderung unserer Kommunikationsbeziehungen unter dem Einfluß von Technik dringt in immer weitere gesellschaftliche Bereiche und soziale Nischen vor. Dabei treten die Ambivalenzen aller Medientechniken zutage. Als Kommunikationstechniken sind die Werkzeuge, die räumliche und soziale Distanz medial aufheben, indem sie räumlich und sozial getrennte Partner zusammenführen.

Indem sie aber etwas zusammenführen, zum Beispiel zwei Menschen am Telefon, und damit einen imaginären, medialen Raum der Wahrnehmung und des Handelns erzeugen, entfernen sie die jeweiligen Partner von ihren jeweiligen sozialen und räumlichen Bezügen. Kommunikation wird nunmehr weitgehend unbemerkt entmaterialisiert und entkontextualisiert. Die Kommunikationspartner und -partnerinnen werden ihrer Mitwelt «im gemeinsamen Wahrnehmungsraum» (Horst Wenzel) entfremdet. Sie verlieren den Kontakt zur lebendigen Umwelt und treten statt dessen in Kontakt mit einer materiellen Umwelt, die sich als Mitwelt nur noch indirekt, immateriell und auf der Bedeutungsebene vermittelt. Die dabei eintretende Veränderung für uns Menschen ist gravierend:

Im Verlieren des unmittelbaren Kontaktes zur lebendigen Umwelt verlieren wir wesentliche Chancen, unsere eigene Lebendigkeit als Reaktion auf Herausforderungen des Lebendigen antworten zu lassen.

Hinzu kommen Wissens- und Orientierungsdefizite. Sie resultieren aus der Unmöglichkeit, bei technisch unterstützter Kommunikation mit allen unseren Sinnen und sinnlichen Erfahrungsmöglichkeiten Wissen und Orientierung zu gewinnen. Wo nur das Ohr oder nur das Auge genutzt werden können, bleibt das Zusammenspiel der sinnlichen Wahrnehmungsmöglichkeiten ungenutzt und damit

auch die Chance – je nachdem – bildhafte, taktile, olfaktorische oder akustische Wahrnehmungen aufeinander zu beziehen und auf ihre innere Stimmigkeit/Kongruenz und Bedeutung hin zu prüfen – ein weitgehend unbewußter und dennoch ungeheuer wirkungsvoller Vorgang.
Wo die elektronische Datenverarbeitung ins Spiel kommt, verstärkt sich diese mangelnde Orientierungsmöglichkeit noch weiter. Mittels der Informationstechnik ist es möglich geworden, Informationen maschinengerecht aufzuarbeiten; es sind dann Daten, welche die Maschine speichern und nach Maschinenanweisungen, sogenannten Programmen beziehungsweise «software» verarbeiten kann. Die Informationen verlieren bei diesem Prozeß der maschinellen Aufbereitung und Verarbeitung wiederum den Bezug zu ihrem sozialräumlichen Kontext, aus dem heraus sie überhaupt erst ihren Sinn machen. Sie werden zu allgemeinen, ahistorischen Daten, die allenfalls durch eine Aktualisierung der Daten oder – wenn überhaupt möglich – durch hohen Aufwand wieder rekontextualisiert werden können. Die sogenannten Computerirrtümer haben hier ebenso ihre Ursache wie die Orientierungslosigkeit, die sich mit dem zunehmenden Informationsmüll unserer Gesellschaft ausbreitet.
Kontextfreiheit von Information und Kommunikation, die mediale Distanzierung, tritt damit in immer weiteren Bereichen an die Stelle der körperlich-sinnlichen Aneignung von Realität. Spätestens im medientechnisch distanzierenden Blick auf den Computerschirm wird unsere Mitwelt zur Umwelt, zu dem, womit wir kommunizieren oder über das wir uns informieren, an dem wir aber nicht mehr teilhaben. Das trifft selbst dort zu, wo Medien auf vielfältige Weise zur Beobachtung von Natur und Naturzerstörung eingesetzt werden – als Wettersatelliten, als Raumfahrtkapseln, als Umweltdetektoren oder als Computersimulationsprogramme zur Prognostizierung dessen, wie es um die Biosphäre jetzt oder in Zukunft bestellt ist. Die vor allem für die westliche Hemisphäre so typische Dualität unserer Wahrnehmungen hat in den sogenannten Informations- und Kommunikationstechniken ihre medientechnische strukturelle

Verfestigung erfahren. Die Mediengesellschaft erweist sich als die Gesellschaft des distanzierten Blicks. Das gilt auch für die Medien in ihrer zweiten Erscheinungsform, den Massenmedien.

Die Mediengesellschaft in ihrem massenmedialen Aspekt

Die Massenmedien haben nicht nur Väter, wenn Sie mir nochmals diese symbolische Sprache erlauben, sondern auch Mütter. Nach den Gesetzen der Väter sollen sie über die Welt berichten, das nach außen gerichtete Handeln durch Informationen unterstützen und absichern, Öffentlichkeit herstellen. Nach den Gesetzen der Mütter sollen sie etwas ganz anderes, nämlich Nähe herstellen, Trost und Unterhaltung geben, Einsamkeit auffangen. Aber die Spielregeln sind wiederum die «Schatten»-Spielregeln der Väter, die Spielregeln des «zivilen Wettrüstens», die der Herrschaftsausübung und der Vorteilsnahme dienen. Die Massenmedien sind ein gigantischer, sich immer noch weiter aufblähender Markt, in dem weltweit mit härtesten Bandagen um Pfründe und Einkommen gekämpft wird und dessen Wachstum beziehungsweise dessen Art des Wachstums mir vor allem ein Symptom dafür zu sein scheint, wie weit große Teile der Menschheit im hochindustrialisierten Norden den Kontakt zu den ureigensten sinnlichen Wahrnehmungen und zur inneren Lebendigkeit verloren haben.
Alle Versuche, die Spielregeln für das Funktionieren der Massenmedien am Gemeinwohl auszurichten, scheinen in zunehmendem Ausmaße außer Kraft gesetzt zu werden. Was einst als kulturelles Gut außerhalb der Gesetze der Marktlogik angesehen wurde, wird gerade in den letzten Jahren – ausgehend von den USA und inzwischen vehement vorangetrieben von der EG – den Gesetzen des Marktes unterworfen, zur Ware degradiert und damit dem zivilen Wettrüsten mit allen negativen Folgen überantwortet. Die Geschwindigkeit und Radikalität, mit der dies geschieht, setzt selbst die pessimistischsten Kritiker und Kritikerinnen noch in Erstaunen. Sie hängt damit zusammen, daß in Ökonomien, in denen alle

bereits alles haben, gerade über die Medien neue Märkte erschlossen werden können – sei es durch Aufkommen neuer Übertragungstechniken, Gerätetechniken oder Produktionstechniken, sei es durch das Aufbrechen staatlicher Regelungsbarrieren, zum Beispiel solchen zum Schutz des öffentlich-rechtlichen Rundfunks, sei es durch die Erschließung oder Umlenkung von Finanzierungsquellen bei der werbetreibenden Industrie, sei es durch die Veränderung von Seh- und Hörgewohnheiten bei den Rezipienten und Rezipientinnen. Will man die gegenwärtige Massenmedienlandschaft mit einigen Begriffen charakterisieren, so sind hier zu nennen:

1. Vervielfachung der Übertragungswege und -möglichkeiten;
2. Kommerzialisierung der Programme;
3. Internationalisierung und Konzentration.

Zu 1: Vorherrschendes Charakteristikum ist, daß alle technischen Restriktionen für eine Vervielfachung, technische Brillanz und Verbreitung von immer mehr Programmen des Hörfunks und des Fernsehens zu fallen scheinen und in Zukunft noch mehr fallen werden. Maßgeblich hierfür sind neue Kabeltechniken (Glasfasern), Satelliten- und Empfangstechniken und die Anwendung der Digitaltechniken bei der Erstellung, Verarbeitung und Übertragung des audiovisuellen Materials.

Zu 2: Dementsprechend drängen immer mehr Programmanbieter auf den Markt, was zugleich bedeutet, daß die Konkurrenz der Anbieter untereinander schärfer wird und in zunehmendem Maße die publizistische Qualitätsselektion hinter eine Selektion nach Marktgängigkeit und Markterfolg zurücktritt. Bezogen auf die Bundesrepublik Deutschland (und damit auf das Land, in dem wie in keinem anderen Land der Welt eine heftige und weitsichtige medienpolitische Debatte stattgefunden hat) heißt dies: Neben die auf hohe publizistische Standards verpflichteten öffentlich-rechtlichen Rundfunkanstalten ist eine Vielzahl privat-kommerzieller Anbieter getreten, die sich aus Werbeeinnahmen finanzieren und die untereinander und gegen die öffentlich-rechtlichen Anstalten konkurrieren.

Da sich mit Unterhaltung – sieht man von wenigen Ausnahmen ab – die höchsten Einschaltquoten und damit die höchsten Werbeeinnahmen erzielen lassen, senden die privaten Anstalten vor allem unterhaltende Sendungen (Filme, Glücksspiel, Quiz, Serien). Dabei handelt es sich in der Regel – sieht man vom Publikumsmagnet Sport ab – vor allem um kostengünstige Programme, also Spielfilme, Serien und Glücksspiele, die durch Mehrfachverwertung zu Billigstpreisen eingekauft werden können oder im Vorfeld der Zulassung privater Anbieter bereits gehortet wurden, wie dies bei uns der Filmhändler Leo Kirch[11] beispielhaft vorgeführt hat.
Unterhaltungsslalom mit der Fernbedienung auf Zuschauer- und Zuschauerinnenseite und Kommerzialisierung der Angebote auf Senderseite setzen – wegen schrumpfender Werbeeinnahmen – selbst diejenigen Sender unter Druck, die noch auf Programmqualität setzen wollen, also vor allem die öffentlich-rechtlichen Anstalten. Das Ergebnis ist eine Selbstkommerzialisierung der öffentlich-rechtlichen Sender und insgesamt ein allgemeiner Qualitätsverfall beim Fernsehen, dem Massenmedium, das in unserer Gesellschaft des Sehens die größte Akzeptanz erfährt.
Doch der Qualitätsverfall, die «Entwortung», das Verschieben von anspruchsvollen Programmen in unattraktive Programmzeiten, trifft gleichermaßen den Hörfunk. Vergegenwärtigt man sich die Effekte, welche die Einführung des dualen Rundfunks in Deutschland für das HörerInnen- und SeherInnenverhalten hat, so läßt sich durchaus die These vertreten, daß sich unsere Gesellschaft in weiten Teilen durch die Art ihres Medienkonsums als hedonistisch erweist, immer auf der Suche nach Vergnügen und Ablenkung, also genau das Gegenteil von «Eingebundensein und Verantwortung». Besonders bedenklich ist dabei, daß gerade Jugendliche in Scharen zu den privatkommerziellen Anbietern oder zu den rein unterhaltenden Programmen der öffentlich-rechtlichen Anstalten abwandern. Hier bereitet sich im Generationenmaßstab eine ernst zu nehmende Verschiebung vor.
Zu 3: Technische Kapazitätserweiterung, ökonomische Konzentration, Kommerzialisierung und Qualitätsverfall der Programme

sowie ein sich veränderndes ZuschauerInnen- und ZuhörerInnenverhalten sind Entwicklungen, die typisch sind für die Mediensysteme der nördlichen Industrieländer. Dabei werden die Spielregeln in diesem Prozeß zunehmend international in einem Kampf der Medienkonzerne ausgehandelt. Dabei treten nicht Gleiche gegen Gleiche an; vielmehr haben die einen das Sagen und die anderen das Zuhören und Zusehen. Zu unterscheiden ist dabei zwischen Programmen und Sendern.

Bei den Programmen gibt es weltweit eine unbestrittene Dominanz der US-Amerikaner, da sich nur US-amerikanische Filme und Serien weltweit vermarkten lassen. Sie sind vorzüglich als Werbeumfeld, filmdramaturgisch oft bereits für die Einfügung von Werbespots konzipiert, können auf einem riesigen US-amerikanischen «home-market» abgespielt werden und bedürfen überdies für die anglophonen Länder keiner zusätzlichen Synchronisation. Daß die japanische Firma Sony inzwischen eine amerikanische Filmproduktionsgesellschaft samt ihrem Programmstock aufgekauft hat, zeigt nur, wie sehr diese Branche den Gesetzen der internationalen Marktlogik folgt. Das Ergebnis dieser US-amerikanischen Dominanz ist das, was durchaus als amerikanischer Kulturimperialismus bezeichnet werden kann. «The american way of life» lächelt uns inzwischen nicht nur von Litfaßsäulen und in Werbespots an, sondern ist längst in unser aller Gefühlswelten und Konsumverhalten eingedrungen.

Weniger eindeutig verteilt sind die Rollen bei den Programmanbietern in Presse und Fernsehen. Hier haben sich eine Reihe von Medientycoons im Zusammenspiel mit ihren Banken zu einer beispiellosen Machtfülle aufgeschwungen und heizen einen anhaltenden ökonomischen Konzentrationsprozeß an: Rupert Murdoch, Silvio Berlusconi, Leo Kirch, Ted Turner, Frieda Springer, bis zu seinem Tod Robert Maxwell; daneben große private Anbieter in Konzernbesitz, wie bei uns zum Beispiel RTL – Radio Télé Luxembourg.

Das kommerzielle Fernsehen, das in diesem Prozeß seinen Siegeszug auf Kosten des öffentlich-rechtlichen und stärker am Gemein-

wohl orientierten Fernsehens feiert, ist aber nicht nur in sich selbst – durch Programme und Veranstalter – ein riesiger Markt, sondern auch indirekt: Mit Hilfe von Werbung, werbefreundlichem redaktionellen Programm, Schleichwerbung und Sponsoring wird der Absatz gefördert, der Konsumterror angeheizt. Außerdem profitiert von der Existenz des Fernsehens ein gigantischer Gerätemarkt. Jeder neuen Gerätegeneration folgt die nächste Generation, um nie eine wirkliche Marktsättigung zustandekommen zu lassen: Schwarz-weiß-Fernsehen, Farbfernsehen, Mehrkanalfernsehen, Hifi-Fernsehen und als neuestes diverse Stufen auf dem Weg zum hochauflösenden Fernsehen, dem HDTV (High Definition TV).
Das Fernsehen als Fenster zur Welt macht also einen Wandel durch. Es entfernt sich von seinem Vater und wirft sich in die «verschlingenden Arme der großen Mutter», die es nicht erträgt, daß wir erwachsen werden und selber für uns Verantwortung übernehmen. Es verliert seinen aufklärerischen Charakter und entwickelt sich, wie Mary Winn dies genannt hat, zur «Droge im Wohnzimmer» oder in den Worten Neil Postmans: «Wir amüsieren uns zu Tode»[12].
Hier könnte zweierlei eingewendet werden: Zum einen: Es gibt einen erwachsenen Umgang mit Medien; zum zweiten: Ökologiesendungen sind aufklärerisch.
Beides stimmt: Natürlich gibt es einen erwachsenen Umgang mit Medien, auch mit dem Fernsehen. Das Fernsehen kann als äußerst bereichernde Informationsquelle genutzt werden. Doch zum einen wissen wir aus der Forschung zur «knowledge-gap»-These, daß es in hohem Maße von Milieu, Bildungsgrad und der Art der Einübung in den Medienkonsum abhängt, ob es zu einem erwachsenen Umgang kommt, und zum zweiten sind die Bedingungen für eine angemessene Einübung in den Umgang mit Medien nicht sonderlich gut in Zeiten, in denen die Familien immer kleiner werden (Ein-Kind-Familien und Alleinerziehende), Tagesschulen weitgehend fehlen und die Frauen – mit Recht – immer weniger bereit sind, auf außerhäusliche Erwerbsarbeit zu verzichten.
Zum zweiten Einwand: Die unbestreitbare Möglichkeit, mit Hilfe des Mediums aufklärerisch zu wirken, gerade auch aufklärerisch

über die Umweltkatastrophe, wird wahrgenommen, allerdings mit fortschreitender Unterhaltungsorientierung möglicherweise immer weniger. Dennoch zeigen empirische Ergebnisse, daß Ökologiesendungen angenommen werden, allerdings auch nur in Maßen[13].
Ob daraus jedoch ein Optimismus erwachsen darf, wage ich zu bezweifeln: zum einen wird die Anzahl der Zuschauer und Zuschauerinnen für derartige Angebote bei einem ausufernden Programmangebot kleiner; zum zweiten muß bezweifelt werden, daß medial vermittelte Informationen handlungsrelevant sind. Sie mögen einstellungsrelevant sein, aber wie mein Lehrer in der empirischen Sozialforschung, Werner Brög, immer sagte: «Gesagt ist nicht gehört, gehört ist nicht verstanden, verstanden ist nicht überzeugt, überzeugt ist nicht gehandelt.» Solange dies so ist, ist eher der großartigen Analyse des Philosophen Günther Anders zu trauen, der bereits 1956 in zehn Punkten die Wirkungen der Massenmedien auf unser Verhältnis zur Mitwelt auf den Begriff brachte und dessen erste Aussage lautete: «Wenn die Welt zu uns kommt, statt wir zu ihr, so sind wir nicht mehr ‹in der Welt›, sondern ausschließlich deren schlaraffenlandartige Konsumenten».[14] Oder mit den Begriffen dieser Tagung: Wir sind nicht mehr eingebunden in die Welt und haben uns die Haltung von Konsumenten von Welt angewöhnt, dem Gegenpol zu verantwortlichem Handeln. Das Fernsehen ist nicht die Ursache dieses Prozesses. Die liegt eher in der Art unseres Wirtschaftens und der Einstellung, der Weltsicht, die dahinter steht. Aber der Siegeszug des Fernsehens seit Anfang der 50er Jahre hat diese Haltung in immer weitere Teile der Welt getragen und mit struktureller Macht und suggestiven Bildern in immer weiteren Segmenten der Bevölkerung verankert. Ein Wissen, eine Gewißheit zu erfahren, daß wir eingebunden sind in den schöpferischen Kosmos, fällt in der Mediengesellschaft sehr schwer. Statt Welt zu erfahren, lernen wir den distanziert-distanzierenden Blick, und wo unsere Lebendigkeit spürbar wird, wird diese wunderbare Kraft mit der Macht der schönen Bilder auf die einzige umfassende Ersatzbefriedigung gelenkt, die unsere Gesellschaften anzubieten haben: den Konsum.

Was heißt das für den Ausweg aus diesem Dilemma? Müssen wir uns anderen Wahrnehmungen, anderen Erfahrungen aussetzen? Müssen wir «communio» suchen, wo bisher nur «communicatio» vorherrscht? Müssen wir die Medien transzendieren lernen oder zu neuen Kommunikationsgleichgewichten kommen, zu anderen Relevanzen im Verhältnis von medialer und nicht medialer Wahrnehmung und Kommunikation? Oder, um hier einen Begriff in die Diskussion zu bringen, müssen wir uns nicht nur um Ökologie bekümmern und besorgen, sondern auch angesichts technisch erzeugter Kommunikationswelten um eine Kommunikationsökologie?[15] Damit komme ich zu meinem dritten Abschnitt.

3. Eingebundensein und Verantwortung in und jenseits der Gesellschaft der distanzierenden Wahrnehmung

Die Mediengesellschaft ist eine Gesellschaft, in der strukturell die Mediatisierung unserer Wahrnehmungen zunimmt. Technische Artefakte – Bildschirme aller Art – werden unsere «Interaktionspartner», und die durch sie transportierten Inhalte sind in zunehmendem Ausmaß beteiligt an unserem Bild von Wirklichkeit, an unseren Gefühlswelten, unseren Handlungen oder Unterlassungen.
Es geschieht einerseits eine «Flurbereinigung» unserer Wahrnehmung im Kontakt mit lebendiger Mitwelt von Menschen, Pflanzen und Tieren und andererseits deren mediale Vermittlung als – distanzierte – Umwelt, das heißt als Umwelt, an der wir nicht *direkt* teilhaben. Damit verwischen sich die Grenzen von Fiktion und Wirklichkeit, Wirklichkeiten zweiter, dritter, nter Ordnung entstehen – eine Entwicklung, die in der konstruktivistischen Schule der Kommunikationswissenschaft mit dem Pathos der neuen Wahrheit verkündet und damit zugleich bestätigt wird.
Doch damit geschieht mehr: Für menschliche Identitätsbildung und Wissenserwerb ist es unverzichtbar, zwischen Schein und Sein unterscheiden zu lernen. Wir erwerben in einem mühsamen Prozeß ein Bewußtsein für die Differenz von Sein und Schein. Unser so

erworbener Realitätssinn ist Orientierungshilfe und -instrument. Wenn nun Menschen, Pflanzen, Tiere, kurz: unsere Mitwelt zunehmend hinter oder in Medien verschwinden, sei es in Telefon, Radio, Fernseher oder Computer, so beinhaltet dies eine Gefahr der Entfremdung von uns selbst und einen Verlust an Orientierung. Dies hat vielfältige Dimensionen.

Als Menschen sind wir Individuum und soziales Wesen; wir brauchen in hohem Ausmaß die Interaktion mit Menschen, um uns selbst als Mensch zu begreifen, um im Kontakt mit anderen zu wachsen, uns von ihnen abgrenzen zu lernen und Verantwortung für uns und andere zu übernehmen. Diese Selbstverständlichkeit wird zunehmend weniger selbstverständlich in einer Mediengesellschaft mit ihrem hohen Trend zu Ein-Personen-Haushalten, Kleinstfamilien mit alleinerziehenden Eltern, zeitflexibilisierten Alltagen, vom Verkehr belasteten Wohnumwelten und privaten Haushalten, die mit Medienangeboten überschwemmt werden.

Als Teil der Schöpfung brauchen wir den Kontakt zu unseren Mit-Geschöpfen, wir brauchen die lebendige Erfahrung von Pflanze und Tier, um in ihnen wie in uns die Chance und die Gefährdung alles Lebendigen zu spüren. Der distanzierende Blick auf den Bildschirm oder aus dem Auto genügt hier nicht; vielmehr bedarf es der lebendigen Erfahrung und der liebevollen Hinwendung zu dem, was denselben Gesetzen unterliegt wie wir. Dabei genügt das In-der-Natur-Sein nicht. Es bedarf auch des rechten Blickes, und der ist weder romantizistisch der Oberfläche verhaftet noch konsumistisch-ausbeuterisch dem Herrschaftsanspruch des Menschen über die Natur verschrieben. Vielmehr gilt es, im Kontakt mit Mensch, Pflanze und Tier zu erlernen, daß wir alle denselben Wirkmächten unterworfen sind und deswegen wechselseitige Verantwortungen zu übernehmen haben.

Je weiter die Mediatisierung voranschreitet, so meine These, desto schlechter stehen hierfür die Voraussetzungen. Bei der Begründung möchte ich mich hier vor allem auf Godela Unseld stützen, die kürzlich in der Kritik der künstlichen Intelligenz ein wichtiges Buch mit dem Untertitel «Plädoyer für einen Ausstieg aus der tech-

nischen Kultur»[16] vorgelegt hat. Sie hat mich darauf hingewiesen, daß das lateinische Ursprungswort Kommunikation – «communicare» – zwei Bedeutungen hat, nämlich «1. mitteilen/besprechen/beraten, 2. gemeinsam machen/vereinigen/teilen mit/gemeinsam haben»[17], und daß sich in der Geschichte des Wortes diese Doppelbedeutung weiterentwickelt und polarisiert hat in «Kommunikation» einerseits und «Kommunion» andererseits beziehungsweise das, was ich im Laufe dieses Beitrags als «communicatio» und «communio» bezeichnet habe.
Für die *communicatio* ist typisch «eine Struktur, in der die Beteiligten in der Verbindung *getrennte Einheiten* sind (Hervorhebung MM), die etwas austauschen (eben klassisch: Sender/Empfänger/Zeichen).» Kommunikation, so verstanden, ist das klassische Einsatzfeld für alle Arten von Kommunikationsmedien; sie verbinden das Getrennte. Die Mediengesellschaft produziert bei diesem Versuch eine nicht endende Fülle technischer Artefakte.
Anders ist es bei der *communio*. Auch jenseits religiöser Vorstellungen wird hier nicht das Getrennte verbunden, sondern aufgehoben. In den Worten Godela Unselds: Hier wird «communio»

> «so gedacht und erlebt, daß in der Verbindung das getrennte Dasein der beteiligten Einheiten ‹aufgehoben› ist in jenem doppelten Hegelschen Sinn des Wortes, in dem ich einerseits mein abgetrenntes individuelles So-sein überwinde und hinter mir lasse, und in dem ich andererseits zugleich in dieser neuen Gemeinsamkeit einen sozial anerkannten Platz für mich als ein Individuum finde, wie ich es ohne diese Aufgehobenheit hätte gar nicht werden können»[18].

Um diese zweite Art des «communicare» ist es in unserer Mediengesellschaft schlecht bestellt, ja, ich fürchte, es existiert noch nicht einmal ein Bewußtsein dafür, daß es uns fehlt; dabei wäre «in dieses communicare die gesamte Natur miteinzuschließen.»[19] Auf der Suche nach kulturellen und sozialen Inseln solcher «communio» ist Godela Unseld auf bestimmte Weisen der Alltagskommunikation, auf Meditation, Elemente religiösen Erlebens und animistische Kulturen gestoßen. In jedem Fall handelt es sich jedoch um

Kommunikationserfahrungen, die sich nicht in mediatisierten Formen (wieder)entdecken und aneignen lassen.
«Communicatio» und «communio» sind einander ausschließlich und zugleich komplementär. Wunderbar ist dies bei Martin Buber in der Differenz von Ich-Du- und Ich-Es-Beziehungen ausgedrückt[20]. In der Ich-Du-Beziehung schaffe ich mit dem Du ein Neues, ein Drittes, in der Ich-Es-Beziehung bin ich Beobachterin; wir sind und bleiben getrennt.
Unsere *ganze* Kommunikationsfähigkeit beinhaltet aber beide Weisen des «communicare». In einer Gesellschaft, in der «communicatio» auf Kosten von «communio» hypertroph geworden und mittels der Medientechniken noch immer dominierender wird, bedarf es der Gegenkräfte. Sie liegen nicht in der Verbesserung der technischen Kommunikationsmöglichkeiten, sondern – wie Godela Unseld dies ausgedrückt hat – in der Verbesserung unserer «Erfahrungsfähigkeiten». Nicht das Instrument, das technische Artefakt, bedarf der vermehrten Pflege und Aufmerksamkeit, sondern der Mensch und seine Mitgeschöpfe, die Pflanzen und Tiere. In der Mediengesellschaft als einer Gesellschaft kommunikationsökologischer Ungleichgewichte heißt dies, daß wir uns vermehrt der «communio» öffnen müssen: dem «gemeinsam machen/vereinigen/teilen mit/gemeinsam haben».
Ist damit in einer ins Ungleichgewicht geratenen Situation die meines Erachtens notwendige Gegenkraft benannt, die individuell und kollektiv entfaltet werden muß, so heißt dies noch lange nicht, daß wir den Kampf um die Medien in ihrer aufklärerischen Funktion aufgeben dürfen.
Nach den Gesetzen der Mediengesellschaft ist der gesellschaftliche Diskurs in hohem Maße in die Medien hineinverlagert worden. Dort findet – medial inszeniert oder informations- und kommunikationstechnisch berechnet, simuliert und kontrolliert – Selbstverständigung und Macht- und Herrschaftsausübung statt. Deswegen muß ein Versuch, Bewußtsein für unsere Verantwortung gegenüber Mensch, Pflanze und Tier zu stimulieren, sich immer auch der Medien bedienen und deren aufklärerische Möglichkeiten anmahnen.

Je mehr diese Medien jedoch zu Abspielanstalten für Unterhaltung werden und je ungenierter die Informations- und Kommunikationstechniken für die Beherrschung von Mensch, Pflanze und Tier eingesetzt werden, desto wichtiger wird es, die Gegenkräfte gegen die mediatisierte Gesellschaft zu entdecken und zu entfalten.
Dieser Weg geht meines Erachtens über uns selbst, über unseren Mut und unsere Bereitschaft, uns dem Lebendigen in uns selbst und in unserer Mitwelt, der belebten und unbelebten Natur zu öffnen. Für uns Menschen des hochindustrialisierten Nordens ist dies ein weiter Weg. Wir haben den dualistischen Blick nicht nur exzessiv geübt, sondern nun auch noch durch technische Instrumente strukturell verfestigt. Dennoch fürchte ich, daß wir keine Wahl haben, als einen Weg in eine Gesellschaft jenseits der einseitig distanzierenden Wahrnehmung zu suchen.

4. Anfragen an die (psycho)therapeutische Praxis

Die Grundthese meines Beitrags ist, daß die Mediengesellschaft und ihre medialen Artefakte die Kommunikationskrise unserer Gesellschaft verschärfen, statt sie abzubauen. Indem Medien sich zwischen uns und unsere Mitwelt auf allen Ebenen schieben, entstehen Kommunikationsbrüche; wir treten heraus aus dem gemeinsamen Wahrnehmungsraum. Dies gilt für die Beziehung zwischen Menschen ebenso wie für die zwischen Menschen und Pflanzen und Menschen und Tieren. Dabei verläuft der Prozeß der Veränderung weitgehend unbewußt, wird nur für einen kurzen Zeitraum wahrnehmbar und versinkt dann im Meer der unbewußten Normalität.
Therapeutische Arbeit muß diese Kommunikationsbrüche zur Kenntnis nehmen, sich damit auseinandersetzen und in der Auseinandersetzung Gegenkräfte in Richtung auf eine «communio» – eine Teilhabe mit Körper und Sinnen an der gemeinsamen Mitwelt – unterstützen.
Mein Eindruck ist, daß Therapeuten und Therapeutinnen als Beziehungsarbeitende sich bemühen, Kommunikationsbrüche aufzuhe-

ben, Anschlüsse wieder herzustellen, Dialogfähigkeit zu befördern. Insofern sehe ich die Grundtendenz therapeutischer Arbeit im Einklang mit meiner Forderung nach «communio». Allerdings scheint es mir, daß Therapeuten und Therapeutinnen mit ihrer Konzentration auf die Menschen weitgehend unbewußt sind für Einbindung in technischen Umwelten und daß sie möglicherweise auch wenig interessiert sind, sich dem zu stellen. Sie befördern damit – sofern diese Annahme zutrifft – eine romantizistische Sicht vom Menschen inmitten der Welt der Pflanzen und Tiere. Vielleicht ist auch einfach der Fokus der Aufmerksamkeiten unscharf, so daß wesentliche Rahmenbedingungen heutiger menschlicher Existenz nicht in den Blick kommen und therapeutisch angemessen berücksichtigt werden können. Dann aber würden wichtige Kräfte, die in Richtung auf eine Änderung wirken, verschenkt. Dies führt mich abschließend zu einer Reihe von Fragen an die therapeutische Praxis:

- Wenn Menschen ihre Kommunikationsbedürfnisse zunehmend an Maschinen delegieren, was wissen die Therapeuten und Therapeutinnen darüber, inwieweit Medien hierfür einen ursächlichen oder verstärkenden Charakter haben? Wie gehen Sie diesen Fragen nach?
- Wenn Menschen ihrem Körper entfremdet sind und nur noch starke Reize wahrnehmen, inwieweit wissen Sie, ob dies durch Medienarbeit und Medienkonsum verstärkt wird? Wie gehen Sie damit um? Läßt sich aus dieser Sicht eine Therapiemethode rechtfertigen, die den Menschen auf der Couch immobilisiert? Bedarf es hierzu zwingend ergänzender körperorientierter Ansätze?
- Wenn Menschen einen nicht zuletzt medientechnisch unterstützten Prozeß der Individualisierung leben und/oder ihm ausgesetzt sind, läßt es sich dann noch rechtfertigen, Therapien – auf Dauer oder ausschließlich – als Einzeltherapien anzubieten? Erzwingt dies nicht geradezu auch gruppentherapeutische Methoden?
- Wenn Menschen unter Multiphrenie[21] leiden, der Sucht, ubiquitär und überall dabei zu sein, und dies als Rast-, Wurzel- und

Verantwortungslosigkeit leben: inwieweit bringen Sie dies mit Medien in Verbindung, machen es bewußt und suchen gemeinsam nach Wahrnehmungsräumen, in denen Menschen, Pflanzen und Tiere ihren Platz finden?

- Wenn Menschen ihre Sinne unter dem Diktat der elektronischen Zeitgeber austrocknen lassen, um sie dann mit Bilderfluten zuzuschütten, die die letzte Lebendigkeit des Inbildes, des inneren Bildes von sich selbst, bedrohen: bringen Sie dies mit den Medientechniken in ihrer Doppelgestalt als Informations- und Kommunikationstechniken und Massenmedien in Beziehung? Entwickeln Sie von dort aus Konzepte für einen lebendigen Dialog mit der Mitwelt?

Mir ist bewußt, daß Therapeuten und Therapeutinnen Menschen und eine Gesellschaft nicht heilen können, aber sie können Heilungsprozesse unterstützen. Das setzt aber meines Erachtens voraus, daß sie noch bewußter zur Kenntnis nehmen, wo Menschen heute stehen, nämlich in einer weitgehend individualisierten und technisierten Umwelt, die nicht als Mitwelt wahrgenommen wird. Meine Hoffnungsvision am Ende: daß wir – freiwillig oder unter dem Zwang der Verhältnisse – die Augen öffnen für die Kommunikationsbrüche in der Mediengesellschaft und daß wir aus der heilenden Kraft der veränderten Wahrnehmung freier werden für den Dialog mit und die Verantwortung für Menschen, Pflanzen und Tiere.

Rüdiger Rogoll

Das einfache Leben – Konsequenzen aus der Mitgeschöpflichkeit

Wenn ich die drei Worte unseres Tagungsthemas scheinbar so friedlich und gleichberechtigt nebeneinanderstehen sehe, muß ich seufzen, denn die Wirklichkeit sieht anders aus – und der kann sich niemand mehr entziehen – spätestens seit dem Rio-Gipfel im letzten Frühjahr.
Diese Wirklichkeit wird symbolisch beschrieben in Johann Ludwig Meyers Gedicht:

Das Eichhorn und der Mann

Ein Eichhorn lag mit nicht geringen Kümmernissen
bei seinem kleinen Schatz von abgepflückten Nüssen
in einem ziemlich großen Raum
von einem hohlen Eichenbaum,
dieweil ein Mann in aller Eile,
mit starker Faust und scharfgewetztem Beile,
ihn umzuhauen willens war.
In solcher dringenden Gefahr
ergab das Tier sich dem Geschicke
und dacht', damit mir nichts zerdrücke,
verberg' ich mich vor Sturz und Mann
in meiner Gruft, so gut ich kann.
Bald fiel der Baum – und als er lag,
so kam mit seinem Schatz das Tierchen an den Tag.
Gleich sprach der Mann zu diesem guten Tier:
«So findet man die Nüssediebe;
ich sehe deinen Vorrat hier,
der zahlt mir reichlich meine Hiebe.
Indessen sollst du Diebchen wissen,

daß deinesgleichen sterben müssen!!»
Das Eichhorn sagte zu dem Manne:
«Eh du die Mordlust an mir büßest
und mein unschuldig Blut vergießest,
so höre noch die Frage von mir an:
Schickt man die Menschen auch dem Tod in seinen Rachen,
die einen Vorrat für sich machen?»
«Nein», sprach der Mann,
«Du Nüssedieb, was geht dich dieses an!?»
Das Eichhorn sprach: «Genug,
ich konnte durch dein ‹Nein›
den Zweck von meiner Frag' erreichen.
Ich weiß nunmehr,
warum so *wenig* meinesgleichen –
und auch warum so *viele* Menschen sein.»

Wie anders klingt die Antwort, die mir während der Ausbildungszeit in den Staaten ein alter Indianer auf meine Frage gab, wer zu seinen Ahnen zähle. Er nannte mir viele klangvolle Namen und endete mit den Worten: «...und die Tiere und die Pflanzen.» Wie recht hat er damit, obwohl er von dem trocken-wissenschaftlichen Begriff «Phylogenese» nie etwas gehört hatte.
Wieviele Verhaltensweisen unserer vierbeinigen Vorfahren wir noch in uns haben – therapieresistent –, schildern zum Beispiel das faszinierende Buch von Doris und David Jonas, «Signale der Urzeit», sowie die Humanethologie. Den heiklen Quantensprung vom Tier zum Menschen hat die Mythologie einfach und wirkungsvoll überbrückt mit Zwitterwesen, halb Mensch – halb Tier, aus den Bereichen von Wasser, Erde und Luft – beispielsweise Nixen, Amazonen, Sirenen, Harpyen oder Engel. Haben diese Gestalten – die zumeist Zauberfrauen sind – einen Menschenkopf, so wird dieser, von uns so hochgeschätzte Körperteil bei den Gottheiten etwa der Ägypter durch einen Tierkopf ersetzt; Marc Chagall läßt einen Fisch die Geige spielen; Max Ernst hat manche seiner Gestalten zugleich als Mensch und als Tier gemalt. Welch ein Affront an unseren Intellekt!
Literarisch hat Hermann Hesse die Seelenverwandtschaft aller Geschöpfe in seinem Gedicht «Manchmal» veranschaulicht:

Manchmal, wenn ein Vogel ruft
Oder ein Wind geht in den Zweigen
Oder ein Hund bellt im fernsten Gehöft,
Dann muß ich lange lauschen und schweigen.

Meine Seele flieht zurück,
Bis wo vor tausend vergessenen Jahren
Der Vogel und der wehende Wind
Mir ähnlich und meine Brüder waren.

Meine Seele wird ein Baum
Und ein Tier und ein Wolkenweben.
Verwandelt und fremd kehrt sie zurück
Und fragt mich. Wie soll ich Antwort geben?

Glücklicherweise lieben die meisten Menschen außer der eigenen Spezies auch Tiere und Pflanzen. Und ich möchte zusätzlich einige Gründe aufzeigen, weshalb es sich lohnt, mit der Natur und den Mitgeschöpfen liebevoll umzugehen:

1. Pflanzen sind leistungsfähige Biofabriken. Mit Hilfe von Sonnenenergie verwandeln sie Wasser und unser Abgas CO_2 in Zucker beziehungsweise Stärke, die Grundlage sämtlicher Nahrungsmittel. Als Nebenprodukt dieser Photosynthese entsteht Sauerstoff, die Grundlage der Atmung sämtlicher Lebewesen und – der Verbrennungsmotoren! Ohne Photosynthese gäbe es kein Leben auf dieser Erde und natürlich auch keine – in Kohle oder Erdöl gespeicherten – Energien! Das Licht über uns, die behagliche Wärme um uns, unsere Luft zum Atmen und alles, was wir gleich zu Mittag essen werden, ist letztlich auf dieses Wunderwerk Pflanze zurückzuführen.
2. Pflanzen speichern das Grundwasser, wirken ausgleichend zwischen Trockenheit und Regengüssen, beugen damit Überschwemmungen vor sowie der Austrocknung des Bodens; ihn schützen sie zugleich vor Erosion, was besonders in den Bergen wichtig ist. Sie filtern Staub und Lärm, tragen zur Klimaregelung bei und liefern Holz.

3. Pflanzen und Tiere bieten ein noch unerschöpfliches Reservoir an natürlichem Genmaterial, dessen Bedeutung wir noch nicht ermessen.
4. Die Pflanze spendet viele Arzneistoffe für die Allopathie und die Homöopathie – auch für die Bach-Blütentherapie. Hildegard von Bingen spricht von der Grünkraft (veriditas).
5. Diese lebenswichtigen und lebenserhaltenden biochemischen Vorgänge sind aber noch lange nicht alles, was den Wert der Natur für uns ausmacht. Welch eine Wirkkraft hat sie auf unsere Seele!

Als kleiner Junge lehnte ich mich oft an einen großen Baum und klagte ihm meinen geheimsten Kummer. Er hörte mir zu, und ich fühlte mich getröstet. Als er wegen einer Umgehungsstraße gefällt wurde, war ich untröstlich. Und als ich später im Unterricht erfuhr, daß Bonifatius die Wotanseiche fällen ließ – wie gut konnte ich die Betroffenen verstehen!! Was für ein Baum muß das gewesen sein – der Sitz der Gottheiten?! Und welch ein Ehrfurchtsschauer ergriff mich, als ich Jahre später eines der ältesten Lebewesen berührte – einen Baum, der bereits über 1000 Jahre stand, als Jesus seine Wunder wirkte.

Wie fühlte ich mich von Siegfried von Vegesack verstanden, als ich bei ihm las: «Wenn deine Seele krank ist, verbirg dich in den Wäldern wie ein verwundetes Tier, sie werden dich heilen.» Auf geheimnisvolle Weise bindet die Natur das Schicksal der Sterblichen an das Schicksal der Wälder; damit bietet sie sich uns zur Beziehung an. Doch wie sollen das moderne Beziehungsatheisten verstehen?

Der Wald spiegelt den Zustand einer Gesellschaft wider. Doch wie kann ich von einer Gesellschaft, die 11 000 Verkehrstote im Jahr als notwendiges Übel in Kauf nimmt, erwarten, daß sie sich der Nöte eines Waldes annimmt?

In manchen unserer psychotherapeutischen Schulen wird gerade mit Naturbildern imaginativ gearbeitet, um den oftmals verschütteten Zugang zur Seele zu bahnen. Und ich kenne keine Therapieform, in der nicht irgendwann einmal die Welt der Symbole berührt wird, von denen viele aus dem Reich der Pflanzen und Tiere stammen, zum Beispiel der Baum oder die Schlange.

Ich schlendere auf einem Pfad durch den Urwald, fasziniert von den unbekannten Stimmen, Düften und Formen. Jählings werde ich aus meinen Träumereien gerissen – durch ein markgefrierendes Zischen und Rasseln. Da liegt sie einen Schritt vor mir – die Klapperschlange: an einem sonnigen Fleck aufgeringelt, armdick, Kopf und Schwanz gegen mich hochgereckt. Ich bin starr vor Schrecken, unfähig, mich zu rühren oder zu schreien. Ist das ein Traum? – Nein, erlebte Wirklichkeit in den Everglades. Nach einigen Sekunden, die mir wie eine Ewigkeit erscheinen, entrollt sich das Tier und weicht langsam ins Unterholz zurück. Dabei bewegt sich dieser kräftige, wunderschön gemusterte Körper so geschmeidig, daß er mir ehrfurchtsvolles Staunen abverlangt, währenddessen langsam die Starre aus meinen Gliedern weicht. Wie von ungefähr spreche ich zu dem Tier, ihm dankend, daß es mir den Weg freigibt. Da erst werde ich mir bewußt, daß es hätte zubeißen können – und sein Gift wirkt tödlich. Ich spüre mein Herz bis in die Schläfen. Innerlich verneige ich mich vor dieser Schlange, in Dankbarkeit – ja Demut. Langsam setzt mein Verstand wieder ein, und ich trete sehr vorsichtig und behutsam den Rückweg an.
Diese Begegnung hat mich in den folgenden zwanzig Jahren immer wieder beschäftigt. So mögen Naturmenschen reagiert haben. Für mich war das Wirken uralter, lebensrettender Reflexe eine erste Unterhöhlung meiner ausschließlichen Verstandesgläubigkeit jener Zeit, und ich weiß seitdem im Kopf und vor allem im Bauch, warum die Schlange in fast allen Hochkulturen und Religionen ein so vieldeutiges Symbol ist. Und ich entschied mich, mich für den Schutz von Tieren und Pflanzen zu engagieren.
Die Pflanze hat immer einen verborgenen Teil ihrer selbst in der Erde. Ihr Bild deutet deshalb auch in der menschlichen Psyche darauf hin, daß wir ebenfalls einen solchen, uns verborgenen Anteil am allgemeinen Leben der Natur besitzen. Während unser Unbewußtes den Prozeß unserer seelischen Reifung häufig als Pflanze,

etwa als Baum, symbolisiert, zeigen sich die Tiere oft als Symbole der Transzendenz. Diese Geschöpfe, die bildhaft aus den Tiefen der Mutter Erde kommen, sind Bewohner des kollektiven Unbewußten. Sie bringen uns eine spezielle Bedeutung ins Bewußtsein, weswegen in vielen Mythen, Märchen und Träumen Tiere als unsere Helfer erscheinen (M.-L. von Franz). Damit sie dies noch lange tun können, engagiere ich mich dafür, das galoppierende Artensterben unserer Zeit zu bremsen.

Stolz überwachen wir die Menschenrechte. Gut. Und wie steht es um Tierrechte oder Pflanzenrechte? Mitmenschlichkeit wird als Tugend hoch eingeschätzt, zu Recht. Doch wie steht es um Mittierlichkeit oder Mitpflanzlichkeit? Unbekannte Begriffe. Hingegen umfaßt das so liebenswert klingende Wort «Geschöpf» die Pflanze *und* das Tier *und* den Menschen – als Kinder *einer* Schöpfung und damit *einer* Welt, und nicht einer ersten, zweiten und dritten Welt. Deswegen plädiere ich dafür, unseren schönen Begriff der Mitmenschlichkeit, auf den umfassenderen der *Mitgeschöpflichkeit* zu erweitern.

Diese Sichtweise hat Konsequenzen, zum Beispiel das *einfache Leben*: Es beinhaltet nicht nur die von Ernst Wiechert in seinem gleichnamigen Roman beschriebene, romantisierend mystische Naturverherrlichung, sondern integriert diese in das wirkliche, alltägliche, mitgeschöpfliche Leben, das wir umfassend als *bio-psycho-soziales Netzwerk* bezeichnen.

Schon in der Antike war das Problem des Überlebens im Überfluß bekannt: die Könige Midas oder Krösus oder Damokles, dessen Schwert sprichwörtlich wurde, waren Beispiele für die im Überfluß stets drohende Gefahr.

Eine Antithese bot der Konsumverweigerer Diogenes, der wunschlos glücklich als Herr seiner selbst dem Herrn der Welt die Stirn bieten konnte. Nach einer Anekdote beobachtet er einen Knaben, der mit hohlen Händen sein Trinkwasser schöpft. Da holt Diogenes seinen Becher hervor und wirft ihn weit von sich, indem er ausruft: «Wirklich, so hat mich ein Knabe noch übertroffen in der Kunst, mit Wenigem auszukommen.»

Würden wir heute alles uns Entbehrliche wegwerfen, so wäre das der Ausbruch der totalen Wegwerfgesellschaft. Auch das Zurschaustellen einer übertriebenen Bedürfnislosigkeit zeugt von einer gewissen Eitelkeit! Leichter können wir uns wohl befreunden mit jener souverän gelassenen, menschlich heiteren Unabhängigkeit von Konsumzwang und Modehörigkeit eines Sokrates, der über den Markt schreitend – auf die Überfülle der angebotenen Waren blikkend – sagte: «Wieviele Dinge gibt es doch, die ich nicht brauche.»
Verschwendung und Leben im Überfluß schaffen Beachtung und Ansehen – eben Prestige. Damit ist angedeutet, daß im tiefsten Innern etwas nicht stimmt – es fehlt etwas.
Erich Fromm charakterisiert den Verschwender in «Haben und Sein» so:

«Der Konsument ist der ewige Säugling, der nach der Flasche schreit. Konsumieren vermindert die Angst, weil mir das Konsumierte nicht weggenommen werden kann; aber es zwingt mich auch, immer mehr zu konsumieren, denn das einmal Konsumierte hört bald auf, mich zu befriedigen. Der Konsumentenhaltung liegt der Wunsch zugrunde, die ganze Welt zu verschlingen.»

Der Umweltunrat, den wir dabei um uns verbreiten, ist, tiefenpsychologisch gesprochen, ein Schattenproblem – als Abfall eines raffgierigen Egos, das inflatorisch im Wachstum schwelgt, das unökologisch nur an sich denkt und nicht an den Gesamthaushalt des Lebens – eben die *Mitgeschöpflichkeit*! Dieses Ego hat dabei Lust und Vergnügen, aber wenig Freude und Glück. Der Mensch ist, was er hat – mehr Schein als Sein. Seine Werte lauten: Erwerb, Gewinn, Wachstumssteigerung. Der Besitz erst weist uns als Menschen aus. Wir nehmen etwas Totes, um damit zu definieren, was wir wirklich als lebendige Wesen darstellen. Und wir erleben, daß es uns und unsere Mitgeschöpfe totmacht, wenn wir uns derart versklaven. Die meisten Menschen geben dabei vor, glücklich zu sein; doch hinter der Maske dieser Fiktion liegt die «malaise du siècle», das Unbehagen an der Kultur (Freud).

Im Kinderzimmer ist endlich Ruhe eingekehrt. Da beginnen die Spielsachen ein wahres Schaugepränge: «Ich bin das Stärkste und Größte», prahlt das Schaukelpferd. «Ich bin der Schnellste», brüstet sich der Brummkreisel. «Ich bin die Schönste», flötet die wimpernklappernde Puppe. So suchen sie sich in ihrer Gefallsucht gegenseitig zu übertreffen. Schließlich gewahren sie noch den alten Teddybär. Er sitzt am Köpfchen des schlafenden Kindes und sieht zum Erbarmen aus: Sein Fell ist völlig zerschlissen, ein Auge hängt nur noch an einem Faden, ein Ohr fehlt ganz. «Du hast noch gar nichts gesagt», wird er angeherrscht, «was hast du denn zu bieten, he?» «Ich?» antwortet der Teddybär, «ich wurde geliebt.»

Das einfache Leben vermag die Struktur einer Person zu wandeln, etwa von der Grundgestimmtheit des Haben- und Sein-Wollens und der Angst in die der Liebe – entsprechend Kants Forderung nach der *Revolution des Herzens*.

Verschwendungssucht (nach dem Motto: Je mehr er hat – je mehr er will) steht höchst selten im Mittelpunkt einer psychotherapeutischen Arbeit. Offenbar verursacht eine derartige Erkrankung kaum den notwendigen Leidensdruck. Denn nach Freud gehorchen die Menschen ihren Leidenschaften mehr als ihren Interessen; unser Interesse gilt zwar unserem (Über)leben, doch wir leben ihm entgegen!

Die typische Konsumhaltung fällt häufig mit einem tieferen Problem zusammen: mit der *Angst* vor schöpferischer Verschwendung, der Verschwendung von guten Gefühlen. Demnach müßte die Therapie eines Konsumsüchtigen darauf abzielen, seine Energie zur Verschwendung umzuleiten beziehungsweise zurückzuführen auf die vitalen und produktiven Formen von Verschwendung – im Sinne von Hingabefähigkeit. Für diese Libido muß ein Strombett gefunden werden, in das sie als das Schöpferische für eine Beziehung oder eine Lebensgestaltung fließen kann.

Ich finde es immer wieder erstaunlich, wie der eine oder die andere nach einer Partnertrennung aus einem luxuriösen Haus in eine kleine, bescheiden eingerichtete Wohnung flüchtet und glücklicher lebt als zuvor. Der Hunger nach guten Gefühlen und die spirituelle Apartheit sind einer neuen Lebendigkeit gewichen. Das einfache

Leben kann das sich immer schneller drehende Karussell von Wunscherfindung und Wunscherfüllung anhalten; es befähigt zum *Weiter*denken, im Sinne eines erweiterten und vernetzten Denkens. Es geht nicht um *Um*denken, das uns so oft gepredigt wird und das doch alles bisher Gedachte mißachten und damit unsere rebellischen Anteile mobilisieren würde. Im Weiterdenken hingegen respektieren wir das Bisherige, lernen daraus und bringen es schöpferisch konstruktiv in Anwendung: wir reifen!
Denken wir zum Beispiel an dem Sprichwort «Müßiggang ist aller Laster Anfang» weiter. Den ursprünglichen Sinn dieser Belehrung können wir getrost beibehalten. Im Weiterdenken erleben wir, daß Müßiggang im Sinne von Muße nicht nur Seelenbalsam ist, sondern auch gerade reinster Umweltschutz. In der Muße erzeuge ich keinen Krach, Lärm und Gestank durch das Betätigen von Motoren und Maschinen aller Art; ich vergifte weder Luft noch Wasser noch Boden, produziere keinen Müll, keine Abwässer und keine Abgase. Ich vergewaltige und kastriere nicht die Natur durch ständiges Schneiden, Spritzen, Um- und Ausstechen. Sondern ich rieche an einer Blume, nehme ihren Duft wahr – dieses Lächeln der Pflanze – und betrachte ihre ein- und ausfliegenden Gäste: schillernde Käfer, emsige Bienen und Hummeln, deren plüschige Wämstlein zum Streicheln verlocken, und gaukelnde Schmetterlinge, diese gefalteten Liebesbriefe an eine unbekannte Blumenadresse. Oder ich träume an meinem Tümpel und schaue den badenden Kleinvögeln zu, wie diese aufgeplusterten Federbällchen im Wasser plantschen – ich könnte sie küssen.
Aristoteles nennt solche Naturbetrachtungen *Glück*. Sie bewirken Ruhe des Gemütes und Frieden der Seele, die ja durch Vögel symbolisiert werden kann.
Zum einfachen Leben gehören Tätigkeiten, die keinen wirtschaftlichen Gewinn abwerfen, die aber die Seele erleichtern. Es schenkt seine Aufmerksamkeit weniger den äußeren spektakulären Ereignissen, sondern eher den kleinen Dingen des Alltags, die allerdings großartig genug sind, um zum Staunen zu verlocken, wie etwa die Straßenblume, die Dorothée Sölle beschreibt:

«Am Straßenrand blüht eine Malve.
Eine Knospe ist bald offen, altrosa wird sie sein
vielleicht schon morgen.
Hätt' ich Geduld, ich würde warten.
Hätt' ich Aufmerksamkeit, ich rührte mich nicht vom Fleck.
Hätt' ich Frömmigkeit, hier würd' ich niederknien.
Vielleicht schon morgen könnt' ich sehen, nicht nur glauben,
wie es einem Mitgeschöpf gelingt, am Straßenrand
zum Blühen zu kommen.»

Das einfache Leben ist der Vollzug einiger Leitsätze unserer Tage, zum Beispiel: In Weisheit mit der Natur leben; Bewahrung der Schöpfung und des Friedens und der Gerechtigkeit in der Welt.
Eine Konsequenz bezeugt Elisabeth von Thüringen. Sie soll, als ihr Mann wieder einmal von den Bauern erpreßte Naturalien heimbrachte, zu ihren Hausgenossinnen gesagt haben: «Heute können wir leider nicht mitessen, sondern nehmen nur Wasser zu uns.» Übertragen auf mich heute heißt das zum Beispiel: meinen Kaffee nicht im Supermarkt kaufen, sondern in den naturgemäß teureren Läden, die die Großkonzerne umgehen, und somit dem Erzeuger ein paar Pesos mehr zukommen lassen.
Viele Menschen der sogenannten Dritten Welt könnten gut von den unermeßlichen Schätzen ihrer Naturwälder leben, wenn nur jemand ihre Produkte kaufte. Ähnliches gilt für unsere heimischen Bauern mit naturverträglicher Anbauweise. Wir als Endverbraucher vermögen durch unser umsichtiges Einkaufsverhalten vieles zu bewirken, wenn wir «global denken, lokal handeln!»
Allerdings muß auch deutlich gesagt werden, daß weitaus mehr Produkte mit den prestigeheischenden Bio- und Öko-Zeichen etikettiert werden, als tatsächlich hergestellt werden. Die meisten Menschen möchten giftfreie Lebensmittel kaufen, doch ihr Kaufverhalten ist dem entgegengesetzt, wie zum Beispiel Schneewittchens Apfeltest zeigt: In Obstgeschäften ist immer wieder zu beobachten, wie die schönsten, größten und glänzendsten Früchte herausgepickt werden. Die Ware muß makellos sein. Folglich werden schon nur leicht angeschlagene Früchte weggeworfen. Wen

verwundert es dann, daß bei diesem Konsumentenverhalten die Bauern den verlockenden Einflüsterungen der Chemie unterliegen und ihre Plantagen im Jahr bis zu dreißigmal spritzen! Daß einiges davon in den Früchten zurückbleibt, wissen wir alle. Jedoch niemand weiß, was mit diesen Rückständen in unseren Körpern passiert. Wird hingegen bei ungespritztem Obst ein Schorf oder ein Würmchen verschluckt, so schadet uns das sicherlich nicht, von der intensiveren Geschmacksqualität ganz zu schweigen. Aber: Wir essen eben mit dem Auge, obwohl wir es zugleich vor dem Schattenproblem verschließen.

Neben den direkt ausgebrachen Giften sind es vor allem die Abgase aus fossilen Brennstoffen, die die langlebigen Geschöpfe schädigen, wobei auch hier die Dosis das Gift macht. Die Abgase entstehen vornehmlich in unseren Heizungssystemen, Kraftwerken und Verbrennungsmotoren. Ihr Schadstoffausstoß ist abhängig von unserer Inanspruchnahme dieser Systeme, im Klartext: Die Verantwortung liegt bei uns.

Die Regierung der BRD will in den nächsten 15 Jahren den CO_2-Ausstoß um 20% senken. Dieses Kollektivziel kann aber nur durch das Tun von uns Individuen erreicht werden. Das heißt: Jedermann und jedefrau soll 20% weniger Heizöl und Strom verbrauchen, 20% weniger oder langsamer autofahren, 20% weniger fliegen und 20% weniger Müll einkaufen, da zum Beispiel die Verpakkungsindustrie energieaufwendig präsumptiven Müll produziert.

Wie das zu bewerkstelligen ist, wissen wir alle – theoretisch. Es in die Tat umzusetzen, ist gar nicht so schwierig. Zum Beispiel: Kühlschränke sind Energiefresser! (Untaugliche Verkäufer sollen daran zu erkennen sein, daß sie Kühlschränke an Eskimos verkaufen wollen). Merkwürdig, daß kaum ein Kühlschrank bei uns während der kalten Jahreszeit abgestellt wird. Ohne nennenswerte Einbußen meines behaglichen Lebensstils hole ich mir meine Sachen eben vom Balkon oder von der Fensterbank. Auch ist mein Haus wärmegedämmt und mit Sparlampen beleuchtet, was sich à la longue auch finanziell auszahlt. Ich könnte noch hundert Beispiele allein aus dem Haushalt aufzählen. Vorbildfunktion ergibt sich aus Tun und nicht aus Predigen. Und ich finde, gerade wir, die wir die Seele in den Mittelpunkt unserer Arbeit setzen, sollten aus den oben genannten Gründen Vorbilder sein. Wer sonst?!

Mehr Überwindung kostete es mich, das Autofahren einzuschränken, denn ich fahre gern. Der entscheidende Auslöser war für mich in einem Nachtdienst ein junger Mann: Er hatte sich umgebracht, indem er das Abgas seines Autos direkt eingeatmet hatte. Er war – leider – ein trauriger Beweis dafür, daß Autoabgase eben Giftgase sind. Und dies umso mehr, je schneller gefahren wird oder je kälter der Motor ist, also bei Kurzstrecken.

Meine Konsequenz ist am Tacho meines mittlerweile zwölf Jahre alten Autos ablesbar: 38 000 km, eine Zahl, die meine Automechaniker nur zu einem ungläubigen Kopfschütteln veranlaßt. Inzwischen habe ich mich aufs Bahnfahren umgestellt. Da träume ich, lese und arbeite – auch während der Wartezeiten, die mich früher ärgerten. Doch mehr ärgern mich heute stressiges Fahren bei schlechtem Wetter, Stau, das höhere Unfallrisiko, Parkplatzsuche, Strafzettel, Reparaturen und TÜV-Kontrollen.

Die stärksten Schadstoffemittoren sind die Flugzeuge. Ihr Ausstoß entspricht etwa der Menge, die entstünde, wenn jeder Passagier allein mit dem Auto die doppelte Strecke zurücklegte. So bin ich mit dem Schiff nach Amerika gefahren. Ich kann gar nicht genug von diesen herrlichen, fünf zusätzlichen Ferientagen schwärmen, in denen ich nur verwöhnt wurde. Kein Telefon, keine Termine, dafür die seelenberuhigende Zwiesprache mit der Unendlichkeit von Himmel und Meer – ganz zu schweigen von der allmählichen Anpassung meines Vegetativums an die Zeitumstellung!

Meine Kurzstrecken (bis ca. 20 km) bewältige ich mit dem Fahrrad. Dabei genieße ich meine körperliche Beweglichkeit, das Zusammenspiel meiner Muskeln und Glieder und meine Fähigkeit, aus eigener Kraft vorwärtszukommen – also Körpertherapie life. Dann diese Sinnenfreudigkeit, für die ich gern Umwege in Kauf nehme, um nicht auf den Straßen fahren zu müssen: Ich *sehe* die bunte Welt von Wiesen, wogendem Korn, Wäldern, Blumen, Bäumen und Tieren. Ich *höre* die Insekten summen – in einem Rapsfeld oder einem

blühenden Apfelbaum – oder den vielstimmigen Gesang der Vögel. Ich *rieche* die feuchte Erde, den süß-schweren Duft der Blüten, das reife Heu, und ich *spüre* den Wind, der meine Haut und meinen Körper umschmeichelt. Ich fühle mich rundum wohl und habe danach einen gesunden Appetit. Auf diese Weise fällt es mir leichter, der Macht meiner menschlichen Bequemlichkeit und den Glücksversprechungen einer motorisierten Welt öfters zu widerstehen.
Ich möchte hier nicht der Abkehr von der Technik das Wort reden; das wäre utopisch. Doch ich möchte beim Gebrauch der Technik ebenfalls zu dem vernetzten Weiterdenken ermutigen, zum Beispiel in Richtung des problemlösenden Zauberwortes «erneuerbare Energie»! Hier kann die Technik unsere beste Verbündete werden. Dem einfachen Leben gelingt nämlich das Kunstwerk der «coniunctio», indem es Ökonomie und Ökologie zu einer biophilen Ökumene vereinigt. Zum Beispiel genieße ich ein warmes Vollbad. Die entsprechende Wassermenge aufzuheizen, erfordert viel Brennstoff. Wie kann ich diese Verschwendung rechtfertigen? Die Solarzelle macht's möglich! Ich kann Ihnen kaum das gute Gefühl beschreiben, wie ich in dem wohlig warmen Bade schwelge, ohne auch nur einen Tropfen Öl verbrannt oder ein Molekül Abgas emittiert zu haben. Im Sommer wußte ich oft nicht, wohin mit dem vielen heißen Wasser, selbst wenn ich noch Spül- und Waschmaschine beschickt hatte. Und das alles zum Nulltarif! Da könnte ich zum High-Tech-Freak werden!
«Ja, aber die Kosten-Nutzen-Rechnung! Wie steht es damit?» Ganz einfach: eine Solaranlage für Brauchwasser amortisiert sich, eine zur Stromgewinnung noch nicht ganz. Doch das gute Gefühl meinen Mitgeschöpfen gegenüber, auch hinsichtlich der Arbeitsbeschaffung, läßt sich mit Geld nicht aufrechnen.
Vor allem aber genieße ich das herrliche Gefühl bei der Vereinigung der Gegensätze: Ich verschwende Wärme – und spare Energie und vermeide Giftemission. Ich vergeude Wasser – und spare Trinkwasser, indem ich Regenwasser auffange und fürs Baden, Putzen und das WC nutze. Die Zisterne wirkt außerdem als Puffer, indem sie bei Regenfällen ein Anfluten zu Überschwemmungen

vermindert. Letztere nehmen natürlich mit der fortschreitenden Versiegelung des Bodens zu, woran auch unsere Dächer ihren Anteil haben.
Stellen Sie ein Gefäß mit bepflanzter Erde in den Regen, daneben ein gleichgroßes mit Beton. Bald sehen Sie, wie dieses Gefäß überläuft, während in dem bepflanzten lediglich die Erde naß ist. Aus diesen Gründen habe ich auch mein Garagendach begrünt: ein paar Mark und einige Arbeitsstunden als ein kleines Opfer ans Leben.
So einfach klingen die Dinge, die Großes bewirken. Sie zu tun beziehungsweise die Natur gewähren und in Ruhe zu lassen, bedarf des Mutes, der Zivilcourage, denn an Spott und Ablehnung mangelt es nicht: Wenn zum Beispiel Fremde nach meiner Praxis fragen, erhalten sie oft zur Antwort: «Das ist der mit dem unordentlichen Garten.» Aus der Sicht der Besitzer monokultureller Pflegeleichtgärten mag das stimmen. Doch fühlen wir uns einmal in unsere heimischen Mitgeschöpfe ein – in Igel, Kröte, Eidechse, Rotkehlchen, Zaunkönig und Insekten aller Art –, dann können wir nachempfinden, wie diese aus ihren Lebensräumen immer weiter zurückgedrängten Geschöpfe in einem naturbelassenen Garten Schutz, Behausung und Futter finden; dazu sind heimische Büsche und Blütenpflanzen notwendig – sogenanntes Unkraut. Denn an Hybriden und Exoten (Flieder, Forsythie etwa) werden Sie vergeblich nach Insekten suchen. Zum «Unkraut» gehört zum Beispiel auch die Schafgarbe; mit ihren Stengeln jedoch wird das heilige I Ging gelegt! – Die Sonne, die des Adlers Auge schärft, blendet die Eule.
Mit der Wahrheit verhält es sich wie mit jemandem, der in eine Kathedrale eintritt. Er sieht die bunten Fenster leuchten, weil er im Dunklen steht. Doch tritt er hinaus ins volle Licht, bleibt von der herrlichen Pracht nur die Fassung.
Durch die Kenntnisnahme der Prozesse, die uns in unserer vermeintlichen Freiheit einengen, ermöglicht sich das Stückchen Freiheit, das wir wirklich haben – und dann eröffnet sich ein gewisser Spielraum für uns. Von daher müßten wir wieder eine Kultur des Seins erlernen, anstatt das Gute ständig mit der doppelbödigen Mo-

ral des Machens zu verbinden. Eine schöpferische Pause ist notwendig, ein Innehalten, um einen gewissen Stillstand der Ausbeutung von Machbarkeiten und von einer Welt zu erzielen, die allein nach menschlichen Maßstäben gestaltet wird.
Zum ersten Mal hängt das physische Überleben vom psychischen Wandel des Menschen ab. Den Rausch des ständigen «Schneller, Höher, Größer und Mehr» eines kleinen «Hävelmannes» können wir transformieren in ein Fließgleichgewicht nach vorgegebenen Ordnungssystemen der Natur. Die Stille ernährt – der Lärm verzehrt.
Das einfache Leben ermöglicht eine, in die Natur eingebundene Religiosität, in der es erlaubt ist, zu staunen, aufzublicken, zu leben und sich zu freuen. Auch die Freude gehört zur Religiosität und könnte auch in manchen Psychotherapien etwas mehr zugelassen werden, zumal unser gemeinsamer Urvater dieses wunderbare Gefühl zum Namen hat. Viele Mystikerinnen und Heilige lebten uns dies vorbildlich vor.
Das einfache Leben zeigt «Ehrfurcht vor dem Leben» (A. Schweitzer), indem es die bisherige anthropozentrische Ethik zu einer ganzheitlichen Umweltethik oder Bioethik erweitert, wie es beispielsweise Hans Jonas in seinem Buch «Prinzip Verantwortung» und in Anlehnung an Kants Kategorischen Imperativ anbietet: «Handle so, daß Du das Weiterleben Deiner Mitgeschöpfe und Deiner Nachkommen berücksichtigst.»
Daher plädiere ich:
- für das einfache Leben,
- für das ganze Leben,
- für das erfüllte Leben.

Als abschließende Zusammenfassung noch eine Geschichte: Zu jenen Zeiten, als der anfangs erwähnte Baum schon über 1000 Jahre stand, wollte ein Meister des einfachen Lebens in eine ferne Stadt, um dort zu predigen. Um die Kühle des Morgens zu nutzen, bricht er zeitig auf, und ein Jünger will ihn begleiten. Voller Übermut läuft dieser voraus. Auf dem Weg sieht er ein verrostetes Hufeisen und tritt es achtlos beiseite. Der Meister hinter ihm bückt sich, hebt es auf und nimmt es mit. In der nächsten Schmiede verkauft er es für 4 Kreuzer. Der Jünger wartet draußen, weil ihm das so *peinlich* ist. Er denkt bei sich: «Jetzt wird der auch noch zum Pfennigfuchser!» Auf dem nächsten Markt erhält der Meister für seine 4 Kreuzer eine Hand voll Kirschen und steckt sie in seine Tasche.

Dann sind sie wieder allein auf der staubigen Straße. Mittlerweile ist es heiß geworden. Der Jünger keucht nur noch hinter seinem Meister her, die Zunge klebt ihm am Gaumen fest und der Durst quält ihn. Da sieht er, wie sein Meister eine Kirsche zu sich nimmt und mit unvermindertem Schritte fürbaß schreitet. Da wollen ihm seine Augen schier aus den Höhlen quellen. Wie gebannt starrt er auf des Meisters Rocktasche, in der er die Kirschen weiß. Was würde er jetzt alles geben für *eine* Kirsche!

Aber er beißt sich die Lippen, um ja nicht zu bitten. Doch da – kann er seinen Augen noch trauen?! – fällt eine Kirsche zu Boden. Eilfertig bückt er sich, hebt sie auf und steckt sie gierig in den Mund. Welch köstliches Naß! Welch ein Labsal. Er spürt neue Lebenskraft durch seine Adern pulsen. Der Meister läßt – wie von ungefähr – noch einige Kirschen fallen. Keine bleibt im Straßenstaub liegen.

In der Stadt sind die Menschen schon versammelt, und er beginnt sogleich zu ihnen zu sprechen: «Wahrlich ich sage Euch, einmal mich bücken um etwas Geringes erspart mir die Mühe des häufigen Bückens um noch Geringeres!»

Eugen Drewermann

Stein, Pflanze, Tier und Mensch

Meine sehr verehrten Damen und Herren,

ganz herzlich danke ich Ihnen für die Einladung und für Ihr Interesse an einem Thema, das schon dadurch in seiner Wichtigkeit einleuchtet, daß es über unser Überleben und das Leben der Kreaturen an unserer Seite entscheidet. Es gibt eine Menge von technischen und vor allem wirtschaftlichen, politischen Faktoren, die zur Zerstörung dessen, was wir Umwelt heißen, heute beiträgt. Tatsächlich bedürften wir aber im Kern eines veränderten Weltbildes, um mit uns selber und im gleichen mit der Natur, die uns umgibt, gütiger und verständnisvoller umzugehen. Denn das sei die These des heutigen Abends: Die Art unseres Selbstbezuges ist identisch mit der Art unseres Verhältnisses zu den Lebewesen an unserer Seite, indem die Art, wie wir uns selbst betrachten, sich projektiv über die Leinwand der Natur legt, und umgekehrt, indem die Art, wie wir die Natur draußen apperzipieren, zurückschlägt auf die Umgangsweise mit uns selbst.

Ein altes chinesisches Sprichwort sagt: «Gott schläft im Stein, er atmet in der Pflanze, er träumt im Tier und erwacht im Menschen.» Eine mittelalterliche Formel über den Menschen konnte lauten: es sei der Mensch «auf gewisse Weise alles». Wenn beides zutrifft, müßten wir Gott und den Menschen entdecken im Stein, in der Pflanze, im Tier *auf eine religiöse Weise*, die den Brückenbogen spannt in das Unendliche. Dies jedenfalls glaube ich sagen zu können, daß, wenn wir nicht wieder den Rückweg finden zu einem religiösen Verständnis und Verhältnis zu der Welt, die uns umgibt, wir sie mit der einseitigen Bestimmung unserer selbst und unserer Situationsbeschreibung zu Grunde richten werden. Es scheinen uns alle möglichen Gegenstände, die wir selbst herstellen, heute kostbar und schützenswert, die Natur selbst aber verdient in unseren Augen kein Areal, das *heilig* wäre und also unantastbar für den Zugriff der Menschen. In Wahrheit sollten wir glauben, daß Gebiete, wie der Amazonasurwald, die Serengeti oder die Antarktis, *mindestens* so heilig sind wie der Petersdom oder der Kölner Dom. Wer auf irgendeine Weise an Gott glaubt, wird Reverenz und Respekt der Tatsache erweisen müssen, daß der Aufbau eines vernetzten Ökosystems wie das des Amazonasurwaldes den Schöpfer über fünfzig Millionen Jahre Geduld, Weisheit und Phantasie gekostet hat. Wir haben kein Recht, in den nächsten dreißig Jahren schonungslos diesem Paradies, das noch verblieben ist, den Garaus zu machen; aber genau das passiert Stunde um Stunde. Allein in diesen anderthalb Stunden, die wir heute Abend hier zusammen sind, wird ein Stadtgebiet von der Größe Kölns in den tropischen Regenwäldern ein für allemal zerstört sein. Tausende von Tier- und Pflanzenarten werden unwiederbringlich ausgerottet sein. Wir sind dabei, eine Querschnittlähmung durch die gesamte Evolution zu legen, so daß sich in wenigen Jahrzehnten schon nur noch weiterentwickeln kann, was wir an Leben zulassen, aus der Retorte, vermöge unseres eigenen Wissens. Es bestünde an sich in unseren Tagen die letzte Chance zur Umkehr, doch es spricht alles dafür, daß wir sie miserabel nutzen werden, allein schon, weil das Zeitgefälle dessen, was uns Geschichte heißt und was wir als Natur begreifen, in atemberaubendem Tempo auseinanderdriftet, so sehr, daß kein geringerer als Reinhold Schneider in den 50er Jahren schreiben konnte, ihm wolle es scheinen, als sei Geschichte, *menschliche* Geschichte, immer schon ein Teil der Apokalypse, ein Erscheinen der Schrift an der Wand.

Bedenken Sie, daß in unseren Atommeilern das Plutonium 239, das wir absondern, das giftigste Element des Kosmos, eine Halbwertzeit von etwa 24000 Jahren besitzt. Das ist mehr, dreimal so viel als all das, was wir Geschichte nennen! Der gesamte Raum der Prähistorie bis heute, sagen wir von Çatal Hüyük an bis in die Gegenwart, umspannt ganze 8000 Jahre; diesen Zeitraum *in die Zukunft* hinein uns auszudenken, übersteigt jedes Vorstellungsvermögen. *24000 Jahre Zukunft* aber zu *verantworten*, ist in sich sel-

ber aberwitzig. Da hatten wir zum Beispiel vor kurzem noch die Versicherung von Geologen, daß die Salzstöcke von Gorleben als Endlager für Atommüll «unbedenklich» seien – so hieß es vor Jahren; innerhalb von sechs Jahren aber können uns schon die größten Zweifel über die eigenen Gutachten kommen. Verantworten müßten wir, allein schon durch das, was wir gerade anrichten im Umgang mit Pflanzen und Tieren, das *Dreifache* von allem, was wir an Geschichte überblicken!
Dabei ist das, was wir ganz deutlich noch greifen können, im historischen Raum mindestens auf 30000–35000 Jahre angelegt, vom Cro-Magnon-Menschen bis heute. Allein der Raum der Steinzeit bis in die Gegenwart, der uns konfrontiert mit Menschen, die Höhlenmalerei, Elfenbeinschnitzerei, also so etwas wie Religion und Kultur ganz sicher pflegen konnten, mutet uns weit mehr zu an Vorstellungsvermögen, als in unserer Phantasie angelegt zu sein scheint. Die Natur aber braucht ganze 30000 Jahre, um eine einzige neue Art hervorzubringen; für sie sind selbst 300000 Jahre im Gang der Evolution ein verschwindend kurzer Zeitraum. Stoßen wir etwa auf den Homo erectus im Gefälle unserer eigenen Artentwicklung, werden plötzlich 350000 Jahre und mehr ein Daumensprung der Schätzung – und dahinter dann verliert es sich in Jahrmillionen.
Wie finden wir im Raum von Geschichte zurück zum Gleichmaß der Natur und zu einem langsameren Pendel?
Schon die *Ungleichzeitigkeit* der Entwicklung im Raum des Historischen und des Naturhaften ist programmiert auf Kollision und Destruktion. Wir müßten *innehalten*, um mindestens abschätzen zu können, was wir an Folgen unserer Entscheidungen gerade heute uns noch erlauben zu können glauben. Tagein, tagaus werden irgendwo in den Dörfern, in den Stadträten, gewisse Leute «vernünftige» Entscheidungen treffen: Da wird eine neue Tangente an die Stadt gelegt, da wird ein neues Industriegebiet in Auftrag gegeben, da braucht man neue Bereitstellungsräume für Industriestandorte; all das ist vernünftig, plausibel, geradezu ökonomisch notwendig für das Steueraufkommen der Kommunen; und dennoch, bei allem guten Willen hat kaum jemand von diesen Entscheidungsträgern

irgendeine Kenntnis, was er in dem vernetzten System der Natur eigentlich anrichtet. Mit einer Logik, die lediglich von A nach B geht, so als wenn wir immer noch Affen wären, die von einem Ast zum anderen zu springen hätten, schneiden wir in eine Natur hinein, deren Zusammenspiel wir in keinem Betracht wirklich kennen. Schon dadurch sind wir *schädlich*, daß wir unsere eigenen Vorstellungen von Lohn und Kosten, von Nutzen und Preis einfach in die Natur hineinschieben und mit ihr umgehen, als wenn sie unseresgleichen wäre.

Beginnen wir mit dem chinesischen Sprichwort, sollten wir unsere Standortbestimmung im Raum der Welt tatsächlich zunächst, schonender, als daß wir uns den Pflanzen und Tieren zumuten, *an den Steinen* ausprobieren. Diese Reihenfolge fügt sich richtig, weil wir selbst die Pflanzen nicht verstehen werden, ohne daß wir die Steine zum Sprechen bringen.

Wie unterschiedlich unsere Einstellung zu etwas so Einfachem wie einem Stein sein kann, läßt sich vielleicht verdeutlichen an diesem Stückchen Bernstein in meiner Hand. Folgen Sie der Beschreibung der Geologen, ist der Befund relativ eindeutig: Sie haben ein Gebilde vor sich, das etwa fünfzig Millionen Jahre alt ist, ein Produkt der Koniferenwälder Fennoskandias, das dann durch die Gletscher der Eiszeit quer durch Europa verdriftet wurde. So die Beschreibung in der Naturwissenschaft. Dieses Stück Bernstein, so erklärt, ist toter denn tot, es enthält kein Geheimnis, es ist zu Ende analysiert in zwei Sätzen. Es redet auf diese Weise dieser Bernstein zu uns nicht, weil wir selber alles über ihn zu sagen haben.

In der *Antike* konnte ein Dichter wie Ovid in den «Metamorphosen» eine andere Geschichte des Bernsteins erzählen, eine phantastische, sinnreiche und sinnenhafte Erzählung. Als eines Morgens der Sohn der Sonne, Phaeton, die Rosse seines Vaters anschirrte, um vermessentlich sie über die Sonnenbahn zu treiben, stürzte er in seinem Ungestüm und in seiner Kühnheit vom Himmel zur Erde; der Jüngling verstarb. Als dies seine Schwester Phaetusa, die weiblich Leuchtende, sah, brach sie untröstlich in Tränen aus, so daß ihr

Angesicht zerfurcht und gramgezeichnet wurde wie die Rinde eines Baumes. Ihre Mutter Klymene, um ihre Tochter vor der Wandlung zu retten, berührte die Borke, entfernte mit ihren Händen ein Stückchen daraus, und es rannen die Tränen der Phaetusa und wurden zu Bernstein. Die Griechen dachten: Wenn Du dieses Gebilde in den Händen hältst, das sich da Bernstein nennt, fast wie etwas Lebendes noch, unähnlich anderen Steinen: betrachte es in seiner Farbe goldbraun wie einen Spiegel der Sonne, getrübt durch die Tränen der Trauer. Plötzlich haben wir in diesem Stein etwas vor uns, das wie vom Himmel zur Erde gefallen ist und uns träumen läßt, indem es uns auffordert, mitten in der Verzweiflung noch das Spiel der Sonne wiederzuerkennen und zu glauben an einen neuen Morgen, den es trotz allem gibt; die Bäume selbst aber an unserer Seite seien wie verwandelte Formen von etwas Himmlischem. Und man begreift: Es ist plötzlich keine Trennung mehr zwischen dem scheinbar nur Unbelebten und dem Belebten, es ist alles durchwirkt von etwas Göttlichem, ist komprimiertes, kondensiertes Gefühl, Gestalt gewordener Abglanz des Göttlichen und darin Spiegel auch des Menschlichen.

In diesem Sinne hat in der Antike so mancher Stein eine eigene Rede an den Menschen gerichtet. Man benötigte die Steine, je nach ihrer Oberflächenbeschaffenheit, je nach ihrem Härtegrad, je nach ihrer Farbe, um sie in symbolische Entsprechung zu setzen zu bestimmten Körperorganen des Menschen. In der archaischen Heilkunst dienten die Steine dazu, den Menschen zu sich selbst, zu bestimmten Teilen oder zum Ganzen seines Körpers in ein reflektierendes, weiseres, *richtigeres* Verhältnis zu bringen; und so traute man den Steinen eine *magische* Heilkraft zu. Was immer für uns davon übriggeblieben ist, mag doch soviel noch sein, daß Steine uns zu Bildern der Konzentration und Meditation werden können – wie das Vajra, der diamantene Donnerkeil der tibetanischen Buddhisten –, so daß ein Stein aus den Händen der Gottheit sich uns zu Füßen legt als Konzentrationsmittelpunkt und Versammlungsstätte unserer eigenen Seele und so etwas wie die kostbare Perle des Neuen Testaments wird.

Tatsächlich gibt es kein Volk in der Religionsgeschichte, das es vermocht hätte, gerade *den Stein* so sehr zum Sprechen zu bringen, wie das Volk, das uns Lesen und Schreiben gelehrt hat in seiner Religiosität vor mehr als zweieinhalb Jahrtausenden. Es sind die alten *Ägypter*, die am Rande der Steinzeit den Stein entdeckten als ein Symbol der Ewigkeit. Dem Treibsand der Zeit, dem Werdedasein des Menschen setzten sie das Ewigkeitssymbol des Steins entgegen und meißelten Hieroglyphen in den harten Untergrund, wie um ihn zu beseelen und dadurch das Tote lebendig zu machen; so begabten sie umgekehrt das scheinbar Allertoteste damit, die Gestalt eines Menschen in sich aufzunehmen und darin unsterblich werden zu lassen. Die große Sehnsucht der Ägypter ging dahin, daß der Tod den Menschen, wenn sein Körper zerfällt und nur noch die Skelettierung des Trägerstoffes übrig bleibt, sich verwandeln möge in die Dauerhaftigkeit des Steins. Der Stein steht für das Zeitübergreifende und wird zum Sinnbild der Ewigkeit.
Davon geben Kunde in der ägyptischen Religion beispielsweise die Obelisken von Heliopolis, von *On*, einer Vorstadt heute von Kairo: Wenn im Sonnenaufgang die Strahlen des Gottes Chepre sich über den Himmel erheben, reflektieren sie an den steinernen Nadeln der Obelisken der Sonnenstadt. Die zurückgeworfenen Strahlen der Sonne aber galten den Ägyptern für die *Seele*, die zurück will in die Reinheit des Lichts und der Wärme. Da belebt sich der Stein, gerade so wie in den Tempeln der Ägypter die steinernen Statuen der Gottheiten am Morgen: Wenn die Strahlen der Sonne durch die Fenster der Erkernischen fallen und den Mund, das Gesicht der steinernen Statuen berühren, beseelen sich die Götter und beginnen zu leben.
So sollten wir Menschen leben, so sollten wir Menschen sein: Träger ewigen Lichtes, Geschenke an die Zeit, die wir dann doch überdauern – so diese große ägyptische Hoffnung.
Vielleicht können Sie den Glauben der Ägypter im Zusammenhang mit den redenden Steinen am schönsten in dem Symbol der *Würfelhocker-Statuen* in den Museen der Welt wiederfinden.
Da haben Sie einen steinernen Kubus, über dem sich das Haupt

eines Menschen erhebt wie die Sonne im Aufgang über den Bergen des Mokattam-Gebirges im Osten von Altkairo. Da entsteht die Sonne aus dem Gebirge, das menschliche Haupt aus dem Stein, das Bewußtsein aus dem Stoff, und der denkende Mensch wird zum Spiegel des Lichtes der Sonne über den Bergen. Am Ende sind die Gebirgsmassive selber Symbole und Bilder für den Mittelpunkt der Erde, für die Achse, die Himmel und Erde miteinander verbindet, und die Menschen werden aufgefordert, selber so zu sein: standortfest, in sich aufgerichtet zwischen Himmel und Erde und dazu bestimmt, Mittlerwesen zu sein zwischen dem Göttlichen und dem Kreatürlichen.
Es ist in der Geschichte der abendländischen Literatur so etwas wie ein Meilenstein, als *Petrarca* einmal an einer berühmten Stelle seiner Werke eine Bergwanderung beschreibt und plötzlich innehält, als er entdeckt, daß die räumliche Bewegung entlang dem Gebirgsmassiv im Grunde eine sinnlose Anstrengung ist; die Bergbesteigung, meint er, ist doch nichts anderes als eine Form der Selbstbegegnung. Der Berg bin ja ich, der Aufstieg findet statt in der eigenen Seele; es gilt nicht, einen Ort zu gewinnen, es kommt darauf an, einen Standort zu haben! Alles löst sich mit einem Mal auf in eine Chiffre der Psyche.
So sind wir *Stein*, so sind wir *Berg*.
Ich wüßte für diese Symbolik, christlich geredet, aus dem Neuen Testament keine bessere Szene als diejenige am Anfang der Bergpredigt im 5. Kapitel des Matthäus, wo dieser Evangelist Jesus Platz nehmen läßt auf der Höhe des Berges; unter ihm, ganz wörtlich, sind alle versammelt, die übel dran waren: Mondsüchtige, dämonisch Besessene, Gelähmte, Kranke von allerlei Art; er aber, der Christus, soll *verbinden* von der Spitze des Berges den Himmel mit der Erde, die Gnade mit der Not und dabei verkörpern eine Sanftmut, die heilt.

Schreiten wir von dem nur scheinbar Toten, dem Stein, fort zu dem, was uns unzweifelhaft *lebendig* dünkt, zu den *Pflanzen*, so finden wir gerade im Alten Ägypten, erneut dort, eine andere Weise der

Wiederbegegnung des Menschen mit sich selbst im Raum des Göttlichen. Nicht nur, daß die Sonne aufgeht über den Gebirgen, sie gebiert sich selbst nach ägyptischem Glauben aus der *Lotusblüte*. Sie wird mitgegeben den Menschen ins Grab als eine Chiffre der *Unsterblichkeit*, weil der *Sonnenhaftigkeit* der menschlichen Seele selber.

Wie eng die Entsprechungen zwischen Stein und Blume zum Menschen sein können, mögen Sie daran erkennen, daß eine Fülle von *Namen* bereits existiert und entlang der Bahn des Lebendigen wächst, die uns Menschen mit der Natur draußen verbindet. Man kann einen Menschen nennen mit Hausnamen: «Stein» oder «Fels» oder «Berg», das ist uns gewöhnlich, und wir denken dabei an Konsistenz, Festigkeit, Kompaktheit, Unerschütterlichkeit, Zuverlässigkeit. Wir nennen aber vor allem Frauen mit dem Vornamen «Rosa» oder «Florenze» oder «Violetta» und geraten auf neue Weise ins Träumen.

Offensichtlich gibt es seit alters her eine sehr enge Beziehung zwischen den *Frauen und den Blumen*, den Pflanzen. Es spricht für diesen Tatbestand die Vermutung, daß über viele Jahrhunderttausende hinweg es Frauen waren, aus deren Sammlertätigkeit Nahrung gewonnen wurde – eine Arbeitsteilung zwischen der männlichen Jagd und dem Auflesen eßbarer Pflanzen in den Händen der Frauen. Der Unterschied ist noch heute so groß, daß gar manchem Mann zuzutrauen ist, daß er wochenlang in einem Arbeitsraum zubringt, in dem es nicht eine Blume gibt – er wird sie kaum vermissen; außerdem müßte er sie begießen, und das ginge von seiner Arbeitszeit ab. Einer Frau ist so etwas schwer zuzutrauen, sie wird als erstes vermutlich in ihren Raum, damit sie sich wenigstens ein bißchen wohl fühlt, irgendeine Blume stellen oder zumindest etwas, was dem ähnlich sieht. Für Frauen *reden* Blumen, und genauso, wie Steine eine ganze Welt bedeuten können, so reden die Blumen die Sprache der Liebe oder der Trauer – zwischen Rosen und Chrysanthemen, zwischen Hoffnung und Tod. Das ganze Leben kann die Vielfalt der Blumen bedeuten.

Am intensivsten und schönsten reden zu uns jedoch ohne Zweifel

die Bäume. Sie sind, tiefenpsychologisch betrachtet, abgesehen von ihren phallischen Konnotationen, ganz und gar *weiblich*.
Ein Märchen wie die Geschichte vom «Aschenputtel» kann uns noch davon erzählen, daß die Trauer der Tränen eines verwaisten Kindes einen Haselzweig aufblühen läßt zu neuem Leben auf dem Grab seiner Mutter, und es ist die Mutter selber, die wiedererscheint in dem weißen Täubchen, das vom Haselbaum herab die trauernde Tochter tröstet und sie begleitet, bis zum Mut, aus dem Aschendasein sich zu erheben und sich als Tänzerin zu wagen auf einem Königsball. Wir vermuten nur selten, welch ein Kondensat alter Überlieferung in solchen Motiven stecken kann. Die Prähistoriker, die Paläontolgen, versichern uns, daß über riesige Zeiträume am Ende der letzten Eiszeit gerade der *Haselbaum* dem Überleben der Menschen dienstbar gewesen sein muß. Gerade in den Wintermonaten bedeutete das Sammeln von Haselnüssen so etwas wie eine letzte Überlebensreserve in der Kälte der Wintermonate. Millionen von Haselnußschalen hat man in den alten Fundschichten ausgegraben. Es war in diesem Sinn der Haselbaum Quelle des Lebens, Zauber und Wünschelrute deshalb noch bis heute.
Weit stärker aber führt uns darüber hinaus der Baum zurück in die Jahrmillionen der *Menschwerdung* selbst. Wenn, wie die Biologen meinen, der Weg zum Menschen geführt hat über die Tupaiden, dann müssen wir denken, daß unsere Vorfahren etwa fünfzig Millionen Jahre zugebracht haben als baumbewohnende Wesen. Gemessen daran, wären die letzten vier Millionen Jahre, vom Ramapitheacus bis zu uns heute, die wir auf zwei Beinen zugebracht haben, ein Verschwindendes für die Evolution. Auf den Bäumen wär's gewesen, daß unsere Augen sich parallel gerichtet hätten, um stereoskopisch sehen zu können – eine unerläßliche Bedingung dafür, sich im Astgewirr springend fortbewegen zu können. Wir hätten die *Greifhände* gewonnen, um Äste richtig umklammern zu können; und wenn Sie die Behendigkeit etwa der Kattas auf Madagaskar in einem Tierfilm sich vor Augen führen, können Sie daran ermessen, wohin wir es noch gebracht hätten, wenn wir auch die letzten Jahrmillionen dort unsere Heimat gefunden hätten. Die Bäume, versi-

chern uns die Paläo-Anthropologen, waren schon all dieser Fakten wegen so überaus wichtig für den Menschen: ja, sie sprechen förmlich von einer urgeschichtlichen *Katastrophe* in der Psyche auf dem Weg der Menschwerdung, die dadurch zustandekam, daß in der Versteppung von Urwaldrandgebieten unsere Vorfahren in die Savanne abgedrängt wurden: Plötzlich gab es den Schutzraum der Bäume nicht mehr, an dem wir Halt, Geborgenheit und Nahrung zu finden vermochten. Der Verlust war und ist so groß, daß Sie den Baum bis heute, bis in die Sprache der Religion hinein, immer noch in dem Symbol des Kreuzes, des Lebensbaumes, der Weltenachse im Zentrum der Kirchen antreffen, die uns hinlenken wollen zu einem unsichtbaren Geborgenheitsraum des Göttlichen.

Bäume sind deshalb seit alters her in den Religionen der Menschen Erfahrungsorte des Göttlichen, und sie sind assoziiert ganz und gar mit mütterlichen, weiblichen Gefühlserwartungen. Die Verbindung dazu liegt darin, daß jedes Menschenkind sich anklammern wird am Körper seiner Mutter, so wie es als Affenjunges später das Klettern am Baum gelernt hätte, Nahrung und Schutz hier wie dort suchend. Es ist uns so tief eingewurzelt, Geborgenheit in der Vertikalen zu suchen, daß Sie eine einfache Probe dieses Sachverhaltes machen können: Gesetzt, Sie gehen mit Ihrem Hund spazieren und es bringt ein überraschender Knall Sie und Ihr Tier gemeinsam zum Erschrecken, dann wird der Hund an der Leine zerren und wortwörtlich das Weite suchen; er als Nachkomme steppenbewohnender Wölfe ist daran gewöhnt, daß Sicherheit liegen kann in der Flucht in die Horizontale. *Sie selber* aber werden, ganz anders, nicht weglaufen, sondern zusammenzucken. Setzen Sie dabei voraus, daß der Schrecken zustandekäme etwa im Gegenüber zu einem Beutegreifer in der Savanne, zum Beispiel beim Ansprung einer Löwin oder eines Geparden, dann wäre dieses Zusammenzucken, buchstäblich diese *Schrecksekunde*, unbedingt tödlich: Genau dieser Zeitraum, den Sie brauchen würden, sich zurechtzufinden, wäre für den Beutegreifer ein entscheidender Überraschungsvorteil. Mit anderen Worten: selbst vier Millionen Jahre Evolution haben nicht vermocht, uns die Orientierung in der Vertikalen im Moment von Schreck und Angst aus den Gliedern und aus dem Gehirn zu nehmen; denn das Zusammenzucken, die Verkürzung der Extremitäten, hätte im letzten den Sinn, sich anzuklammern und *nach oben* zu streben, in der Kletterbewegung auf den nächstbesten Baum – so wie uns ein Mensch an unserer Seite, der uns über die Maßen ärgert, sprichwörtlich auf «die Palme» bringen kann. Aber um in die Höhe zu kommen, müßten wir ein Festhaltemotorium bewegen, das wir einst aus dem Tierreich gelernt haben, obwohl es uns heute als Zweibeinern wenig mehr sinnvoll erscheint.

In den Bäumen als mütterlichen Symbolen lebt vor allem ein *Sinnbild*, das im Gegenüber der Zeit einen Wechsel der Phasen zwischen Tod und Leben versinnbildlicht.

Wenn ich eben sagte, *der Stein* setzt sich gegenüber dem Zeitenfluß, so können wir sagen, daß *Bäume und Pflanzen* ein Sinnbild der Hoffnung über den Tod hinaus zu bieten vermögen, das eintaucht in die Zeit und in den Wechsel selbst und das uns also als Erdenbewohnern noch näher rückt *in unserer Vergänglichkeit*. Die *Zeugnisse* dafür sind überwältigend in ihrer Großartigkeit. Wir finden in der Höhle von Shanidar II in einem Abstand über 70 000 Jahren, daß Wesen, die wir Neandertaler nennen und denen wir den Titel Homo sapiens bereits zusprechen – an die Kaltzeit angepaßte Wesen wie wir, obwohl so entfernt von uns etwa wie Zebras von Eseln, so sehr, daß, käme ein solcher Neandertaler hier in den Raum, er uns mit panischem Schrecken erfüllen würde –, daß solche Neandertaler, sage ich, so ähnlich wie wir selber heute fühlen konnten, indem sie ihre Verstorbenen beisetzten und dabei *Blumen* über die sterblichen Reste streuten. Das Sinnbild sollte wohl sein, entsprechend dem 40. Kapitel des Propheten Jesaja (Isaias), das menschliche Leben sei «vergänglich wie Gras und alle seine Schönheit dem Dahinwelken der Blumen ähnlich» zu achten; einzig der Wind Gottes, wenn er es berühre, richte es auf von neuem. Wir dürfen annehmen, daß das Bemalen der Verstorbenen mit Ocker und das Bestreuen mit Blumen schon damals den Glauben an ein Leben über den Tod hinaus symbolisch formulieren wollte.

Es sterben die Pflanzen und wachsen doch auf zu neuem Leben; alles im Raum der pflanzlichen Vegetation stirbt nur, um sich zu erneuern. Läge darin nicht eine Antwort auch des Sichwiederfindens von Menschen im Ghetto der Angst: sie würden sterben und wären *pflanzlich im Tode*, aber eben darin auch *fähig zur Regeneration* eines neuen Lebens! Erstaunliche Mythen sind das, die so erzählen. Immer wieder im Griechischen verwandeln vor allem Frauen sich in Bäume: Eschennymphen, Eichennymphen, Fichtennymphen, was immer Sie wollen: sie werden aber darin zu Zeichen auch des Hervorgangs neuen Lebens.
Im alten Ägypten konnte aus der *Sykomore* die Muttergöttin Isis den Menschen das Wasser der Reinheit und der Unsterblichkeit schenken. Die Mütterlichkeit der Bäume selber wird da zur Essenz der Unsterblichkeit. All das sind nur beschwörende Bilder, alle aber appellieren sie daran, daß wir uns wiederfinden möchten *in den Bäumen*, indem wir unsere eigene Seele im Pflanzlichen wiederentdecken.
Es ginge, wenn das stimmt, aus all dem eine Art Lebenskunst hervor, die ich nirgendwo schöner beschrieben finde als im Neuen Testament, in den Gleichnissen Jesu.
Die Lehre *der Steine* könnte darin bestehen, *unerschütterlich* zu werden, und das beste Bild dafür im ägyptischen Glauben leuchtet auf in Gestalt der Cheopspyramide: Diese versammelten Steinmassen, aufgehäuft in über 25 Jahren Bauzeit, lassen aus der Grabkammer des verstorbenen Pharao den Ausblick wählen zum Ort, wo das Firmament stillsteht; das war nicht der Polarstern vor viereinhalbtausend Jahren, sondern ein Ort, der durch keinen Stern damals markiert wurde; doch es ging darum, im Dunkel der kreisenden Sterne den Ort zu suchen, an dem scheinbar die Welt *stillsteht*; so ruhig das eigene Herz zu versammeln, das war die Lehre der Sterne. Wenn ich sagte, die Gottheit *ruht* und *schläft* im Stein, klingt es im Glauben der alten Ägypter im Grabe des Ti etwa so: «So hoch die Lebenswoge dich auch tragen mag, vertraue dich ihr an und schaudere selbst vor Kronen nicht zurück, doch rühre niemals an den Schlaf der Welt.»

Was uns *die Pflanzen* und *die Bäume* sagen können, ist die *organische Form des Reifens in der Zeit.* Die wunderbarsten Erzählungen des Neuen Testaments stehen wohl im 4. Kapitel des Markusevangeliums. Da vergleicht Jesus das Wichtigste seiner Botschaft, die Art, wie Gott wirken könnte in unserem Leben, also auch unser eigenes Dasein, wenn es recht zu sich aufwächst, mit dem Wachsen des Korns auf dem Halm. Er möchte sagen: So langsam vollzieht sich alles Wachsen und braucht keine Ungeduld, es braucht keine angstvolle Hast und Übereile, der Sämann kann warten nach getaner Arbeit, und es wird sich regen wie von selbst. Da ist ein fast kreatürliches Vertrauen zu setzen in die Werdekräfte unseres eigenen Lebens, die sich vollziehen, als wäre es, mit Goethe gesprochen, wirklich die Kunst jeder Weisheit, jede Phase des Lebens recht zu vollziehen und die Lebensordnung nicht umzukehren, also nicht zu vergreisen in der Jugend oder scheinbar jung sein zu wollen im Alter, sondern eine jede Phase zu leben in der Aufeinanderfolge, in der das Leben sich darbietet, in der Hoffnung letztens auch, daß der Tod das letzte Wort über uns nicht haben werde.

Dann kommen wir zum Dritten: zur *Sprache der Tiere.* Sie sind uns so ähnlich und so vertraut, daß eine Fülle von Namen gegeben wird auch in unserer deutschen Sprache, die an die Tiere erinnern. Wir brauchen nur das Telefon- oder Adreßbuch durchzugehen: – wer heißt da nicht alles «Hase» oder «Fuchs» oder «Falke» oder «Wolf» oder «Hengst» oder «Bock» oder «Marder» oder «Hahn» oder was immer Sie wollen! Es ist ein Rest des totemistischen Wissens noch, daß man die Stammbäume der Menschen nicht nur im Pflanzlichen sich vorstellen kann – buchstäblich als *Stammbaum* –, nicht nur *verwurzelt*, in steinernen Heiligtümern, beschrieben in Grabsteinen, sondern daß man vom Tierischen her eine archaische Psychologie legen könnte über das Menschenwesen. Vor allem die Literatur der *Fabel* ist nicht müde geworden, menschliches Leben in tierischem Gleichnis zu beschreiben und umgekehrt die Tiere nach der Weise der Menschen sich vorzustellen.

Für uns heute abend werfen die Tiere die meisten Fragen an uns selber auf, einfach deswegen, weil wir im Kontrast zwei Erfahrungen machen. Die eine lautet: Wir Menschen sind den Tieren so überaus ähnlich; die andere: Wir wollen diese Ähnlichkeit um keinen Preis gelten lassen, und wir nehmen deshalb uns jedes Recht gegenüber den Tieren.

Von beidem muß ich in Kürze sprechen.

Die eine Wahrheit ist unbezweifelbar: Wir tragen die Tiere in unserer eigenen Seele, wir sind sie selber. Das ist so deutlich, daß man ohne Übertreibung sagen kann, auf der Couch eines jeden Psychoanalytikers liege nicht einfach nur ein Mensch, sondern sozusagen nebeneinander ein Krokodil, ein Pferd und ein gerade seiner selbst bewußtwerdender Affe, die alle drei unter einen Hut zu kriegen gerade das Geschäft der Psychoanalyse sei.

Wie ernst zu nehmen das ist, mögen Sie daran erkennen, daß wir viele Aufführungen, die wir menschlich nennen, durchaus dem Erbe des *Reptiliengehirns* verdanken. Sie brauchen auf Galapagos nur zu betrachten, wie dort zwei Echsen einander begrüßen, und Sie werden finden, daß wir Menschen es noch heute so tun, daß wir mit Kopfverneigungen einander begrüßen oder mit Schaum vor dem Mund bedrohen.

Wir werden auch heute noch, wie die Echsen vor vielen hundert Millionen Jahren, spätestens vom oberen Devon an, als das Leben auf das Land gekrochen ist, vor 350 Millionen Jahren also, *kämpfen* um den Erhalt von bestimmten Territorien, bestimmten Revierarealen zur Aufzucht des Lebens, von denen wir glauben, sie gehörten uns. Es werden die *Männchen* auf irgendeine Weise kämpfen um die Weibchen, und wir haben im Reptiliengehirn bereits all die Grundlagen, weswegen wir Menschen, die wir uns als Homo sapiens bezeichnen, auf sehr unsinnige Weise Krieg führen: immer zum Schutz von Frauen und Kindern und zur Verschiebung oder Stabilisierung bestimmter Grenzen, so daß man bitter beinahe Goethes «Faust» recht geben möchte, wenn er Mephisto sprechen läßt zu Gott: Es möchte, was die Menschen da Verstand nennen, ihnen vielleicht doch erspart geblieben sein, damit sie glücklicher gewor-

den wären: «Sie nennens Geist und brauchens doch allein nur um weit tierischer als jedes Tier zu sein.»
Wir haben seit 150 Millionen Jahren oberhalb des Reptiliengehirns das *Säugetiergehirn* nach und nach zu entwickeln gelernt, in dem der emotionale Haushalt des limbischen Systems seine Programme gefunden hat. Die wesentlichsten Elemente für das, was uns Liebe und Haß, Aggression und Leidenschaft zu sein scheinen, sind kodiert und koordiniert in diesen Schichten unseres eigenen Gefühlshaushaltes – auf der Ebene des Zwischenhirns, das wir gemeinsam haben mit den Säugetieren. Die Ähnlichkeit zwischen Mensch und Tier in diesen Bereichen ist so groß, daß allein daraus eine ganze Fülle von Handlungsanweisungen zum Umgang mit den Tieren zu formulieren wäre. Wer gibt uns das Recht, Tiere zu quälen, wenn sie ersichtlich fühlen können wie wir Menschen auch!
Ich lege auf diesen Aspekt ein so großes Gewicht, weil ich mich vor allem mit Philosophen und Theologen immer noch in nicht endende Diskussionen verwickelt sehe, ob wir überhaupt wissen könnten, wie Tiere fühlen. Einzig wir Menschen haben in den Augen vieler Theologen und Philosophen richtige Gefühle, die Tiere aber sind für sie anscheinend bloße Reflexmaschinen. *Wir* haben zwar eine Seele als Menschen, den Tieren aber scheint man die Seele absprechen zu müssen. Dahinter steht offenbar der christliche Aberglaube, daß die *Seele des Menschen* unmittelbar von Gott geschaffen sei, alles andere, das Körperliche am Menschen, gehöre den Tieren an. Paradox genug, noch Mitte der 50er Jahre konnte Papst Pius XII. in einer Lehrenzyklika gegenüber den Darwinisten und den Evolutionisten verkünden, es möchte Gründe geben anzunehmen, daß der *Körper* des Menschen, aus Materie stammend, vielleicht sich aus dem Tierreich höherentwickelt habe, mitnichten aber die menschliche Seele. Da werden nicht nur Seele und Körper auseinandergerissen, es wird vor allem der Mensch getrennt von der Tierreihe. Wenn es so steht, hat Genesis 1,28f. ein fatales Recht zur Konsequenz, daß wir Menschen bestimmt sind, zu herrschen über die Tiere in Statthalterschaft der Königswürde Gottes über seine Kreatur.
Wenn es wirklich so stünde, gäbe es letztlich nur einen einzigen

Parameter der Verantwortung; er läge darin, die Tiere nur insoweit auszurotten, wie wir sie brauchen, und sie bis zur Grenze des Schonenswerten zu nutzen; bis dahin aber hätten wir Menschen jegliches Eingriffsrecht zum eigenen Vorteil.
Genau so ist das Denken über das *Verhältnis zwischen Mensch und Tier* im christlichen Abendland befindlich. Im gesamten biblisch beeinflußten Kulturraum, Juden und Moslems mit inbegriffen, können die Menschen die Tiere zwar schonen, wenn es ihnen selber keinen Schaden bringt, aber sie haben gegenüber den Tieren jedwedes Recht, wenn es ihnen Nutzen und Vorteil bringt. Das ist so selbstverständlich, daß eine Diskussion etwa, ob wir Tiere schonen sollten um ihrer selbst willen, gar nimmer geführt werden kann. Ich selber habe als Theologiestudent noch Vorträge gehört von einem Dogmatikdozenten, der später ein berühmter Bischof wurde, daß es das gute Recht der Menschen sei, die Tiere zu töten, etwa um Nahrung zu gewinnen. Dem Hasen zum Beispiel könnte besseres gar nicht passieren, als im Kochtopf des Menschen zu landen – dies sei entsprechend der axiologischen Wertschätzung im Aufbau der Schöpfung geradezu die Finalisierung des Wesens der Tiere, daß sie dem Menschen dienstbar sein sollten. Da hören Sie ganz richtig: Es hat der Mensch jegliches Ausbeutungsrecht gegenüber den Tieren; zwar: die Tiere *sinnlos* quälen zu lassen, wäre nicht recht, aber sie für den Menschen leiden zu lassen, wenn nötig, ist in jedem Falle ohne Bedenklichkeit; so vermeintlich gebietet es die Schöpfungsordnung.
Daß in Wahrheit etwas an diesem Denken nicht stimmen kann, wird Ihnen spätestens deutlich, wenn Sie in aller Ehrlichkeit zuschauen, wie *Tiere leiden* können und wie ihre Seele gequält wird. Es hat Konrad Lorenz, um der Barbarei einen Riegel vorzuschieben, in seinen Wiener Vorlesungen einmal einen einfachen Vergleich gegeben. Er hat gemeint, wenn Sie wissen wollen, wie Tiere fühlen, schlage ich das folgende Experiment vor: wenn Sie nächstens Zahnschmerzen haben und nachts nicht schlafen können, denken Sie einmal, Sie verwechselten, um Ruhe zu finden, die Medikamente, Sie nähmen kein Schmerzmittel, sondern ein Ein-

schlafmittel. In dieser Situation dann wüßten Sie sehr bald, wie *Tiere* Schmerz empfinden! Sie würden, wenn das Schlafmittel wirklich gut ist, sehr bald nichts weiter sein als vollkommen identisch mit dem körperlichen Zustand rasender Mißempfindungen; Sie könnten nicht einschlafen, es wäre lediglich Ihr Bewußtsein abgelenkt und getrübt, der Schmerz aber wäre um so wacher und deutlicher präsent. Genauso, unabgetrennt vom Schmerzempfinden, müßten Sie sich zumindest die höher organisierten Säugetiere denken, wenn sie leiden. Dann haben Sie ungefähr eine Vorstellung, was passiert, wenn wir Katzen, Hunde, Ratten, Mäuse, Kaninchen, Meerschweinchen zu Millionen in die Pharmalabors sperren und ihnen jede Art von Peinigung zumuten. Diese Tiere haben nicht einmal entfernt eine Vorstellung, warum all das mit ihnen geschieht. Wir Menschen, durch unseren Verstand, können uns von unserem Schmerz wenigstens ein Stück weit distanzieren. Wir haben unter Umständen gewisse Zielvorstellungen, wir haben Phantasieräume der Ablenkung, die Tiere aber nicht. Darum fügte, grimmig geworden, Lorenz hinzu (So kam der Mensch auf den Hund):

> «Menschen, die immer noch bezweifeln, daß ihr eigener Hund Gefühle hat, analog zu den eigenen, leiden unter Wahrnehmungsstörungen solchen Ausmaßes, daß sie für gemeingefährlich gehalten werden müssen und am besten hinter Schloß und Riegel gehören.»

Er meinte damit, daß, wenn wir die Gefühlsidentität zwischen Menschen und Tieren kategorisch abschneiden, die Barbarei auf dem Fuße folgen muß. Deswegen ist es so wichtig, daß wir uns selber im Tier wiedererkennen.

Mehr noch, wir sollten auch im *seelischen* Bereich, der, in den emotionalen Empfindungen, uns eigentlich rein menschlich vorkommt, nicht zögern, den Tieren eine hohe Vergleichbarkeit mit unseren eigenen Gefühlen zuzutrauen. Wer von Ihnen einen Haushund hat, den er allein großzieht, wird heute nachmittag bei der Reise nach Lindau wohl noch erlebt haben, daß er angesichts des Kofferpackens in bittere Traurigkeit verfallen konnte: Das Tier weiß, was es bedeutet, wenn das Herrchen oder Frauchen auf diese Weise sich verabschiedet. Sie selber aber haben bei aller Liebe zu Ihrem Hund keine Sprache, ihm zu erklären, wann Sie wiederkommen. Für den Hund ist die gesamte Welt, seit heute nachmittag, vollkommen leer geräumt, und so wird er sich verhalten! Er wird vielleicht das Fressen verweigern, er wird, menschlich gesprochen, sehr depressiv werden, er wird jedoch in einen Sturm der Freude ausbrechen, wenn Sie endlich wieder kommen: dann ist es, wie wenn sein ganzes Leben ihm zurückgeschenkt würde.

Wer empfindet da eigentlich mehr: Mensch oder Tier?

Dieser Tage sah ich's auf dem Bahnhof in Paderborn: eine Frau stieg aus mit ihrem Hund; auf dem Bahnsteig wartete ihr Mann auf sie; der Hund beim Anblick seines Herrchens sprang ihm entgegen, von der Schnauze bis zur Schwanzspitze einen halben Meter hoch, eine reine explodierende Freude! Indes, Madame . . .

Ich stehe nicht an zu sagen, daß wir den Tieren eher *intensivere* Gefühle zutrauen sollten als uns Menschen selber. Wenn aber dies, so lautet die Folgerung, daß wir mit ihnen überaus schonend umgehend sollten.

Ich nenne an dieser Stelle mindestens drei Beispiele, um das Nachdenken zu schärfen. Ab Viertel vor neun, gerade jetzt, läuft in Frankreich auf Antenne 3 eine Televisionssendung mit Frankreichs prominentester Tierschützerin Brigitte Bardot, in der sie mit dem Umweltminister Frankreichs über *die Jagd* diskutieren wird. Es ist in der BRD bis heute nicht möglich, daß irgendein Umweltminister für dieses Thema auch nur entfernt Interesse fände. Es wird in ein paar Wochen wieder losgehen, «zur Strecke» wird geblasen, Hunderttausende von Kaninchen, Hasen, Rebhühnern und Fasanen werden sinnlos abgeschossen. Uns scheint alles das ganz normal so, wir geben die Jagd frei eigentlich in der Nachfolge der königlichen Jagd oder der pharaonischen Staatsjagd in der Antike. Es ist heute der Geldadel, der dafür zur Verfügung steht und offenbar sein Schlachthaus unbedingt in den Wald verlegen muß. Wir haben Bundespräsidenten gehabt, wie Walter Scheel, die selber an der Spitze der deutschen Jäger standen, oder Landespräsidenten, die

ihre Gäste erst empfangen mochten, nachdem sie gezeigt hatten, welch tüchtige Jäger sie sind, welche große Nimrods im Töten von Tieren. Wir tun dies unbedenklich, als wenn wir immer noch zu Hause wären in der Steinzeit; denn: Würdig und groß ist der Mann, der als Töter imposant auftritt und womöglich seiner Frau viele Felle abgezogener Tiere zu Füßen legen kann! Ein Zusammenspiel des Wahnsinns ist all das bis heute, aber sehr eindrucksvoll, offenbar immer noch. Wann endlich könnten wir sagen, die Jagd habe allenfalls darin ihren Sinn, daß wir *ersetzen* müssen, was wir an natürlichen Raubtieren im Gleichgewicht der Natur durch die Jagd oder durch die Ausdehnung von Stadt- und Landkultur ausgerottet hätten – aber um keinen Preis mehr! Den Tieren sollten wir den menschlichen Sadismus nicht länger zumuten. Und es wäre dies nur ein kleines Beispiel!
Ich bin mir ganz sicher, daß der Umweltminister heute abend im französischen Fernsehen fragen wird: Was aber ist denn, wenn Sie die Jagdtiere schützen wollen, mit den *Schlachttieren*? Mit den Schweinen, Rindern, Hühnern, Schafen, Enten …? In Konsequenz des Tierschutzes wird man genauso sagen müssen, daß es kein gutes Recht geben kann, tagaus, tagein an der Peripherie unserer Großstädte Hunderttausende von Tieren in die Schlachthäuser zu treiben. *Kein gutes Recht*! Wir müßten aus moralischen Gründen nachdenken über unsere Nahrungsgewohnheiten. Seit Beginn des Ackerbaus vor 4000–5000 Jahren sind wir nach und nach dahin gelangt, daß wir eigentlich auf Fleischnahrung verzichten können. Wir brauchten sie nicht mehr. Die einzigen Völker, die sie wirklich brauchen, die Jägerkulturen, etwa die Menschen in der Kalahari oder die Eskimos am Nordpol, haben, weil sie wissen, wie mächtig und großartig Tiere sein können, einen spezifischen Tiertöter-Skrupulatismus, wie man in der Ethnologie sagt, entwickelt. Es ist nicht nur fromme Legende, wenn wir hören, daß in vielen Stammeskulturen beim Auszug zur Jagd die Geister der Tiere um Vergebung gebeten werden für die Schuld, die Menschen auf sich laden, wenn sie so etwas Großes und Kostbares töten wie den Wal oder den Bären oder den Büffel oder die Gazelle oder die Giraffe

oder – was immer Sie wollen. Es gibt kein gutes Recht für solche Blutschuld!
Lesen Sie beispielsweise Geschichten der Ainus oder der sibirischen *Ostjaken* noch um 1920, so wissen Sie von dem Zögern, von den Skrupeln, die sie hatten, Tiere zu töten, die in ihrer Weisheit, Stärke und Größe den Menschen weit überlegen schienen. Die Geschichte, wie man den Bären jagt, verwandelt sich dort zum Sinnbild des *Großen Bären* am Himmel. All diese Wesen, die von Menschen getötet werden, sind im Grunde göttlich. Das wußte man schon deswegen, weil man von ihnen lebte. Ein gutes Recht aber – niemals! Gerade bei den Menschen, die von der Jagd abhingen, wußte man das.
Das Schlimme aber ist, daß wir all unsere Gefühle vollkommen ausschalten können, indem wir überhaupt nicht mehr sehen, was wir tun. Kein Mensch, der heute in den Laden geht, hat irgendeine Vorstellung oder soll sie auch nur haben, wieviel da an Blut und Leid in seiner Wurst oder in seinem Steak verarbeitet wurde. Und all das Leid geht noch weiter zurück bis zur Aufzucht der Schlachttiere. Für ein schönes, weiß aussehendes, schmackhaftes Kalbsschnitzel brauchen wir halt ein Tier, das ein halbes Jahr lang gequält wurde, zu keinem anderen Zweck, als daß es von einem Stall, in dem die Sonne nie geschienen hat, an irgendeinem Morgen verfrachtet wird in den Schlachthof. Wir gehen mit den Tieren um, wie wenn sie keine fühlenden Wesen wären. Wir glauben dabei nur an uns selber, und wir haben scheinbar ein ganz gutes Gewissen dabei.
Manch einer wird sich noch entsinnen an seinen Englischunterricht, als Ernest Hemingways Geschichte über den «Alten Mann und das Meer» gelesen wurde. Da ist es, daß an der Leine dieses Fischers nach langem Ringen ein Schwertfisch sich erhebt aus dem Wasser, genötigt durch den Druck der Leine und der Schmerzen, und der alte Mann beginnt voll Entsetzen zu stammeln gegenüber diesem Fisch:

«Bruder Fisch, es ist eine Sünde, Dich zu töten, wo Du so schön bist, so groß. Alter Mann, denk nicht darüber nach; sei froh, daß wir nicht auch noch die Sonne und die Sterne jagen müssen: – überlasse es denen, die dafür bezahlt werden, darüber nachzudenken»,

sagt er resignierend. Es ist ein winziger Moment, wo ein Mann, der der Flinte und dem Jagdtum ergeben war, wie Ernest Hemingway, ins Grübeln darüber gerät, was wir Menschen den Tieren zumuten: Sie alle wollen leben, nicht anders als wir; auf den höheren Stufen der Evolution fühlen und empfinden sie nicht anders als wir. Wenn also irgendwer beschreiben wollte, wie Menschen und Tiere zusammengehören, dann so innig, daß die Kluft nicht besteht, aufgrund derer wir uns so viel an moralischen Rechten anmaßen. Wieviel wäre gewonnen, wir würden zum Beispiel die *Medizinstudenten* heute ermutigen, die Selbstverständlichkeit der Tierversuche in den Labors möglichst zu boykottieren, wann immer es geht. Es ist, soweit ich weiß, in München vor ein paar Jahren ein Prozeß geführt worden von seiten eines Medizinstudenten, der sein Medizinstudium beenden wollte und konnte, auch ohne Tierversuche. Ich halte das für beispielgebend. Ein Großteil der Versuche an Tieren heute ist unnötig, weil schon längst beschrieben in der Literatur, und welch ein Aberglaube, wir bekämen bessere Ärzte, wenn sie erst einmal durch die Schule der Mitleidlosigkeit, der Tierquälerei, gegangen sind! Ganz im Gegenteil! Es ist unmöglich, daß die Sensibilität, die Fähigkeit zum Mitempfinden eines Tages den Menschen zugute kommen könnte, wenn wir ein gütiges Verhalten den Tieren verweigern und sie statt dessen mit Grausamkeiten quälen, die unnötig sind. Wie will man es denn vermeiden, daß Ärzte, die man darin geschult hat, in lebenden Wesen nichts anderes zu sehen als Objekte, deren Reflexe man durchprobiert, ganz ähnlich auch eines Tages in uns nicht mehr Menschen sehen werden, sondern nur noch Körperapparaturen, die entsprechend nach standardisierten Verfahren durch technische Eingriffe repariert gehören?

Es ist die gleiche Verkürzung bei Mensch wie Tier, in deren Konsequenz wir am Ende Leiden schaffen und selber Leidende werden.

Wir begreifen plötzlich, daß die Verkürzung unseres Weltbildes, in dem wir uns in den Mittelpunkt und an die Spitze von allem stellen, erkauft werden muß mit der Unterdrückung des eigenen Gefühls. All das, was in unserer eigenen Psyche emotional bereitsteht, muß in dieser Form des Umgangs mit anderem Leben weggedrückt werden im Namen einer bestimmten Art definierter Vernunft.
Ich las noch heute in der Zeitung, daß bei einem Kongreß für Manager die Formel ausgegeben wurde, daß eine Frau, die in einem Betrieb als Unternehmerin arbeite, um keinen Preis, wenn sie erfolglos sei oder einen Mißerfolg erlitten habe, *weinen* dürfe; sie werde sonst sehr bald aus der Stellung gedrängt werden. Es sei nicht möglich, Gefühle zu zeigen, jedenfalls dürfe sie keine Schwächen zeigen, mindestens keine Heulsuse sein. Wer so etwas wäre, gäbe sich als unvernünftig zu erkennen und hätte keine Führerqualitäten. So steht es.

Dieselbe Art der Roheit des Umgangs mit den Tieren ist identisch mit der Vergewaltigung unserer eigenen Empfindungen, und wir brauchen jetzt nur ein Stück weit aus dem Gesagten die Folgerung zu ziehen: Wie viele Krankheiten gibt es, deren Grund einzig liegt in der Vergewaltigung dessen, was wir das Unbewußte nennen? Wie viele Emotionen drängen wir weg im Wahn, dadurch «vernünftiger» zu werden? Eine ganze Kultur hat sich geformt, die darin besteht, Kinder zu erziehen zu einer solchen seelenlosen Vernunft, zu einer bloßen Verstandestätigkeit zweckrationaler Logik. Und wir glauben immer noch dabei, daß wir die Gefühle im Zaume halten könnten, indem wir sie moralisch disziplinieren! Es ist die Psychoanalyse, die weiß, daß alles Verdrängte wiederkehren wird, sich an den Ritzen durcharbeiten wird und daß in Konsequenz der Gehemmtheiten schließlich auf der Ebene der Haltungen all das sich wieder produzieren wird, was wir nicht wahrhaben wollten. Am Ende stehen wir uns um so ohnmächtiger gegenüber, als wir «beherrschter» über uns sein wollten. Mit anderen Worten: wir sollten einer Vernunft mißtrauisch gegenüberstehen, die uns nötigt, Gefühle zu vermeiden.

Es mag das Umgekehrte sehr wohl auch gelten: daß reine Gefühle, die sich nicht denken lassen, ebenfalls ihre Gefahren in sich tragen. Aber ich behaupte einmal, daß, so gefährlich die reine Emotionalisierung sein kann, die uns bis in den Wahnsinn und bis in die Unvernunft der Psychose hineintreibt, auch ein Denken psychotisch, zwanghaft und wahnsinnig werden kann, das durch das *Fühlen* nicht mehr kontrollierbar ist. Ich behaupte, daß wir die schlimmsten Scheußlichkeiten im 20. Jahrhundert nur ausführen können, weil wir überhaupt nicht mehr fühlen, was wir sehen und anrichten.
Ich gebe ein kleines Beispiel auch dafür.
Als im Januar des vergangenen Jahres Krieg gegen den Irak geführt wurde, bedeutete das für die Bomberpiloten in den Tornados, in den Mirages, auf den Flugzeugträgern, gerade soviel wie das Programmieren an einem normalen Computergerät; die Tastatur, ähnlich einer Schreibmaschine, wurde da bedient. Die Tomahawks, die Cruise-Missiles wurden punktgenau in ihre Zielgebiete hineindirigiert; die Werbereklame der Waffenindustrie hatte schon vorher gesagt: Wir haben Projektile, die werden in den Luftschacht eines Hochhauses hineingleiten und sich dabei zur Explosion die Herren- oder Damentoilette aussuchen, so genau können wir das. Richtig! Wir konnten und können all das so genau, weil wir die Wirkung dessen, was wir da anrichten, keinen Moment lang an einen unserer Rezeptoren heranlassen müssen und mußten. Ein Videokrieg fand da statt, für die Bevölkerung genauso wie für die Akteure. Plötzlich aber sah man das Antlitz des Krieges, wie es immer war: den Bunker in Bagdad – 500 bis 700 Menschen, Frauen, alte Leute, Kinder waren da getötet; plötzlich sah man, was man gemacht hatte: Das erste Cruise-Missile, mit einer Durchschlagskraft, fünf Meter Stahlbeton zu zerfetzen, war genau auf die Eingänge gezielt, und dann ein zweites – die Detonation im Innenraum, zwanzig Minuten später, ohne Entrinnen: die Falle hatte sich geschlossen! Ich denke, niemandem wäre zu befehlen, er solle mit angehaltener MP auf einen Bunker zugehen und 500 Männer, Frauen und Kinder töten, vis à vis. Ich behaupte, ein Mensch könnte das nicht, es sei denn er hätte die Triebausstattung eines Kriminellen, der in keine Armee

der Welt hineingehörte. Aber solche Dinge können wir, weil wir empfindungsmäßig all das überhaupt nicht mehr begleiten müssen, was wir da tun; wir schieben eine Kunstwelt zwischen uns und die Lebewesen, und dann töten wir, indem wir eine mechanische Fabrik darüber hinweggleiten lassen.

All dies müssen wir ändern, indem wir wagen, unsere Phantasie und unsere Emotionalität wieder zu gebrauchen. Dann fangen, ganz wörtlich, die Tiere wieder an mit uns zu reden; wir würden dann nicht länger mehr dulden, daß wir Tiere zu Versuchen mit Dumdumgeschossen mißbrauchen oder mit Nervengas, mit allem, was wir benötigen, um zu lernen, wie man Menschen quält und tötet. Wir würden ganz simpel sagen: Wir wollen so etwas nicht mehr sehen bei Menschen, und wir wollen so etwas nicht mehr sehen bei Tieren; wir wollen solche Dinge überhaupt nicht mehr sehen! Und wir würden augenblicklich begreifen, daß es ein und dasselbe ist, humaner mit uns selber umzugehen und mit der leidensfähigen Kreatur an unserer Seite. Mitleid ist unteilbar – der *Buddhismus* hat recht. Das Gefühl und das Prinzip des Mitleids und des *Nichtverletzens* haben keine Grenzen für alles, was lebt und Mitleid verdient. Da sind Tiere und Menschen als leidensfähige Wesen aus ein und demselben Stoff.

Dann bleibt, daß wir *mit* den Tieren und *von* den Tieren Wunderbares noch einmal lernen können.

Wenn ich sagte, es lehren uns die Steine zu glauben an die Ewigkeit, es helfen uns die Pflanzen, den Zyklus der Zeit und der Regeneration zu bestehen, so lehren uns die Tiere seit den Religionen der Antike, speziell des alten Ägyptens, daß es Verwandlungsformen des Menschlichen gibt, sich aufschwingend bis in das Göttliche. Sie finden in den Tempeln des alten Ägyptens Götter, in denen Tiere und Menschen ineinander verschmelzen: den falkenköpfigen Horus, der als Sohn des Osiris am Himmel die Bahn zieht; Sie finden die weibliche Göttin Sechmet mit dem Löwenkopf – übrigens eine Göttin, die vielleicht zu den ältesten überhaupt zählt; im Museum von Ulm findet man, 24000 Jahre alt, zum ersten Mal, wie man vermutet, eine weibliche Göttin in Elfenbein geschnitzt mit einem Löwenkopf. Wäre es so, wäre die ägyptische Sechmet die älteste Göttin der Menschheit. Sie finden den ibisköpfigen Thot, den Schreiber im Totengericht, einen Abkömmling des Mondes; Sie finden schakalsköpfig den seelenbegleitenden Anubis, der in seiner Treue Isis zur Seite stand auf der Suche nach ihrem Gemahl und Geliebten, der zerrissen war vom eselsköpfigen Seth im Schilfland von Buto. Alle möglichen Gottheiten sind in der Vermischung des Tierischen und des Menschlichen in der ägyptischen Religion miteinander zur Anschauung gebracht. Thomas Mann beschrieb diesen Glauben der alten Ägypter, wie sich da mischen Tiere, Götter und Menschen in einer heiligen Arithmetik; denn verbinden sich miteinander – so interpretierte er die Religion des Pharaonenreichs – *Menschen und Götter*, so werden sie Tiere; verbinden sich aber *Tiere und Menschen*, so sind sie wie Götter, und sind *Götter und Tiere* verbunden, werden sie *Menschen.*

Es liegt alle Weisheit unseres Lebens darin, in dem großen Areal des Tierischen und Unbewußten die Ursprungsstätte von Menschsein und Göttlichem wiederzuerkennen. Es läge die Aufgabe darin, das Tierhafte der Menschenpsyche so zu integrieren, daß es sich öffnet zum Himmel und uns selber macht wie die Götter. Es läge daran, daß wir in uns selber integrieren könnten Menschliches und Göttliches, und es fügte sich zusammen in einem großen Strom des Lebens. Es gäbe zwischen Himmel, Erde und Menschsein keine Trennung mehr.

Auch dafür existiert ein wunderbares Bild im Neuen Testament, ein ganz und gar mythischer Text im 1. Kapitel des Markusevangeliums, als Jesus am Rande der Wüste nach vierzigtägigem Fasten versucht ward vom Teufel und ihm widerstand: da erzählt uns die Bibel, es seien Engel vom Himmel gekommen, ihm zu dienen, und Tiere seien gewesen bei ihm, dem Menschensohn. Deute ich diese mythische Szene noch vor dem öffentlichen Auftreten Jesu, so ist hier weit mehr, als die Exegeten uns sagen, nicht nur eine Erinnerung an die Zeit des Tierfriedens enthalten, den Jesaja (Kap. 65) einmal für die Endzeit in Aussicht stellte: da würde das Kind lagern am Schlupfloch der Otter und der Löwe beim Lamm – es ist weit stärker noch ein Wissen darum, daß jemand, der auszieht, die Menschen zu heilen von ihren Krankheiten, Ängsten und Obsessionen, nicht anders im Namen Gottes wird auftreten können als ein in sich versammelter Mensch. In dessen Seele aber müßten der Engel und das Tier zusammengekommen sein und Frieden miteinander geschlossen haben.

Psychoanalytisch gesprochen: die Welt der Ideale, die Bereiche des Überichs, die Sphäre der moralischen Satzungen, die Ordnungen des Göttlichen müßten sich zusammenfügen zu dem, was nur scheinbar so niedrig und tierisch ist. Solange wir Menschen leben wie gewöhnlich, steht beides kämpferisch gegeneinander da; glauben wir immer noch an den Mythos, wie der Engel Michael auszieht, den Drachen zu besiegen: da ist, meinte Martin Luther, die menschliche Seele ein Schlachtfeld und da kämpfen Gott und der Teufel miteinander. Da sind der Engel und das Tier, die Sittlichkeit und die Sinnlichkeit, die Kultur und die Natur, die Religion und das dumpfe Triebleben in unauflöslichem Kampfgegensatz zueinander befindlich. Es wird dann sogar die gesamte Religion beschworen, um die eigene Zerrissenheit für normal zu erklären; und Sie verstehen, daß beides ein und dasselbe ist: den Menschen herauszulösen aus dem Gang des Lebens und ihn inwendig zu zerspalten, ist und bleibt ein und dasselbe; es handelt sich nur um zweierlei Seiten der gleichen Sache. Umgekehrt aber: wenn wir wissen, wie sehr wir Menschen uns der Herkunft aus der Tierreihe verdanken, dann wäre es das Ziel auch des Religiösen, Versöhnung zu stiften zwischen Geist und Trieb, Überich und Es, Engel und Tier, und *so* lautete dann die wahre christliche Botschaft. Es wären dann auch nicht mehr Religion und Psychoanalyse, Arzt und Seelsorger in Feindschaft zueinander befindlich, sondern endlich wüßten wir zu würdigen, welch eine Entdeckung Sigmund Freud machte, als er in der Psyche des Menschen selber das große Konzert der Natur wieder vernehmbar machen wollte.

Simpel gesagt, auf der Couch der Psychoanalyse mögen die Menschen ganz oft aussehen wie arme Hunde oder wie arme Schweine, sie sind immer noch *auch* Träger eines göttlichen Bildes. So sahen es die alten Ägypter: Tiere und Menschen *zusammen* als Bilder des Göttlichen. So betrachtet, sind Mitleid und Respekt ein und dasselbe, und es öffnet sich diese Welt zu einer Sphäre universeller Güte. Da können *die Steine* uns die Ewigkeit lehren, *die Pflanzen* uns die Kraft der Wiedergeburt, und es können *die Tiere* uns lehren, einen Maßstab der Gerechtigkeit zu finden entlang ihrer eigenen Sensibilität.

Die alten Ägypter wußten dies noch: es würde ein Totengericht sein, und man würde wiegen auf der einen Seite das menschliche Herz, auf der anderen Seite eine Feder aus dem Haare der Göttin der Weltordnung, der Göttin Maat, und nur wenn das menschliche Herz unbeschwerter sei als ein solches Haar, würde die Fresserin Amit den Menschen nicht in sich verschlingen. «Ich habe», so heißt es im Totengericht, «keinen Menschen weinen gemacht.» Da wird in der 5. Dynastie im alten Ägypten, in der Pyramide des Unas, im Totengericht der Pharao befragt: «Liegt gegen ihn eine Anklage vor von seiten irgend eines Esels, liegt gegen ihn vor eine Anklage von seiten irgend einer Gans?» Und es werden die Bewohner des Festlandes, des Wassers und der Luft befragt, ob unnötig ihnen Leid zugefügt wurde. Etwas Ähnliches vermisse ich im ganzen Christentum. Es gibt in der Bibel nicht einen einzigen Ort, an dem so etwas wie ein Klagerecht der Tiere gegen die Menschen formuliert wird. Nur in den Apokryphen, im slawischen Henochbuch, wird dieser Gedanke einmal aufgegriffen, daß die Weltordnung sich scheinbar umkehrt, und die Tiere verklagen den Menschen. Mir aber will scheinen, wir sollten als Christen, wenn irgend wir Hoffnung hätten auf ein ewiges Leben, diese Hoffnung ausdehnen über alle Kreaturen. Noch gilt es uns für den besten Inhalt unseres Glaubens, es wäre ein Leben uns garantiert in der *Auferstehungsbotschaft* von Ostern. Glauben wir aber denn wirklich, es wäre der Himmel nur *unser* Himmel und es ließen sich all die Wesen der Liebe, der Zärtlichkeit, des Vertrauens, die wir «Tiere» nennen, aussparen? Mir scheint, der Dichter Francis Jammes hatte recht, als er darum betete, er möchte in den Himmel gehen mit seinem Hund, und betete für die Esel auf den Straßen von Arles –

so drangsaliert und gequält, wie sie waren –, daß sie schon deshalb, für all ihre Mühsal, wenn nicht auf dieser Welt, dann in einer anderen Belohnung und Trost verdient hätten. Vielleicht sind gar nicht wir Menschen einzig auf dieser Erde, vielleicht sind wir nicht einmal einzig unsterblich, vielleicht sind wir allesamt nur unterwegs auf einer gemeinsamen, großen Wegesbahn, von der wir nichts ausschließen dürfen.

Ich sage es noch einmal: Gott schläft im Stein, er atmet in der Pflanze, er träumt im Tier und er erwacht im Menschen. Es liegt an uns, daß der Traum Gottes im Tier aufhört, ein Alptraum zu sein, und daß unser «Aufwachen» das Gefährlichste ist, was der Weg des Lebens je hervorgebracht hat. Integrierter in allen Bereichen müßten wir leben, um gütiger zu sein. Daß wir dazu der Anstrengung der Seelenheilkunde in der Psychoanalyse ebenso bedürfen wie der Kraft des Vertrauens, welche die Religion uns lehrt, dies wissen wir; und darum bin ich froh über eine Tagung wie diese.

Herzlich danke ich für Ihre Aufmerksamkeit.

Sergius Golowin

Das Tier in der Volkskultur

Soeben komme ich aus Liestal bei der Stadt Basel. Mit dem Auto fuhren wir durch das schöne Rheintal, und alle die klugen Menschen fielen uns ein, die hier durch Jahrhunderte oder Jahrtausende wirkten.

Ich war in Liestal, weil eine nahe Verwandte mich gebeten hatte, bei ihrer Abdankung ein paar Worte zu sprechen. Sie vertraute mir dies vor allem aus einem einzigen Grunde an. Sie war in einem sehr arbeitsreichen Dasein recht alt geworden, und ihre körperlichen, seelischen und geistigen Kräfte waren schon seit Jahren zurückgegangen. Eine Lebensfrage beschäftigte sie aber bis zuletzt. Sie pflegte sie etwa so auszudrücken: «Menschen haben mich häufig enttäuscht. Viele beständige Freude haben mir aber immer die Katzen bereitet, die eigenen und auch die, die mich zu den Mahlzeiten besuchten. Ich weiß auch von unzähligen alten Menschen, die ich in meinem Leben gepflegt habe – Katzen und andere Haustiere waren ihre einzigen Freunde. Sie blieben ihnen bis zuletzt treu. Von einigen Tieren weiß ich, daß sie nach dem Ende ihrer menschlichen Freunde treu ausharrten. Sie verweigerten sogar jede Nahrung und starben nahe dem Grabe des Menschen, für den sie die letzten Lebensgefährten waren. Was meinst du nun – trifft man seine vierbeinigen Gefährten im Himmel wieder? Ich glaube, es wäre ein schwerer Schlag für viele Alte, wenn es nicht so sein sollte. Das Paradies wäre für sie kein echtes Paradies.»

Ich kann Ihnen hier erzählen, was ungefähr ich der alten Frau zu ihren Lebzeiten antwortete; ich habe es soeben bei ihrer Abdankung wiederholt: Das jüdisch-christliche Paradies, von dem die Bibel redet, soll nach der Meinung etlicher Mystiker ziemlich genau dem Zustand entsprechen, den wir nach dem Tode annehmen. Nach dem mosaischen Bericht und nach einer uralten Lehre, die noch aus dem Mittelalter stammen soll, fließen aus dem Garten Eden vier Ströme nach den vier Weltrichtungen. Gott und offensichtlich auch seine Engel sind dort auch für den Menschen sichtbar.

Schon gewisse Anhänger der Kabbala sollen darum vermutet haben, daß das Paradies auf einer anderen, höheren Ebene des Daseins läge als unsere «grobstoffliche Ebene». Die Sage, daß unsere Ureltern nach dem Sündenfall sich mit Fellen bekleideten, mag in die gleiche Richtung weisen: Erst als sie in unsere Welt kamen, mußten sie«materielle Körper» annehmen. Sie verloren durch diesen Vorgang ihr «leichtes Leben». Von nun an waren sie nicht mehr ewig jung und schön, gesund und unsterblich.

Die Tiere nun, so sagte ich weiter, hätten eigentlich nie gesündigt. Sie folgten dem Menschen nur darum auf die Erde, weil sie zu ihm eine Zuneigung gefaßt hatten. Sie sind demnach seine treuen Freunde noch vom Garten Eden her! Wenn der Mensch nun wieder des Paradieses würdig wird, wird er dort eine vollkommene Umwelt genießen, die bekanntlich für die Verfasser der Bibel gar nicht ohne Tiere denkbar war: Wollten sie die Zustände schildern, die einem Paradies nahekamen, stets erwähnten sie die verschiedensten wilden und zahmen Geschöpfe, die nun auch im Umkreis des erlösten Menschen sein sollten. Bei ihrem Anblick bekomme er erst das Gefühl für die Vollkommenheit der Schöpfung.

Der feierlichste Augenblick des Genesisberichts ist für mich der, in dem Gott die unzähligen Tierarten zu den Ureltern führt – diese sollen nun für jede Art den Namen finden. Für viele jüdische, christliche und auch islamische Denker und Dichter ist dies der Bericht über eine tiefe Erkenntnis: Das «Geben der Namen» war für sie kein zufälliges Spiel mit Lauten, die aus unserer Kehle emporsteigen. Diese Worte, fast die ersten, die im Garten Eden gesprochen wurden, seien der Ausdruck einer tiefen göttlichen Einsicht in das Wesen eines jeden Geschöpfs. Aus den Pflanzen und Tieren strömte also dem Menschen seine erste Weisheit zu.

Dies war, nach den gleichen Quellen, nicht nur ein wunderbares Wissen um die Welt um uns, also die ursprüngliche sichtbare Natur. Es war gleichzeitig eine entscheidende Erkenntnis von allem, was uns selber ausmacht. Die beste Begründung, warum dies genau so sein solle, fand ich im Werk des wohl größten Gelehrten des deutschen Sprachraums, beim Alpenarzt Paracelsus von Hohenheim (1493–1541). Das ewige Gerede vom Erdenkloß, aus dem Gott den Adam habe werden lassen, fand er ausgesprochen einseitig und Mißverständnisse ohne Ende erzeugend. Das Wort, das die Bibel verwende, bedeute ihm eigentlich die Gesamtheit der Schöpfung, die bereits vor dem Erscheinen des Menschen bestand. Im Menschen seien demnach alle Tiere, die er entsprechend zu achten habe – nach Paracelsus ungefähr wie die Eltern: Wenn er diese «Eltern» gut verstehe, begreife er auch seine eigenen Eigenschaften. Wir dürften diese, so Paracelsus, auch nicht unterdrükken, wir könnten dies auch gar nicht! Unsere Aufgabe sei es – sie voll zu begreifen und sie dann bewußt zu «himmlischen» Zwecken zu verwenden.

Die Verwandte, der ich solche schönen Geschichten erzählte, wendete ein, was ihr ein beschränkter Sektierer vorgekaut hatte: Man könne wider ein Tier gar nicht sündigen, «weil es gar keine Seele besitze». Der Mensch sei schließlich, dies sagten auch die Heiligen Schriften, «der Herr der Tiere». Er dürfe also mit ihnen tun oder lassen, was immer ihm sein unsterblicher Geist nur eingebe.

Diese Deutung des im Zusammenhang an sich eindeutigen Worts «Herr» ist bedauerlich. «Herr» ist schließlich auch die Bezeichnung, mit der das Verhältnis des Schöpfergottes zum Menschen bestimmt wird. Damit wird der Schöpfergott aber nicht etwa in seiner Allmacht und Willkür gekennzeichnet. Er gilt gerade als Herr als gütig und gerecht. All seine Eingriffe in die menschliche Geschichte werden von seinem ewigen Willen bestimmt, der im Chaos der Welt herumirrenden Menschheit den Weg oder Rückweg in den Garten Eden zu ebnen.

Das Alte und das Neue Testament enthalten im übrigen auch genug Stellen, in denen über das richtige Verhalten der menschlichen Herren zu ihren Knechten geredet wird. Er handelt ihnen gegenüber in keinem Fall nach seinen Launen, sondern tut, was für ihre äußere und innere Weiterentwicklung nützlich und erfreulich ist. Gerade wenn wir solche Belege betrachten, erkennen wir die Bibel als ein tief soziales Werk, das in einem Raum, der etwa die Sklavenwirtschaft der Assyrer und Babylonier kannte, wahrscheinlich einen Fremdkörper darstellte. Es war nach der Bibel selbstverständlich, daß sich der Mensch auf Erden mühen sollte, großzügig und gerecht, eben wie ein echter Herr, auch gegen die Tiere zu handeln. «Verkündet das Evangelium allen Geschöpfen (Kreaturen)», heißt es im Neuen Testament.

Diese «frohe Botschaft» (Evangelion) bestand nun einmal ganz sicher nicht darin, daß man versuchte, ein bestimmtes Werk mit Feuer und Schwert den «Heiden» aufzuzwingen. Sie bestand ganz sicher darin, daß man versuchte, die Kunde von der Liebe zu allen Wesen nicht nur zu predigen, sondern nach Möglichkeit vorzuleben. Daß diese kaum «nur auf den Menschen» zu beschränken ist, beweist uns schon die Tatsache, wie häufig gerade die Tiere in den Gleichnissen vorkommen: Der gute Hirte läßt sogar sein eigenes Leben für seine Tiere.

Meine Mutter und meine Großmutter lebten vor der Machtergreifung durch die Sowjets in der naturnahen Ukraine. Sie erzählten mir eine wundersame Legende, die mir als Kind noch viel Eindruck bereitete. Es ist die Geschichte, nach der Christus sogar in einer «Höhle der Tiere» geboren wurde. Nicht nur Esel und Ochs seien neben seiner Krippe gestanden, sondern auch Roß, Hund, Katze. Die Taube des Heiligen Geistes habe über dem göttlichen Kind geschwebt: Wie man weiß, ist aus diesem Grund das Töten dieses Vogels, der so gern die Kirchtürme des Ostens bewohnt, für den Griechisch-Orthodoxen eine Sünde. Die Legende enthielt sogar die folgende einzigartig schöne Überzeugung: die Menschheit war damals so gesunken, daß man für die Geburt des Retters kein Schloß, kein Haus, keine Hütte auffinden konnte. Überall hätte man ihn an die Häscher des Herodes verraten – die Reichen hätten es für viel Geld getan und die Armen sogar für einen geringfügigen Betrag.

Doch die Tiere gaben ihm ersten Schutz und Lebenswärme, damit er im strengen Winter nicht erfror.[1]
Ich habe dann übrigens als Erwachsener, vor allem im Österreichischen, eine Unzahl von Krippenspielen aus dem 18.–20. Jahrhundert besichtigen dürfen. Ziemlich überall fand ich um die Geburtshütte oder -höhle ein Gewimmel von Tieren: Da waren einmal die eigentlichen Bewohner des Stalls selber. Dann kam die fast endlose Tier-Begleitung der frommen Hirten, all die Schafe, Ziegen, Rosse und Rinderherden. Endlich sah man die drei Könige oder Magier, die offensichtlich so ziemlich die ganze Tierwelt ihrer Erdteile anschleppten, sogar Elefanten und Giraffen.
Ich entdeckte in Gesprächen, daß in diesen alpenländischen Traditionen des alten Kunsthandwerks nicht nur ein freier Spieltrieb vorherrschte. Alte Besitzer von Krippenspielen bewahrten noch eine tiefe Erkenntnis: Wenn Christus kam, um uns wieder den Weg ins verlorene Paradies zu zeigen, mußte schon seine Geburt «an den Garten Eden erinnern». Mit anderen Worten: Um ihn versammelte sich bei seiner Ankunft auf der Erde die ganze Schöpfung, genau wie einst um Adam und Eva und später um die Familie des Noah beim Neubeginn nach der Sintflut.
Die Legenden, die ich als Kind vernahm, geben jedem Tier, jeder Pflanze einen besonderen Sinn. Jedes Geschöpf wird in ihnen in einen unmittelbaren Zusammenhang mit der Heiligen Familie gebracht, es hilft ihnen bewußt und wird dafür mit einzigartigen Eigenschaften begabt. Es werden dadurch alle Geschöpfe sozusagen zu Buchstaben einer Ur-Religion, die wir, wenn wir wache Augen besitzen, aus dem «ewigen Buch der Natur» ablesen können. Die alten Märchen- und Legendenerzähler, die das Land durchwanderten, wußten sicher von Tausenden solcher Berichte: Sie enthielten, wenn man sie kannte, ein zumindest doppeltes Wissen: «Sie zeigen uns den Weg in den Himmel», sagte die Großmutter, «und gleichzeitig lehren sie uns, wie man gesund auf der Erde wandert.»
Nur ein Beispiel: Die Heilige Familie floh vor den Häschern in das damals für sie gastfreundliche Ägypten. Sie waren übermüdet, und

es blieb ihnen kein anderer Ausweg, als in einer Höhle an ihrem Weg Zuflucht zu suchen. Kaum waren sie eingeschlafen, kam eine liebenswürdige Spinne und wob ihr Netz über den Eingang. Die bösen Knechte des Herodes stampften schon bald vorbei, nach dem Blute der Verfolgten gierig. Sie sahen das engmaschige Netz über dem engen Eingang. Da sie sehr eilten, schauten sie nun gar nicht ins Versteck hinein. «Wenn die Spinne ihr Netz spinnt», so waren sie überzeugt, «ist sie ganz sicher, nicht gestört zu werden. Also wird auch niemand in der Höhle sein.»

Die Gottesmutter sah später, wie knapp sie ihren Feinden entkommen waren. Überall um die Höhle erblickte man im weichen Boden die schweren Abdrücke der Hufe und Stiefel! Also segnete sie die Spinne für ihre gute Tat. Darob bekam das Tierchen ein Kreuz auf den Rücken, das uns zur Erinnerung gelten soll, daß auch die Spinne ein Bestandteil der Heiligen Geschichte ist. Man soll darum eine Spinne nach Möglichkeit nie töten, vor allem natürlich keine Kreuzspinne.

Ich wuchs vor allem in der Schweiz auf und entwickelte schon früh die Neugier, ob auch in diesem Raum die Menschen ähnliche Geschichten besaßen, wie sie im Kulturkreis der Ukraine, der Krim und des nördlichen Rußland erzählt wurden. Staunend machte ich die Entdeckung: der Volksglaube kannte die gleichen Geschichten, gerade auch im Alpenraum, nur waren sie offensichtlich häufiger in Vergessenheit geraten und oft von boshaftem Aberglauben entstellt. Die Sagen erklärten diesen Vorgang mit der grauenhaften Zeit der Hexenverfolgungen, die große Teile Osteuropas, namentlich «hinter den Karpaten», nie kannten.

Die meisten der «heiligen» Kräuter- und Tiersagen, namentlich auch die von der Kreuzspinne, fand ich bei den wenigen «volkstümlichen» Naturforschern. Ich fasse unter dieser Bezeichnung jene Menschen zusammen, die ihr Wissen noch nicht ausschließlich aus Büchern oder Schulen beziehen. Es gab sie vor allem dort, wo sich deutlich die Trümmer alter einheimischer Kulturen von Hirten und Bergzigeunern fanden. Diese Menschen, die man früher sicher als Hexenvolk verfolgt hätte, erzählten kaum je von der Heilkraft eines Krauts ohne «dazugehörende» Geschichten: Selbstverständlich fand ich auch alte und neuere Heilbücher, in denen nicht nur die medizinische Wirkung einer Pflanze verzeichnet war, sondern auch die entsprechende Legende.

Später beschäftigte ich mich mit der Ursache für solche Übereinstimmungen über riesige räumliche Entfernungen hinweg. Gab es, wie viele meiner Gewährsleute andeuteten, ein geheimnisvolles «Volks-Evangelium», das Wandermönche verbreiteten? Sind diese Sagen die Beweise eines gemeinsamen Ursprungs der Völker? Waren die Zigeuner[2], die stets Asien, Nordafrika und Europa durchzogen, die Verbreiter der volkstümlichen Kultur?

Ich glaube, es gibt Bestätigungen für jede dieser Ansichten. Ich glaube aber auch, daß der Mensch, der eng mit der Natur zusammenleben mußte und wollte, sehr wache Sinne besaß. Wie mir ein Zigeuner am Bodensee sagte: «Man glaubt überall im Volk ähnliche Dinge, weil es so ist; weil sie richtig sind. Unsere Ahnen fühlten aus jedem Tier, jedem Kraut heraus, daß es einen Teil des Geheimnisses der Schöpfung in sich trägt.» Eigentlich treffen wir hier wieder auf die Lehre des großen Alpenarztes und Naturforschers Paracelsus, der sagte, daß jedes Ding unserer Umwelt eine Schatztruhe sei, die man nur zu öffnen brauche.

Die Heilige Hildegard von Bingen versichert uns als Grundlage ihrer Naturkunde: «Die Tiere, die auf Erden leben, versinnlichen die Gedanken und Überlegungen des Menschen, die er in die Tat umsetzt.» Sie sucht dies möglichst genau zu umschreiben: «Die anderen Waldtiere (die Heilige redete unmittelbar vom Löwen und Panther!) bezeichnen die Fülle der Möglichkeiten, die der Mensch hat, nützliche und unnütze Werke zu vollbringen. Die zahmen Tiere auf der Erde bezeichnen die Sanftmut des Menschen, die er hat, wenn er auf dem rechten Wege ist.»

Die einen Menschen können bestimmten Tieren nahestehen, die andern weisen uns aber auf ganz andere Beziehungen. Hildegard erklärt uns in ihrem Buch «Über die Tiere», diesem Edelstein unter den Werken der mittelalterlichen Schilderungen unserer Schöpfung: «Die Gedanken des Menschen, der einem sagt ‹Du bist dieses oder jenes Tier› kommen daher, daß die Tiere etwas in sich haben, das der Natur des Menschen ähnlich ist.»

Hier haben wir eine Urweisheit, die wir auf mannigfaltige Art durch die verschiedenen Völker verfolgen können. Wenn man den Nomaden, zum Beispiel den Erzählern bei den Zigeunern, glaubt, suchen die Menschen «stets das Land, das ihrem von Gott erschaffenen Wesen entspricht». Die Fahrenden ziehen, wenn ihr Stamm sein Ursprungsland verloren hat, so lange durch die Welt, bis sie eine Umwelt finden, die sie in jeder Beziehung anregt. Der bekannte Zigeunerhäuptling Zanko, den ich noch selber in Lyon sehen durfte, stammte von den rumänischen Kesselflickern (Khalderasch): Er schildert, wie sein in Frankreich eingewandertes Volk gerade das uralte Heiligtum von Saintes-Maries in der Camargue hoch verehrt. Er versichert uns, daß es dies vor allem darum tue, weil es hier an seine in allen alten Sagen gepriesenen Uferländer am Schwarzen Meer erinnert wird.

«Es ist falsch, uns als heimatloses Gesindel zu beschimpfen», hörte und las ich von einem Vertreter der Sinti-Zigeuner, «wir sind immer auf der Heimatsuche. Auch die Ahnen aller Seßhaften waren so. Sie müssen Gott täglich dafür danken, daß ihre Vorfahren nach vielen Abenteuern ein Land fanden, das ihnen vollkommen entsprach.» Vergißt ein Volk die lebendige Zuneigung zu einer bestimmten Umwelt, auch dies ist Zigeuner-Philosophie, «dann hängt es immer weniger an ihr. Langweilt es sich in seiner Heimat, findet alles in ihr eher schädlich und lästig, wird es spielend von anderen Völkern verdrängt. Ein Land gehört immer denen, die es von Herzen lieben, mit ihm sozusagen glücklich vermählt sind.» Man erkennt dies, wenn man merkt, wie sie alle Tiere, Pflanzen, Berge, Flüsse eines Landes fast wie ihre menschlichen Geschwister kennen. Sie ehren deren Geheimnisse und sorgen für ihr Wohlbefinden.

Schon die alten Ägypter und die neueren Zigeunerstämme kannten eine beneidenswerte Kunst – sie vermochten aus der Gestalt einer Landschaft deren Eigenschaften herauszulesen. Dies ist eine Wissenschaft, nicht viel anders als diejenige, in den Linien des Ge-

sichts oder der Hand den eigentlichen Charakter eines Menschen zu erkennen: Auch dies ist eine der vergessenen Lehren des großen Naturforschers der Alpen, des Arztes Paracelsus.
Die Tiere leben nun, wie die Fahrenden glauben, ganz in der Natur. Sie sind vollkommen ihrer Umwelt angeglichen und wandern höchstens weg, wenn sich deren Gegebenheiten, besonders die Wetterverhältnisse, ändern. Will man also die Eigenschaften besser erkennen, die ein Land besonders fördert, dann muß man sich vor allem die Tiere anschauen, die in ihm prächtig gedeihen.
Ein Fahrender, dessen Vorfahren besonders in der Ukraine herumzogen, versicherte mir in Paris: «Wenn ein Tier ausstirbt, dann verschwinden in den Menschen des gleichen Landes genau die Eigenschaften, die man allgemein dem ausgerotteten Tier zuschreibt.» Er erwähnte als Beispiel die wilden Rosse, die es im Osten gab, die aber nach und nach verschwanden: «Wir sind ja selber stets mit Rossen im Land herumgefahren und waren große Roßhändler. Dadurch daß die wilden Pferde ausstarben und jetzt sogar immer mehr die zahmen, wissen die Menschen immer weniger, was stolze Haltung, schöne Bewegung und die Lust am Abenteuer sind.»
Ich fragte meinen Freund und Lehrer, wozu denn wohl reißende Wölfe gut seien. (Ihre fast vollkommene Ausrottung, zumindest in bestimmten Ländern, wurde gerade damals in den Zeitungen als «Großtat des menschlichen Fortschritts» gepriesen!) «Völker, die den Wolf zu sehr lieben und ehren, sind selber wie Wölfe», bestätigte er mir. «Aber Völker, die die Wölfe höchstens noch aus den Museen kennen, sind nicht mehr angriffig, unternehmungslustig, kühn und handlungsfreudig. Sogar ob sie ihr Schreibgerät rechts oder links von sich auf den Arbeitstisch hinlegen sollen, werden ihre Angehörigen demütig den Vorgesetzten fragen. Ihre Arbeitszeit besteht höchstens noch aus langweiligen Sitzungen, bei denen sie endlos herumpalavern, wann und worüber sie in der nächsten Sitzung ‹entscheiden› wollen. Ist ein Volk, das die Wölfe ganz vergessen hat, in Gefahr – ist es wehrloser als kleine Kinder.»
Ich fragte den erfahrenen Freund, was er von den fleißigen Bibern denke, die in den einst sumpfigen Alpentälern zu den wichtigsten

Tieren gezählt wurden und heute ganz und gar verschwunden sind. «Der Biber», sagte mein Gewährsmann, «ist ein großer und fleißiger Handwerker, der mit unvergleichbarer Kunst seine Dämme und Bauwerke errichten kann.» Nach einer Tierlegende der Zigeuner ist er darum so tüchtig geworden, weil er dem heiligen Zimmermann und Baumeister Josef, dem Gatten der Gottesmutter Maria, zuschaute: Einige hätten freilich sogar berichtet, er habe bereits dem Schöpfer geholfen, als dieser am Erdenmorgen den Flüssen und Seen ihre Gestalt gab. Wenn ein Land seine Biber ausrotte und vertreibe, dann verschwinde aus dessen Leben immer mehr die Begabung zum handwerklichen Geschick! Auch diese Lehre der alten Weisheit gehört für mich auf die gleichen Seiten wie die mystische Naturkunde der Heiligen Hildegard oder des Alpenarztes Paracelsus. Vielleicht muß man in ihrem Sinn die Worte der sibirischen Jakuten begreifen, die ich meinem Großvater verdanke: «Den Völkern, die nie ihre Tiere vergessen, gehört immer die Zukunft.»

Zum Abschluß noch eine schöne Legende, die ich ebenfalls von meiner Großmutter weiß: Der Heilige Josef war, wie eigentlich damals alle die guten Zimmerleute, ein sehr geschickter Baumeister. Stets pflegte er seine Hütten nach dem Vorbild des Stalles oder der Wohnhöhle zu bauen, in denen das Christkind geboren wurde. Wie groß das Haus werden sollte, war an sich gleichgültig. Immer mußte es aber so beschaffen sein, daß Menschen und Tiere eng zusammenlebten. Es sollte jedesmal ein kleines Abbild unserer Schöpfung werden. Das erinnerte dann jedesmal an das Paradies, genau wie die Arche Noah – und brachte dann allen Bewohnern Glück und Gesundheit in ihrem gesamten Dasein.

Sylvia Greiffenhagen

Tiere als Thearpie

Das Thema ist alt, aber es mußte neu entdeckt werden. «Ein Hund und ein Kater in der Kinderpsychotherapie», so überschrieb vor einiger Zeit Angela Brüch in einer deutschen Fachzeitschrift ihren «Bericht aus der Praxis»:

«Zu meiner Familie gehört seit neun Jahren die kleine Mischlingshündin Momo. Vor etwa drei Jahren kam das damals vier Wochen alte ‹Findelkind›, der Kater Schorschi, dazu. In dem Einfamilienhaus, in dem wir wohnen, habe ich auch meine Praxis. Daher werden alle Patienten von Momo bellend angekündigt und freudig begrüßt. Oft taucht dann auch der Kater auf. Somit lernen die Patienten meistens schon beim Erstkontakt die Tiere kennen. Erwachsene zeigen sich gelegentlich irritiert, weil sie Tiere in einer ‹Praxis› nicht erwartet haben. Hund und Kater sind sehr zutraulich. So kommt es immer wieder vor, daß Kinder zunächst nur wiederkommen möchten, um die Tiere wieder zu sehen. Beide sind von klein auf an Kinder gewöhnt und nehmen selbst Ungeschicklichkeiten und Angriffe nicht weiter übel. Sie eignen sich daher besonders gut, um als ‹Co-Therapeuten› zu fungieren» (Brüch 1988, S. 264 ff.).

An Fallbeispielen zeigt Angela Brüch, auf welche Weise Tiere als Mit-Therapeuten fungieren können. Am Schluß ruft sie Kollegen und Kolleginnen zu einem Erfahrungsaustausch auf:

«Im heilpädagogischen Bereich gibt es sogar Konzepte, wo Kindern durch gezielten Umgang mit Tieren, z. B. Pferden, zu besserem Selbstwertgefühl und sozialem Verhalten verholfen wird. Warum sollte diese Möglichkeit – unter analytischem Aspekt – nicht auch in der Psychotherapie genutzt werden?» (Brüch, a. a. O.)

Ein Tier macht dem herze wol

In früheren Zeiten kannte man noch die heilsame Wirkung von Tieren auf psychisch gestörte Menschen. Man wußte noch, daß «ein tier dem herze wol macht» (Walther von der Vogelweide): Aus Belgien ist der Einsatz von Tieren für therapeutische Zwecke seit dem 8. Jahrhundert bekannt, und die Mönche des Klosters York empfahlen vor zweihundert Jahren: «Den in der Seele und am Körper Beladenen hilft ein Gebet und ein Tier.»

Das älteste dokumentierte Beispiel eines bewußten therapeutischen Einsatzes von Tieren ist York Retreat. Es wurde am Ende des 18. Jahrhunderts von einer Quäkergruppe gegründet. Ihr Führer, William Tuke, setzte mit dieser Institution den unmenschlichen Irrenhäusern seiner Zeit ein zugleich christliches und aufgeklärtes Modell für die Unterbringung und Heilung von geistesgestörten Patienten entgegen. Seine dreißig Kranken wurden als Gäste behandelt, Freundlichkeit und Toleranz bestimmten das Verhältnis der Pfleger zu den Patienten. Strafen und Einsperren waren verpönt. Tuke setzte auf Heilung oder doch wenigstens Normalisierung bei seinen Patienten. Jede Behandlungsmethode diente dem Ziel, das Selbstwertgefühl und damit die Selbstkontrolle der Kranken zu stärken. Daß die Patienten sich wohlfühlten, galt Tuke als die wichtigste Voraussetzung möglicher Heilung. Zum Programm gehörten deshalb warme Bäder, in denen die Kranken entspannten. Jeder Patient besaß seine eigenen Kleider und mußte nicht die damals übliche Anstaltsuniform tragen. Die Kranken wurden ermuntert, «vernünftige» Dinge zu tun: zu schreiben, zu lesen oder Handarbeiten zu machen.

York Retreat lag in einer unverbrauchten ländlichen Gegend. Diesem Ambiente schrieb Tuke starke Heilungskraft zu. Zur Anstalt gehörten ein Garten und viele Kleintiere, die von den Patienten versorgt wurden.

Tuke bewies seinen Zeitgenossen nicht nur, daß «Irrenanstalten» durchaus angenehme Aufenthaltsstätten sein konnten. Er zeigte vor allem, daß mit solchen humanen Methoden Patienten tatsächlich geheilt wurden.

Dennoch setzte sich Tukes Modell nicht durch, sondern die Entwicklung der Psychiatrie verlief in der Folgezeit in eine völlig andere Richtung: Die medizinisch-physiologische Seite der Krankheit rückte ins Zentrum des Interesses und mit ihr stark physisch-technisch geprägte Behandlungsmethoden. «Unwissenschaftliche» Therapien, wie der Umgang mit Tieren, wurden belächelt und dann vergessen.

Eine Ausnahme bildet die Anstalt Bethel bei Bielefeld, die 100 Jahre nach Tuke seine Ideen wieder aufnahm und in die Praxis umsetzte. Tiere gehörten von Anfang an in das Konzept zur Behandlung von Epileptikern und anderen geistig und psychisch gestörten Patienten. Das gilt bis heute: Die Pflege und Versorgung von Tieren – Hunden, Katzen, Vögeln, Pferden und anderen Nutztieren, sogar Rehen und Hirschen in einem Wildpark – ist ein wichtiger Bestandteil des therapeutischen Umfelds. Leider hat bisher meines Wissens niemand versucht, die physiologischen und psychischen Wirkungen auf die Patienten wissenschaftlich zu dokumentieren und zu analysieren.

Das Army Air Force Convalescent Hospital in New York, gegründet 1942, ist ein weiterer Meilenstein auf dem mühsamen Weg zu einer Psychotherapie mit Tieren: Hier fanden Soldaten des Zweiten Weltkriegs mit einem Kriegstrauma eine Zuflucht. Das Haus schloß einen Bauernhof ein, mit Rindern, Pferden, Hühnern und Gänsen. Außerdem hielt man auf dem Gelände vielerlei Tiere in ihrer natürlichen Umgebung, zum Beispiel Enten und Wild.

Die Beobachtung und Versorgung der Tiere galten als ebenso wichtiges Element der Behandlung wie andere, anerkanntere Therapieformen. Das Programm wurde bald nach Kriegsende eingestellt und – wohl vor allem, weil keine schriftlichen Aufzeichnungen vorlagen – rasch vergessen.

Aus diesem Grund blieben die Erfahrungen mit tierischen Kotherapeuten im New Yorker Army Hospital undokumentiert und damit anderen Experten verborgen. Das ist schade: Manche Einsicht, die wir heute neu gewinnen, hätten wir sonst unter Umständen schon

Jahrzehnte früher nachlesen können, und vielleicht hielte jede psychiatrische Anstalt heute Haustiere.
Dem ist aber nicht so. Erst seit wenigen Jahren erwacht neu der Sinn für Tiere als Kotherapeuten. Dabei hat in der Psychotherapie das Tier stets eine bedeutsame Rolle gespielt: in der Symbolwelt der Phantasien und Träume, dazu als Objekt von Phobien und Perversionen. Aber als Freund und Gefährte des Menschen taucht das Tier in der psychoanalytischen Literatur eher zufällig auf. Bruno Bettelheim berichtete in seinem Buch «Love is not enough» von einem psychisch gestörten Kind, das zum erstenmal Zeichen von Zuneigung gab, als es im Park ein Eichhörnchen sah. Ein anderes Kind konnte, als es zwei Hunde beim Paarungsspiel beobachtet hatte, erstmals seine Angst vor der Sexualität thematisieren und auf diese Weise dem Therapeuten Einblick in seine Störung eröffnen. Auch Marcel Heimann stellte in der Fachzeitschrift «Psychoanalytic Quarterly» 1953 eine Fallstudie vor, die nahelegte, wie die Mensch-Tier-Beziehung für die psychoanalytische Praxis Gewinn bringen kann.
Aber in Gang kam das Thema erst Anfang der 60er Jahre, mit Zeitungsartikeln und ersten zuweilen belächelten wissenschaftlichen Berichten. Den Durchbruch brachte dann ein Buch des amerikanischen Kinderpsychotherapeuten Boris M. Levinson über seine Erfahrung mit Tieren als Kotherapeuten. Wissenschaftler aus ganz verschiedenen Disziplinen und Angehörige verschiedener Heilberufe begannen in der Folge Experimente, Versuchsreihen, Dokumentationen. Der Begriff «pet facilitated therapy» wurde zum Schlagwort eines neuen Wissenschaftszweigs mit dem Ziel der Erforschung der Beziehung zwischen Menschen und Tieren.
Ende der 70er Jahre gründeten Mediziner, Verhaltensforscher, Psychologen, Psychotherapeuten und Gerontologen aus den Vereinigten Staaten und England eine Gesellschaft, die sich die Erforschung der Mensch-Tier-Beziehung eigens zur Aufgabe setzte. 1980 organisierte sie erstmals einen Kongreß mit dem Thema «Human/Companion Animal Bond». Er fand in London statt und erregte beträchtliches Aufsehen bei Experten und Laien. Heute umfaßt die Gesellschaft Unterorganisationen in mehreren Ländern, unter

anderem in Großbritannien, Australien, Frankreich, den USA, Österreich und der Schweiz. Den wissenschaftlichen Ruf der Gesellschaft festigten weitere internationale Symposien im Laufe der folgenden Jahre mit Referenten aus der ganzen westlichen Welt, auch osteuropäischen Interessenten, und zahlreiche, allerdings kaum deutschsprachige Publikationen geben heute Auskunft über den neuen Forschungszweig «Mensch-Tier-Beziehung».

Die Praxis ist der Wissenschaft aber noch immer voraus: In allen angelsächsischen Ländern entstanden «Pet Visiting Programs»: Tierliebende Gruppen und Institutionen, wie Tierschutzvereine oder Hundezüchterverbände, besuchen mit ausgebildeten «Therapietieren» Alten- und Pflegeheime, Krankenhäuser oder psychiatrische Anstalten. Sie unterhalten Streichelzoos für Großstadtkinder, vermitteln Heimtiere für kranke und einsame Menschen und bilden einen «Service-Hund» aus, der Körperbehinderten zur Hand geht: als Diener und Gefährte zugleich. Dem angelsächsischen Vorbild folgten ähnliche Initiativen in weiteren Ländern Europas.

In der Bundesrepublik Deutschland fand das Mensch-Tier-Thema zunächst wenig Interesse. Nur beim «Therapeutischen Reiten» sind die Deutschen im wörtlichen Sinne Vorreiter in Forschung und Praxis der Behandlung von Kranken mit Hilfe von Pferden. Tiere in Altenheimen, Krankenhäusern, psychiatrischen Kliniken und Strafvollzugsanstalten erscheinen aber vielen Deutschen als ein Ding der Unmöglichkeit. Erst seit wenigen Jahren gibt es in Deutschland Organisationen, die den Einsatz von Tieren in Institutionen empfehlen und interessierte Menschen und Gruppen über Konzepte, Methoden und geeignete Tiere informieren und beraten, zum Beispiel den Verein «Leben mit Tieren» in Berlin.

Die Entfremdung des Menschen von der Natur

Wissenschaftliche Entwicklungen stehen in enger Verbindung zum Zeitgeist. Beim Thema Mensch-Tier-Beziehung handelt es sich um eine paradoxe Situation gegenläufiger Entwicklungen:

Auf der einen Seite werden immer mehr Tierarten ausgerottet, auf der anderen Seite wird das Tier immer stärker als Partner des Menschen gesehen. Das hat sogar Rechtsfolgen: Stadtstreicher dürfen ihre Hunde behalten, und die Sozialhilfe bezahlt die Kosten für ein Haustier, wenn es zum Mittelpunkt des Lebens oder zum einzigen Bezugsobjekt eines Menschen geworden ist.

Auf der einen Seite wächst die Entfremdung vom Tier. Ein Großteil europäischer Kinder kennt keine Schmetterlinge mehr und keine Bauernhoftiere. Auf der anderen Seite wächst die Zahl der Tierfriedhöfe, der Tierhotels und der Fälle aufwendigster Tierchirurgie mit künstlichen Hüftgelenken, Nierentransplantationen und Herzschrittmachern.

Auf der einen Seite schreitet die Massentierhaltung voran, und schlimmer: Man erwägt Züchtungen, welche die diesbezügliche Leidensfähigkeit von Tieren herabsetzen soll. Auf der anderen Seite trauern in England vier von fünf befragten Tierhaltern beim Tod ihres geliebten Vierbeiners genauso stark wie um einen toten Großvater.

Eine kritische Stunde also in der Geschichte des Verhältnisses von Mensch und Tier. Und doch ist das Thema alt, ja uralt. Es begleitet die Geschichte der Menschheit von den ersten Anfängen.

Am Beginn seiner Geschichte war der Mensch mit dem Tier so eng verbunden, daß sich sein Selbstbewußtsein noch nicht völlig von ihm trennte. In frühen Jägerkulturen konnte der Mensch stets gleichzeitig auch ein Tier sein, wie umgekehrt Tiere gleichzeitig als Erscheinungsformen lebender Menschen galten. Es gab dann verschiedene Stufen der Herausbildung menschlicher Identität (über die wir in den Vorträgen der vergangenen Tage erfuhren). Das Gemeinsame dieser Typologien liegt in einer ständig fortschreitenden Trennung des menschlichen Selbstbewußtseins vom Tier.

Eine späte und entscheidende Stufe bedeutet der Monotheismus des Judentums. Der Gott der Juden und später der Christen und Muslime gehört selbst nicht zur Natur, sondern er hat sie geschaffen. Mit dieser Schöpfung traf er zugleich eine konstitutionelle Unterscheidung zwischen Mensch und Tier: Der Mensch ist Herr über die Natur. Jetzt kann er sich nicht mehr im Umweg über sie verstehen; seine Identität setzt auf «Geist», nicht auf «Natur». Gestalten wie Franz von Assisi und Albert Schweitzer mit ihrer Meinung, die Schöpfung verbinde Mensch und Tier in einem tiefen naturhaften Sinne, bleiben bis heute Ausnahmen in der durch das Christentum geprägten europäischen Kultur.

René Descartes hat die philosophische Konsequenz aus der christlichen Schöpfungstheologie gezogen: Der Mensch besitzt eine Seele, das Tier hat keine, es ist nur Materie. Das hatte bisher keine Theologie oder Philosophie auf Erden gelehrt.

In dem Maße, in dem das Christentum den Weg der westlichen Zivilisation bestimmte, erfüllte sich das Schicksal der Tierwelt in ihr. Das archaische Band zwischen Mensch und Tier zerriß. Kulturen, die, wie die indische, an ihr festhielten, galten als rückständig. Hinzu kam, daß Wissenschaft und Technik auf den Erfolgsweg einer Naturbeherrschung führten, welche die Herrenrolle des Menschen in der Praxis durchsetzte. Von den asiatischen Kulturen mißtrauisch und teilweise mit Verachtung verfolgt, entwickelte sich in Europa und in den von westlichen Ländern «zivilisierten» Teilen der Erde eine immer tiefere Kluft zwischen dem Herrschaftswissen des weißen Mannes und einer Natur, die ihm immer ferner rückte: als Gegenstand seiner Nutzung und seiner Wißbegier. Erst spät entwickelte sich jene Haltung, die wir heute ökologisch nennen: Verantwortung, Pflege und Fürsorge für eine natürliche Welt, die inzwischen längst zum zoologischen Garten geworden ist. Es gab diesen Garten auch in der christlichen Vorstellung: als das Paradies. Heute ist er keine paradiesische Vorstellung mehr, sondern die harte Aufgabe des Naturschutzes, und dies zunächst auch wieder im Interesse des Menschen, der anders nicht überleben kann.

Aber hier wirkt zum Glück eine Dialektik: Gerade durch abendländische Forschung sind wir in den Stand gesetzt, über Tiere so viel zu wissen, daß wir heute unsicher werden über die Angemessenheit unseres bisherigen Umgangs mit ihnen. Die tierische Verhaltensforschung ebenso wie die auf den Menschen bezogene Verhaltens- und Gehirnforschung lassen Zweifel darüber aufkommen, ob Descartes recht hatte mit seiner kruden Unterscheidung von Körper und Geist. Auf dem Umweg über Wissenschaften, die er selbst in Gang gesetzt hat, werden uns heute die Augen geöffnet für Verbindungen, die eine tiefe Gemeinschaft zwischen Tier und Mensch vermuten lassen.

Das neue Forschungsfeld «Mensch-Tier-Beziehung»

Zu diesen Wissenschaften, die uns das enge Band zwischen Menschen und vor allem ihren *Haustieren* zeigen, gehört das neue Forschungsfeld «Mensch-Tier-Beziehung», das ich im folgenden vorstellen will, zusammen mit Konsequenzen für seine Anwendung in der therapeutischen und in der pädagogischen Praxis.
Es ist recht erstaunlich, wie wenig die Wissenschaft über das Zusammenleben von Menschen und Tieren bisher weiß. Dabei gibt es eine Fülle von praktischem Erfahrungswissen: Wer selber ein Tier um sich hat, weiß, wieviel Freude es bringt. Wir alle kennen den Schmerz eines Kindes, wenn sein Meerschweinchen krank ist. Wir wissen, daß selbst stabile Erwachsene aus dem Gleichgewicht geraten, wenn ihr Hund stirbt. Und viele von uns haben die Verzweiflung eines alten Menschen erlebt, der ins Pflegeheim muß und seine Katze nicht mitnehmen darf. Das alles wissen wir, und doch haben sich weder die Zoologie noch die Humanbiologie, weder die Ethologie noch die Psychologie, weder die Human- noch die Tiermedizin mit dem Thema befaßt. Die Ethologie weiß über Stichlinge und Schildkröten auf Galapagos mehr als über unsere Hauskatze und ihr Leben außerhalb der menschlichen Wohnung. Völlig im wissenschaftlichen Dunkel tappen die einschlägigen Wissenschaften aber im Blick auf solche Fragen wie diese: Wer hat warum welches Tier? Was erhofft sich der Mensch, der ein Tier kauft oder im Tierheim abholt? Wie, was und wieviel spricht der Mensch mit seinem Haustier? Über welche Schienen laufen Mensch-Tier-Verbindungen? Wie reagieren Tiere auf unterschiedliche Verhaltensweisen verschiedener Familienmitglieder? Welche Eigenschaften

und Fähigkeiten machen Tiere zu dem, was sie tatsächlich sind: Familienmitglieder?
Auf all diese Fragen gibt es bisher keine Antwort. Vor den 70er Jahren wurden sie nicht einmal gestellt. Erst jetzt werden, wie schon gesagt, die ersten Studien veröffentlicht. Da das Forschungsfeld sehr breit angelegt ist, will ich an wenigen Beispielen schlaglichtartig zeigen, worum es hier geht, bevor ich mich dann dem Aspekt der Therapie im engeren Sinne zuwende.
Eine wichtige Einsicht ist zunächst die, daß es sich bei diesen Forschungen um interdisziplinäre Ansätze handelt. Stets arbeiten mehrere Wissenschaftsfächer zusammen. Beteiligt sind Human- und Tiermedizin, tierische und menschliche Verhaltensforschung, Pädagogik, Gerontologie und Geriatrie, alle Spielarten von Psychologien und Psychotherapie.

Haustiere – ein therapeutisches Element im Alltag

Es gibt meßbare physiologische Wirkungen von Haustieren auf ihre menschlichen Freunde: Das Zusammenleben mit einem Tier wirkt blutdrucksenkend und kreislaufstabilisierend. Diese Tatsache ist seit den späten 70er Jahren bekannt und inzwischen vielfach belegt. Ein Zufall führte zu ihrer Entdeckung: Die amerikanische Soziologin Erika Friedmann untersuchte die Überlebenschancen von 100 Herzinfarktpatienten nach ihrer Entlassung aus dem Krankenhaus. Noch im Krankenhaus unterzog sie die Patienten einem Test, der ihre Stimmungslagen erfaßte. Außerdem ließ sie die Patienten einen Fragebogen ausfüllen, der Auskunft über ihr häusliches Leben, ihre Familie, die Zahl ihrer Kinder, die Qualität ihrer Ehe, Wohnverhältnisse, Interessen und Hobbies gab. Eher beiläufig fragte sie auch, ob die Kranken ein Haustier besaßen und welches.
Über zwölf Monate lang verfolgte Friedmann den Krankheitsverlauf der Patienten. Danach verglich der Computer die Daten von Patienten, die starben, mit denen von Überlebenden und denen, die sogar merkliche Besserung erkennen ließen.

Wie Friedmann vermutete, zeigte sich ein klarer Zusammenhang zwischen schwacher sozialer Integration und dem frühzeitigen Tod der Patienten. Was die Forscherin aber verblüffte, war ein zweiter Faktor, den der Computer nach komplizierten Rechengängen auswarf: Patienten mit Tier besaßen signifikant bessere Chancen zu überleben und zu gesunden als Patienten ohne Haustier.

Aus verständlichen Gründen erschien dieser Befund Friedmann und ihren Kollegen zunächst reichlich dubios, und man überprüfte alle Daten noch einmal sorgfältig. Aber das Ergebnis blieb dasselbe. Nun suchte das Forscherteam nach plausiblen Erklärungen für die Tatsache, daß Tierbesitz und bessere Gesundungsaussichten in so signifikantem Zusammenhang standen. Sie begannen mit der Vermutung, die Bewegung in frischer Luft, die Hunde ihren Besitzern abfordern, könne die Ursache für die Verbesserung ihres Zustandes sein. Deshalb trennten sie die Tierhalter in Besitzer von Hunden und Besitzer von anderen Tieren und rechneten sämtliche Daten noch einmal durch, diesmal für beide Gruppen getrennt. Aber auch jetzt änderte sich am Ergebnis nichts. Einerlei ob Hund, Katze, Fisch oder Vogel: der Computer wies für alle Tiere eine gleichermaßen günstige Wirkung auf ihre kranken Besitzer aus.

Inzwischen haben zahlreiche Mediziner, Psychologen und Tierärzte von anderen Universitäten, auch anderer Nationen, die Arbeit von Friedmann und ihren Kollegen bestätigt. An ihren Ergebnissen kommt die Forschung nicht mehr vorbei: Kontakt zu Tieren stabilisiert den Blutdruck, senkt die Herzfrequenz und stabilisiert auf diese Weise den Kreislauf gerade von Herzpatienten. Das gilt übrigens auch umgekehrt: Tiere entspannen sich, wenn ein vertrauter Mensch sie liebkost. Aber warum?

Einen weiteren physiologischen Effekt von Haustieren vermutet der amerikanische Mediziner Michael McCulloch: Tiere reizen zum Lachen und Spielen und bewirken damit durch die Auslösung «interner Opiate» eine chemische Reaktion im Organismus, die der Mensch als beglückend empfindet.

Einen anderen Erklärungsweg beschreitet der englische Veterinärmediziner R. D. Ryder. Er vermutet, daß Tiere schon deshalb beruhigen und lösen, weil sie kein «gutes Benehmen» erwarten. Sie sind Natur und erlauben uns, auch Natur zu sein. Das entlastet, und mehr: Es kann uns vielleicht hie und da den verlorengegangenen Sinn für natürliche Eingebundenheiten wiederfinden lassen: in Geburt und Tod, Ernährung und Entleerung, Schlaf und Wachen, Begierde und Sättigung.

Man kann dieser Einsicht einen generellen Sinn geben: Tiere erlauben Sinnlichkeit. Hier liegt ein wichtiger Grund für ihre wohltuende Wirkung auf Menschen. Tiere darf man anfassen, streicheln, liebkosen, in den Arm und auf den Schoß nehmen. Das alt-tiefe Bedürfnis nach Berührung und Nähe, das der Mensch mit dem Tiere teilt, bleibt in unserer zivilisierten Welt weithin unbefriedigt. Vor allem die nördlichen, protestantisch-puritanischen Völker haben über Jahrhunderte ihrer Geschichte fast jeden Körperkontakt unterdrückt.

Wir wissen, daß das Bedürfnis nach Zärtlichkeit und Berührung bei Männern und Frauen ähnlich stark ausgeprägt ist. Männer dürfen es aber in unserer Gesellschaft noch weniger ausleben als Frauen. Zärtlichkeit paßt nicht zur männlichen Welt. Aber das gilt nur für zwischen*menschliche* Kontakte: Ein Tier darf «man» streicheln, man darf mit ihm spielen und lachen. Im Spiel mit dem Tier gewinnt der Mann jene Eigenschaften und Fähigkeiten zurück, die eine sinnenfeindliche Religion, eine puritanische Erziehung und der westliche Kapitalismus ihm ausgetrieben haben. Viele Studien haben inzwischen gezeigt, daß der Kontakt mit dem Tier für Männer noch weit größere Bedeutung besitzt als für Frauen: als eine der wenigen Chancen für Nähe und Zärtlichkeit oder zweckfreies Spiel. Zu Recht hat man deshalb Haustiere «ein therapeutisches Element im Alltag» genannt (Boris Levinson).

Tiere darf man nicht nur anfassen, man darf sie auch ungefragt ansprechen. Auf diese Weise stiften Tiere soziale Kontakte zu anderen Menschen. Jeder darf jeden Hund, dem er auf einem Spaziergang begegnet, ohne Scheu anreden. Der Mensch am anderen Ende der Leine ist in gewisser Weise mitadressiert, und in der Folge entspinnt sich vielleicht ein Gespräch zwischen zwei wildfremden

Menschen. Unmöglich die Vorstellung, mit einem Fremden ein Gespräch zu eröffnen, ohne einen Grund dafür zu haben oder durch einen Dritten bekanntgemacht zu sein.
Diese kontaktstiftende Kraft vor allem von Hunden, aber auch von Katzen und anderen Tieren empfinden besonders ältere oder behinderte Menschen als beglückend, wie wir aus vielen Interviews wissen. Alte sind häufig einsam und gewinnen über ein Tier gelegentlich Freunde. Behinderte leiden darunter, daß sich gesunde Menschen oft scheuen, sie anzusprechen oder überhaupt anzuschauen. Ein Tier in ihrem Umkreis schafft raschen und unverkrampften Kontakt. Dieser Effekt eines Tieres als eines «sozialen Gleitmittels» spielt – jedenfalls in den angelsächsischen Ländern – in gerontopsychiatrischen und psychiatrischen Therapien eine zunehmend wichtige Rolle. Männer profitieren hier wiederum mehr als Frauen, die ohnehin bessere kommunikative Gaben für Kontakte zu anderen Menschen mitbringen.
Diese Einsicht führt in den angelsächsischen Ländern und in Skandinavien zum Einsatz von Tieren in Pflegeheimen, geriatrischen und psychiatrischen Anstalten. Gerade Menschen, die den Kontakt zur menschlichen Umwelt, aus welchen Gründen immer, verloren haben, profitieren signifikant von einem Tier in ihrer Umgebung. Über die Kommunikation mit dem Tier finden oft selbst Patienten, die völlig unansprechbar waren und sich gegen alle anderen Therapien resistent zeigten, wieder Kontakt zu Menschen. Tiefenpsychologische, lerntheoretische, milieu- und realitätstherapeutische Ansätze, die ich hier nicht näher darstellen kann, liefern – bei manchen Ungereimtheiten im Detail – verschiedene Begründungsbausteine für dieses Phänomen, das zwar unstrittig, aber bis heute nicht eindeutig «nachweisbar» ist.

Kinder und Tiere

Das Thema Kinder und Tiere hat Erzieher schon immer beschäftigt. Das Kind ist – bei allen Unterschieden – in seinen ersten Le-

bensphasen dem Tier eng verwandt: in der Ursprünglichkeit seiner Antriebe und Bedürfnisse. Diese Einsicht teilen Philosophen, Pädagogen und Ethologen in vielen Kulturkreisen. Auch die Tatsache, daß Kinder fast ausnahmslos auf jedes Tier zugehen, es streicheln und mit ihm reden, gab seit alters Anreiz, sich über die Nähe von Kindern und Tieren Gedanken zu machen.
Das Thema ist somit klassisch. Aber der neue Wissenschaftszweig Mensch-Tier-Beziehung hat ihm jetzt frische Stoßkraft verliehen: durch Studien, die frühere Vermutungen empirisch absichern konnten.
Man vermutet – und kann, wie gesagt, inzwischen zum guten Teil auch empirisch belegen – unter anderem folgende pädagogische Wirkungen durch das «Tier als Erzieher»:

- Tiere regen die Phantasie und Erlebnisfähigkeit von Kindern an.
- Kenntnisse über Tiere sind besser entwickelt, halten auch länger an, wenn das Kind ein eigenes Tier hat. (Kinder ohne direkten Kontakt zu Hund, Katze oder Meerschweinchen assoziieren mit «Tier» Comic-Stars, wie Schweinchen Dick, Alf oder Micky-Maus, oder die ebenso unrealistischen Fernsehtiere, wie Fury, Lassie und Flipper.)
- Früher Umgang mit Tieren sorgt für späteres Engagement im Tier- und Naturschutz.
- Ein Tier erzieht zu Ordnung, Pünktlichkeit und (Selbst-)Disziplin.
- Ein Tier erzieht zu Fürsorglichkeit und Verantwortung für Tiere und in der Folge auch für Menschen. Dieser Aspekt steht im Mittelpunkt vieler Betrachtungen über die pädagogische Wirkung von Tieren. Konservative und progressive Pädagogen sind sich in dieser Bewertung – bei Unterschieden in einzelnen Fragen – übrigens einig. Wie der große Pädagoge Friedrich Fröbel sind sie der Meinung, «am Tier zuerst übe das Kind sich in Barmherzigkeit». Der Umgang mit Tieren diene einer Erziehung zur Humanität.

Diese Vermutungen von Pädagogen aus vielen Kulturen und

menschheitsgeschichtlichen Phasen werden, wie gesagt, heute durch empirische Studien aus dem Wissenschaftsfeld Mensch-Tier-Beziehung belegt: Kinder, die mit Haustieren aufwachsen, fügen sich besser in eine Gemeinschaft, sind kooperativer und weniger aggressiv als andere Kinder. Sie sind kommunikativer und anderen Kindern vor allem in ihrer Fähigkeit zur Körpersprache überlegen, im Verstehen von Signalen ebenso wie im eigenen Ausdruck. Dasselbe gilt für Erwachsene, die in ihrer Kindheit Haustiere besaßen.

Aber es geht nicht nur um das «Tier als Erzieher». Pädagogen und Kinderpsychologen sehen im Tier einen wichtigen Freund und Gefährten des Kindes, der «ihm dabei helfe, die Aufgaben des Großwerdens zu meistern» – so der amerikanische Kinderpsychotherapeut Boris Levinson: Ein Tier stütze und stabilisiere den Entwicklungsprozeß eines Kindes bei allen Frustrationen, Ängsten und Krisen, die in verschiedenen Phasen seines Lebens auftreten.

Man weiß heute auch, daß die Liebe zum Tier dauerhaft «ansozialisiert» ist: Wer mit Tieren aufwuchs, bewahrte sich seine Neigung zum Tier in der Regel auch im Erwachsenenalter. Aber auch der Umkehrschluß scheint gesichert: Wer als Kind Tiere quälte, neigt im Jugend- und Erwachsenenalter statistisch häufiger zu Grausamkeit und Gewaltakten gegen Tiere und Menschen. Manche Gewaltkarriere beginnt schon in der Kindheit mit Tierquälerei, eine Erkenntnis, die von Sozialpädagogen in den USA und in Skandinavien gezielt im Dienste von Resozialisierungsmaßnahmen genutzt wird. In Heimen für schwierige Kinder, aber auch zunehmend in Strafvollzugsanstalten für Erwachsene wird humanes Verhalten gegenüber der menschlichen Mitwelt auch am «menschlichen» Umgang mit Tieren geübt.

Aus all dem folgt: Kinder brauchen Tiere um sich, und die Erwachsenen müssen dafür sorgen, daß Kinder mit Tieren aufwachsen können.

Die Familie *allein* ist mit dieser Aufgabe oft überfordert. Nicht in jedem Fall ist ein eigenes Haustier zu halten möglich und richtig. Umso wichtiger ist es, daß andere Erziehungsinstanzen Kontakt zu

Tieren erlauben und pflegen, durch Einrichtung von Schulzoos, Kinderbauernhöfen, Jugendfarmen, Streichelgehegen im Stadtpark etc. Es gibt in anderen Ländern viele Beispiele hierfür. Ändern müßte sich auch der Biologie-Unterricht in den Schulen: Ausgerechnet die «Lehre vom Leben» betrachtet das Tier oft ausschließlich als Gegenstand menschlicher Wißbegierde und nicht als Mitgeschöpf.

Ältere Menschen und Tiere

Neben Kindern und Behinderten ziehen vor allem ältere Menschen Gewinn aus dem Zusammenleben mit Tieren, und unter ihnen besonders die einsamen, chronisch kranken und altersverwirrten. Natürlich wäre es zu einfach, als Allheilmittel gegen Alterskrisen stets ein Tier zu empfehlen. Aber in vielen Fällen kann ein Tier helfen. Die Bedeutung von Tieren im Alter eröffnet vor allem folgende günstige Perspektiven:

- Zärtlichkeit und Sinnlichkeit sind für alte Menschen in unserer Gesellschaft fast gänzlich tabu. Ein Tier ersetzt fehlende menschliche Nähe.
- Tiere helfen gegen Langeweile. Sie gliedern den Tag in sinnvolle Einheiten: durch Essen, Ausgehen, Schlaf- und Wachzeiten, Veränderung ihrer Aufenthaltsorte. Ein Tier will in regelmäßigen Abständen essen, spielen und schlafen. Diese Regelmäßigkeit zwingt es dem Menschen auf, der es versorgt.
- Wenn die körperliche Leistungsfähigkeit nachzulassen beginnt, fühlen sich ältere Menschen gegenüber jüngeren häufig gehemmt. Oft nimmt ihnen jemand die Arbeit aus der Hand, macht sie «rasch selber» fertig und verletzt auf diese Weise Stolz und Selbstwertgefühl. Das Tier dagegen bemerkt die Beeinträchtigung seines alten menschlichen Partners nicht. Wenn es jetzt länger dauert, bis die Büchse geöffnet und das Futter im Teller ist, wartet es, und seine Dankbarkeit wird nicht geringer. Für das

Tier gibt es keine Gebrechlichkeit, für das Tier bleibt der menschliche Partner vollkommen.

– Ein Tier regt die Erinnerung an. Es holt die Vergangenheit wieder herauf, weil es starke Gefühle auslöst, die oft mit der Kindheit und glücklicheren Lebensphasen verknüpft sind. Diese Einsicht wird vor allem in gerontopsychiatrischen Therapien genutzt.

Interessante und vielfältige Perspektiven eröffnende Ergebnisse liefern wissenschaftliche Studien über die Wirkung von Tieren in Alten- und Pflegeheimen. Aus einem deutschen Forschungsbericht:

> «In den (mit Hunden) besuchten Gruppen alter Menschen stieg sehr schnell die Kommunikation miteinander und mit dem Heimpersonal an. Dieser Effekt blieb stabil. Streicheln des Hundes und Austausch von kleinen Zärtlichkeiten machten die häufigste Interaktion mit dem Hund aus. Über die Zeit hin wurden die alten Menschen selbständiger und selbstsicherer» (Olbrich 1989, S.406).

Als Fazit konstatierten die Forscher «eine allgemeine Zunahme von Wachheit, häufigem Lächeln und stärkerer Zugewandtheit zur Umgebung» (Olbrich, a.a.O.).

An dieser Stelle ist eine Klarstellung wichtig. Man hört zuweilen die Kritik, mit solchen Programmen wolle man den Menschen aus seiner Fürsorgepflicht für Alte und Kranke entlassen. Es geht aber nicht darum, Menschen durch Hund, Katze oder Vogel zu ersetzen. Tiere sind keine Therapeuten, sondern Kotherapeuten. Sie *ergänzen* die Arbeit der Pfleger und Ärzte. Es gibt übrigens noch einen günstigen Nebeneffekt, der bisher viel zu wenig Beachtung gefunden hat: Tiere machen die Arbeit der menschlichen Pfleger leichter. Wo immer solche Versuche durchgeführt wurden, hat sich die anfangs eher skeptische Einstellung des Pflegepersonals in kürzester Zeit in einhellige Zustimmung umgewandelt: weil die Tiere nicht nur den Patienten sichtlich guttun, sondern auch ihren Pflegern, und weil auf der Station häufiger gelacht und mehr erzählt wird als früher.

Tiere als Kotherapeuten in der psychotherapeutischen Praxis

Ich komme nun zum Thema «Tiere als Therapie» im engeren Sinne. Es war vor allem der amerikanische Kinderpsychotherapeut Boris Levinson, der die Diskussion in Gang gesetzt hat. Wiederum verdankt sich die Entdeckung des tierischen Kotherapeuten einem Zufall. Levinson (1962, S. 60) berichtet darüber:

«Es ist jetzt gerade acht Jahre her, als ein Junge von seinen verzweifelten Eltern zu mir gebracht wurde, der über Jahre ohne Erfolg von anderen Therapeuten behandelt worden war. Weil dieses Kind sich immer weiter in sich zurückzog, hatte man den Eltern die Unterbringung des Jungen in einem Heim für psychisch gestörte Kinder angeraten. Ich zögerte sehr, den Fall zu übernehmen, aber ich stimmte immerhin zu, das Kind für ein diagnostisches Gespräch zu mir zu holen. Wie der glückliche Zufall es wollte, kamen die völlig verwirrten Eltern mit ihrem Kind eine Stunde zu früh zum Termin. Ich saß vertieft in meine Arbeit am Schreibtisch. Mein Hund lag zu meinen Füßen wie immer, wenn keine Patienten da waren. Ich empfing die Familie sofort und vergaß meinen Hund. Der lief, ohne zu zögern, auf das Kind zu, begrüßte es stürmisch und leckte ihm das Gesicht. Zu meiner Überraschung zeigte das Kind keine Angst, sondern kuschelte sich eng an den Hund und streichelte ihn. Die Eltern versuchten, die beiden zu trennen, aber ich gab ihnen ein Zeichen, das Kind in Ruhe zu lassen. Nach einiger Zeit fragte das Kind, ob der Hund mit allen Kindern spielen dürfe, die zu mir kämen. Als ich Ja sagte, meinte der Junge, dann wolle er wiederkommen und mit dem Hund spielen.»

Levinson nahm den Fall daraufhin an und setzte den Hund konsequent ein, um das Vertrauen des Kindes zu gewinnen und – über das Tier – zu einer präzisen Diagnose zu kommen und einen angemessenen Heilungsplan zu entwickeln. Zunächst spielte das Kind einige Sitzungen lang mit dem Hund. Allmählich übertrug der Junge seine Zuneigung zu dem Hund auf dessen Herrn und ließ Levinson mitspielen. Nach und nach gewann Levinson immer mehr Einfluß auf den Jungen, und schließlich wurde das Kind, das sich zuvor so vielen anderen Behandlungsversuchen widersetzt hatte, für konventionelle therapeutische Maßnahmen zugänglich.

Seit diesem Tag durfte Jingles, ein Golden Retriever, bei der Behandlung von Kindern, die sich das wünschten, dabei sein und auf seine Art mittun. Er ließ sich streicheln und füttern, er tollte mit den Kindern herum, solange er mochte, und er ging an der Leine mit, wenn ein Kind sich zutraute, ihn auf die Straße zu führen. Schüchterne Kinder munterte er durch sein fröhliches Spiel auf, und dominanten oder aggressiven Kindern zeigte er deutliche Grenzen. Die Kinder kamen Jingles zuliebe zur Sitzung, und der Arzt zog Gewinn aus der heiteren Stimmung in seiner Praxis.

Ebenso bedeutsam für die Entwicklung dieser neuen Idee wie Levinsons Schriften wurden die Studien des amerikanischen Ehepaars Sam und Elisabeth Corson. Wiederum war es ein Zufall, der ihr Interesse für Tiere als Kotherapeuten erregte:

Die Corsons sind Psychologen, keine Psychiater oder Psychotherapeuten, und mehr an empirischer Forschung interessiert als an der Behandlung von Kranken. In den 70er Jahren arbeiteten beide an einer Studie über Gefühlsstress und Sozialität als Bedingung für psychische Störungen. In einem Zwinger im Seitentrakt ihrer Klinik hatten sie Hunde untergebracht, deren Verhalten sie für diesen Zweck aufzeichnen wollten. Doch dazu kam es nicht mehr: Einige Patienten hatten die Hunde bellen gehört und baten, die Tiere sehen zu dürfen. Darunter waren auch Kranke, die zuvor noch kein einziges Wort gesagt, geschweige denn einen Wunsch ausgedrückt hatten. Manche wollten spontan bei der Fütterung und Pflege der Tiere mithelfen.

Diese Reaktion verblüffte die Forscher und ermutigte Ärzte und Pfleger so sehr, daß die Corsons ihr Forschungsziel kurzerhand umformulierten. Der Arbeitstitel hieß jetzt: eine Pilotstudie zur Überprüfung der Effekte durch Tiere als Kotherapeuten.

Für den Versuch wählte man lediglich solche Patienten, die auf konventionelle Behandlungsmethoden, wie Einzel- oder Gruppentherapien, Pharmatherapie, Elektroschocktherapie, Beschäftigungstherapie, Kunst- und Musiktherapie, nicht ansprachen.

Die Corsons versuchten zunächst, die Patienten in ein Gespräch über Tiere zu verwickeln. Hier zeigte sich wieder derselbe Effekt, der die Forscher zu ihrem Versuch angeregt hatte: Gerade Menschen, die sich besonders stark von ihrer Mitwelt abgekapselt hatten, reagierten lebhaft. Schon die bloße Nennung des Wortes «Hund» oder «Katze» löste positive Gefühlsreaktionen aus und brachte bei vielen das erste Gespräch zwischen Kranken und Ärzten in Gang.

Die Hunde, teilweise auch Katzen, wurden den Kranken entweder im Zwinger oder auf der Station präsentiert, einigen bettlägerigen Patienten auch im Bett. Wer wollte, durfte sich selbst ein Tier aussuchen, das ihm besonders gefiel und in Temperament und Charakter gut zu ihm paßte. Schon aus dieser Wahl zogen die Corsons erste Schlüsse darüber, was ein Patient sich wünschte, oder genauer: was er brauchte.

An dem Versuch nahmen fünfzig Patienten teil. Bei acht Kranken wurde die Interaktion zwischen Tier und Patient, Therapeut und Patient und zwischen Patient und Patient durch Videoaufnahmen dokumentiert. Von fünf Kranken wurden detaillierte Fallstudien gemacht.

Bei drei Patienten schlug der Versuch fehl. Sie nahmen kein Tier an. Alle anderen Kranken zeigten nach Schluß des Versuchs Zeichen von Besserung ihres Befindens, einige sogar in ganz erstaunlichem Ausmaß.

Wie lassen sich solche Effekte erklären? Die Corsons sahen das Tier in der Rolle eines «sozialen Katalysators». Die Kommunikation mit einem Tier bedeutet nach Corson einen ersten Schritt auf dem Weg zur Kommunikation mit dem Arzt und der menschlichen Mitwelt. Dies gilt ihrer Ansicht nach besonders für Kinder, Jugendliche und junge Erwachsene:

«Kinder und Heranwachsende haben häufig Probleme damit, ihren untergeordneten Rang mit einem offenen Kontakt zu Erwachsenen in Einklang zu bringen. Diese Probleme können auch im Umgang mit Gleichaltrigen auftreten, wenn jemand wenig Selbstwertgefühl und Selbstbewußtsein besitzt. Das Tier dagegen ist offenkundig von niedrigerem Rang als der Patient, so gering sein Selbstwertgefühl auch ausgeprägt ist. Es ist unwahrscheinlich, daß er mit dem Tier das erlebt, was er im Zusammenleben mit anderen Menschen immer wieder erfährt: Zurücksetzung und Demütigung. Die Grundidee liegt nun darin, dem Kranken ein Tier zuzuführen, das ihm keine Angst macht und das ihn liebt und bewundert. Dieses Tier dient dann als eine Art katalysatorischer Vermittler beim Aufbau von angemessenen und befriedigenden sozialen Interaktionen. Der Patient entwickelt zunächst durch nonverbale und taktile Interaktion eine gute Beziehung zum Tier. Dann dehnt sich allmählich der Kreis sozialer Kontakte erst auf den Arzt aus, der das Tier eingeführt hat, später auf andere Patienten und das Klinikpersonal. Und schließlich wird Schritt für Schritt auch die Welt außerhalb des Krankenhauses in diesen Kreis einbezogen. Die anfangs nonverbale Form der Interaktion wird dabei langsam durch verbale Kommunikation und eine breiter werdende Palette verschiedener Stimmungen und Gefühle ersetzt» (Corson 1975, S. 285).

Was bewirkt diesen Effekt? Corsons Theorie der sich langsam ausdehnenden Kreise sozialer Beziehung durch tierische Kotherapeuten wurde durch zahlreiche weitere Studien im Laufe der letzten zehn Jahre vertieft und ergänzt. Eine schlüssige Begründung und Erklärung des Phänomens fehlt aber noch. Autoren aus unterschiedlichen Richtungen der Psychologie, Psychiatrie und Psychotherapie bieten verschiedene Begründungsansätze, aber keiner ist für sich allein überzeugend genug. Für uns ist aber die Hauptsache: Sie alle arbeiten mit Tieren, und alle Studien, gleichgültig auf welche Theorie gründend, zeigen dieselben günstigen Wirkungen von Tieren im psychotherapeutischen Umfeld: ob im eigenen Haushalt des Kranken, in der Therapiepraxis oder auf der psychiatrischen Station einer Klinik.

Tiere zu halten, ersetzt keine andere Therapieform. Das Tier ist nicht selbst Therapeut, aber es dient als Vermittler und Brücke zwischen dem Kranken und seinem Arzt.

Die deutlichsten Effekte lassen sich in der Kinderheilkunde beobachten. Über ein Tier gewinnt der Therapeut oder die Therapeutin das Vertrauen des Kindes und kann so mit der Zeit immer stärkeren Einfluß auf die kindliche Psyche ausüben. Das Tier fungiert gewissermaßen als Eisbrecher.

Die Eisbrecherfunktion des Tieres bekommt noch größere Bedeutung, wenn das Kind aus einem sozial benachteiligten Elternhaus stammt. Ein solches Kind schließt sich dem Therapeuten, dessen vornehme Praxis eine ganz andere Welt als seine eigene repräsentiert, nicht von selbst auf. Das freundliche Willkommen durch ein Tier kann den Kulturschock mindern und dem kleinen Patienten einen Eindruck von Häuslichkeit und Geborgenheit vermitteln.

Aber das Tier erleichtert nicht nur den Beginn der Behandlung. Es bleibt in der Folge ein wichtiger Kotherapeut, als natürliches «Material» für die Spieltherapie; als Kuscheltier, das ein Kind – weil es nicht ein Stofftier, sondern real ist – in die Realität zurückführen kann; als Modell und als Führer und einfach: als Freund und Gefährte.

Nach so viel Lob für Tiere als Kotherapeuten sind jetzt Einwände nötig. Ich nenne nur zwei:

Werden die Tiere bei ihrem «Einsatz» zu humanen Zwecken nicht instrumentalisiert? Leiden sie vielleicht sogar? Hier ist in der Tat große Vorsicht geboten, und nur ein angemessener Einsatz des jeweils angemessenen Tieres bannt die Gefahr. Einzig eine artgemäße Haltung von Hund, Katze, Pferd und Vogel garantiert die gewünschte Genossenschaft von Mensch und Tier. Schon aus diesem Grund müssen in Programmen, wie zum Beispiel Tiere in Altenheimen, im Schulzoo, psychiatrischen oder Strafvollzugsanstalten, Zoologen, Verhaltensforscher und Veterinärmediziner mitwirken. Ohne ihren Rat und ihr eigenes Mittun kann man unter Umständen mehr Schaden als Gutes bewirken, und zwar bei Menschen *und* Tieren: Tiere suchen von sich aus den Kontakt mit dem Menschen und erleben ihn dann als beglückend, wenn solche Verbindungen ihrer Natur entsprechen. Es kommt also darauf an, ihre Lebensverhältnisse so zu gestalten, daß sie zufrieden sind: Humanität im Dienste von Mensch *und* Tier.

Ein zweiter Einwand ist forschungsstrategischer Art. Er betrifft die Unsicherheiten von Messungen dieser Effekte. Es ist zwar evident, daß Tiere auf Menschen heilsame Wirkung ausüben, aber es ist außerordentlich schwierig, die in Rede stehenden Faktoren einer Beziehung von Menschen und Tieren exakt zu belegen. Auch gibt es bisher nur wenige Studien zum Thema. Schon deshalb stehen die vorliegenden Ergebnisse noch auf unsicherem Boden. Problematischer ist, daß nur die wenigsten der bisher vorliegenden Studien im strengen Sinne wissenschaftlichen Ansprüchen genügen. Repräsentative Studien sind selten; es handelt sich überwiegend um Fallstudien, und vielen lag kein sauberes Forschungsdesign zu Grunde. Das war auch häufig nicht möglich, weil die Studien eher zufällig entstanden: Man entdeckte – in der Verfolgung ganz anderer Ziele und Zwecke – überraschende Reaktionen auf einen schwanzwedelnden Hund, eine schnurrende Katze oder einen trillernden Vogel und stellte das Experiment spontan auf das neue Forschungsziel um. Für förmliche Versuchsreihen hatte man keine Zeit.

Die bisher vorliegenden Studien besitzen deshalb zwar viel Plausibilität, beweisen aber meist wenig. Dieser Einwand eines nicht streng empirischen Vorgehens betrifft aber die Psychiatrie und Psychotherapie generell: Wer könnte, wenn ein Mensch geheilt ist oder Besserung spürt, empirisch nachweisen, daß sich seine Gesundung der Therapie eines Psychiaters verdankt und nicht ganz anderen Einflüssen oder dem Zufall? Ist eine Besserung tatsächlich, das heißt ursächlich mit dem Kontakt zu Tieren verknüpfbar? Oder handelt es sich um einen Placebo-Effekt: Bringt das Tier etwa nur deshalb vorübergehend einen Fortschritt, weil grundsätzlich jedes neue Element in der Behandlung und jede besondere Zuwendung für kurze Zeit Besserung bewirkt? Wird sich die Idee tierischer Kotherapeuten also eines Tages als Seifenblase erweisen, unter der Kritik gründlicher Forschung? Hier hilft nur weitere Forschung mit sauberen Forschungsdesigns. Vorläufig aber genügt die Offensichtlichkeit heilsamer Wirkung von Tieren auf Menschen, um uns zu ermuntern, den Versuch einfach zu wagen und selber zu sehen.

Außer dem pädagogisch-therapeutischen Nutzen gibt es noch einen allgemeinen wichtigen Grund, dem Thema Mensch-Tier-Beziehung nachzugehen. Und damit komme ich zum Schluß:

Das Verhältnis des Menschen zur Natur ist in eine tiefe Krise geraten. Wir suchen wieder Anschlüsse, die uns verlorengegangen sind. Zusammen mit der Unbewohnbarkeit unserer Erde wächst eine Gefahr, die in dem Weg abendländischen Geistes angelegt war: Die Sinnfrage wird in dem Maße quälend, in dem wir nur noch Selbstgedachtem und Selbstgemachtem begegnen. Natur hat längst aufgehört, uns als ein «Draußen» zu begegnen, mit Geheimnissen und Überlegenheiten, Bedrohlichem und Bergendem. Wir leben immer mehr in einem «selbstreferentiellen System». Wirklichkeit begegnet uns immer mehr als «Drinnen», als Organisation des menschlichen Gehirns. Auf diese Weise bleiben wir immer bei uns selbst, und die Natur ist zum Material unseres Herrschaftswillens verkommen.

Zu unserer Lebensqualität als Menschen gehören aber auch Dinge, die wir nicht selber machen können, weil sie «von draußen» kommen und uns mit Natur und Kosmos verbinden. Der Umgang mit Tieren entspringt einer Sehnsucht nach dieser verlorenen Welt, aus der wir letztlich selbst stammen. Konrad Lorenz hat es so formuliert:

«Der Preis, den der Mensch für Kultur und Zivilisation zu zahlen hatte, war die Auflösung dieser Bindung, die zerrissen werden mußte, um dem Menschen die Freiheit des Willens zu geben. Aber unsere unaufhörliche Sehnsucht nach dem verlorenen Paradies ist nichts anderes als das halb unbewußte Verlangen nach diesen zerrissenen Banden» (zitiert nach Bustad 1983, S. 178).

Tiere können Brücken bilden zu diesem verlorenen Paradies: in wortloser Verständigung, durch Streicheln und Schmusen, durch Paarsitzen oder Herumtollen, in gemeinsamem Atmen.

Wer bereit ist, Tiere in sein Leben zu lassen, wird auf vielen Feldern eine größere Durchlässigkeit für Gesichtspunkte gewinnen, die ihm bisher als irrational oder unordentlich, ineffektiv oder verächtlich galten.

Tiere brauchen Toleranz, und das buchstäblich: im Blick auf Zeit und Raum, Geduld und Einfühlung. Sie funktionieren nicht wie ein Auto. Wer Nutzen von ihnen haben will, muß ihnen immer auch dienen, und das heißt ihrer Natur zu Willen sein. Mehr denn je sind wir auf Tiere angewiesen, weil wir ohne sie nicht menschlich bleiben.

Günter Altner

Seelenleben der Pflanzen – Grundsätze und Perspektiven einer umfassenden Bioethik

Das Stichwort «Seelenleben der Pflanzen», wie es in unserem Thema als Leitmotiv angegeben wird, könnte zu der Vermutung verführen, als ginge es im folgenden nur um die Pflanzen. Die auch für die Pflanzenwelt vorauszusetzende Innerlichkeit des Lebens ist aber als eine generelle Herausforderung für die Öffnung der menschlichen Naturerfahrung gemeint. In der Krise der technischen Zivilisation werden nicht nur die quantifizierbaren Defizite im Mensch-Natur-Verhältnis offenbar, es zeigen sich auch die Verengungen, die im menschlichen Bewußtsein im Gegenüber zur Natur eingetreten sind. Insofern eröffnet die Überlebenskrise auch die Chance, über äußere Öko-Korrekturen hinaus neue Dimensionen einer erweiterten und vertieften Naturerfahrung bloßzulegen und zu erschließen. Auf der Grundlage eines solchen Öffnungsprozesses soll dann schließlich auch von den Handlungsgrundsätzen und -perspektiven einer alle Lebensformen einschließenden Ethik die Rede sein. Vier Schritte sind es also, die im folgenden gegangen werden sollen:

1. die Zerreißung zwischen Natur- und Menschengeschichte;
2. Aufblendung der reduzierten Erfahrungsdimensionen im Verhältnis von Mensch und Natur;
3. Handlungsgrundsätze einer allgemeinen Ehrfurcht vor dem Leben;
4. Handlungsfelder und Perspektiven.

Leitbegriff ist bei diesem Vorgehen das Seelenleben der Pflanzen insofern, als eine solche umfassende Ehrfurcht über den tiermenschlichen Bezug hinaus selbstverständlich auch die Pflanzen und die durch sie eröffneten Dimensionen des Lebens mit einschließen muß.

1. Die Zerreißung zwischen Natur- und Menschengeschichte

Die Geschichte des Lebens auf der Erde beträgt ca. 4 Milliarden Jahre. Im Zuge eines vielschrittigen Variationsprozesses, den die naturwissenschaftliche Biologie unter den Aspekten von Vererbung und Auslese interpretiert, ist so die ganze irdische Formenvielfalt unter Einschluß des Menschen entstanden. Freilich ist mit dem Hervortreten des Menschen ein Risikofaktor ins Spiel gekommen, der durch die für den Menschen typische Bearbeitung der Natur zu zahlreichen Störungs- und Kipp-Prozessen geführt hat. Es sei in diesem Zusammenhang nur an die Veränderungen erinnert, die die antiken Kulturen im Mittelmeerbereich hervorgerufen haben. Global und rahmensprengend wurden die durch die menschliche Fortschrittsgeschichte bedingten Veränderungen, als nach 1945 die technische Zivilisation zur alleinigen Grundlage der Bewirtschaftung der Erde wurde. Die Steigerung des Naturverbrauchs pro Kopf in den reichen Ländern, aber auch die dynamische Entwicklung der Bevölkerungsdichte auf der Erde führten zu einer außerordentlichen Beanspruchung der großen natürlichen Gleichgewichte: Luft, Boden, Wasser, Vegetation, Wälder, Klima.

In dem 1972 veröffentlichten Bericht des Club of Rome mit dem Titel «Die Grenzen des Wachstums» wurden diese Entwicklungen zum ersten Mal systematisch analysiert. Die generelle Voraussage war, daß unter der Voraussetzung einer unveränderten Fortschrittsdynamik Mitte des nächsten Jahrhunderts große soziale und ökologische Zusammenbrüche erfolgen müßten. Inzwischen zeigt sich, daß die vorausgesagten Krisen früher eintreten. Der erste Bericht des Club of Rome hat im Blick auf die internationale Diskussion äußerst anregend und weiterführend gewirkt. Machte er doch auf der einen Seite die Gefahren des ungehemmten weltweiten Verbrauchs von Ressourcen und Umwelt deutlich und provozierte er doch auf der anderen Seite komplexere Szenarienbetrachtungen, die nicht zuletzt im Brundtland-Bericht 1986 ihren Niederschlag fanden. Seitdem macht das Stichwort vom «nachhaltigen Wachs-

tum» die Runde. Gemeint ist damit ein Fortschrittskonzept, das die schnelläufige zivilisatorische Dynamik der Menschheit mit der vielschrittigen langsamen Naturgeschichte in Einklang hält.
Wir wollen im folgenden den alarmierenden Zerreißungsprozeß zwischen Natur- und Menschheitsgeschichte am Beispiel der CO_2-Kurve analysieren (s. Abb. S. 134).

Die CO_2-Kurve, wie sie in unserer Abbildung dargestellt ist, zeigt die Konzentration des CO_2-Gases in der Atmosphäre. Das Ansteigen der CO_2-Konzentration in der Erdatmosphäre seit 1945 ist das Ergebnis einer sprunghaft zunehmenden Verbrennung von fossilen Energien (Holz, Kohle, Öl und Gas). Auf der anderen Seite hat eben diese Zunahme einen verhängnisvollen Effekt. Das verdichtete CO_2 wirkt in der Erdatmosphäre wie ein Wärmekäfig, in dem sich die von der Sonne kommende Energie – wie in einem Gewächshaus – fängt. Die Experten sagen voraus, daß bei weiterem Ansteigen der CO_2-Konzentration in der Erdatmosphäre das Weltklima in den nächsten Jahrzehnten um ca. 1,5–4,5°C ansteigen wird. Im Gefolge dieses Anstiegs werden die Eiskappen an den Polen abschmelzen, was wiederum Überschwemmungen in küstennahen Ländern zur Folge haben wird. Zudem werden sich die Wüsten- und Steppengürtel weiter nach Norden verlagern. Hiervon wären in besonderer Weise die Entwicklungsländer betroffen. Ohne Zweifel ist es so, daß das Eintreten der Klimakrise die Siedlungsstrukturen und die Ernährungssituation der menschlichen Gesellschaft schwerstens beeinträchtigen würde. Aber es wäre eben auch die allgemeine ökologische Situation in den Kontinenten einem radikalen Wandel unterworfen.
Fragt man nach den Verursachern dieser Krise, so läßt sich mit sehr eindeutigen Statistiken dartun, daß die Industrieländer mit ihrem überproportionalen Wachstum in den zurückliegenden Jahrzehnten zu 85 % als die Urheber gelten müssen. Selbstverständlich wird in der Zukunft die Zunahme der Weltbevölkerung eine weitere bedrohliche Steigerung bringen. Dies würde auch dann gelten, wenn der Unterschied im Energieverbrauch zwischen reichen und armen

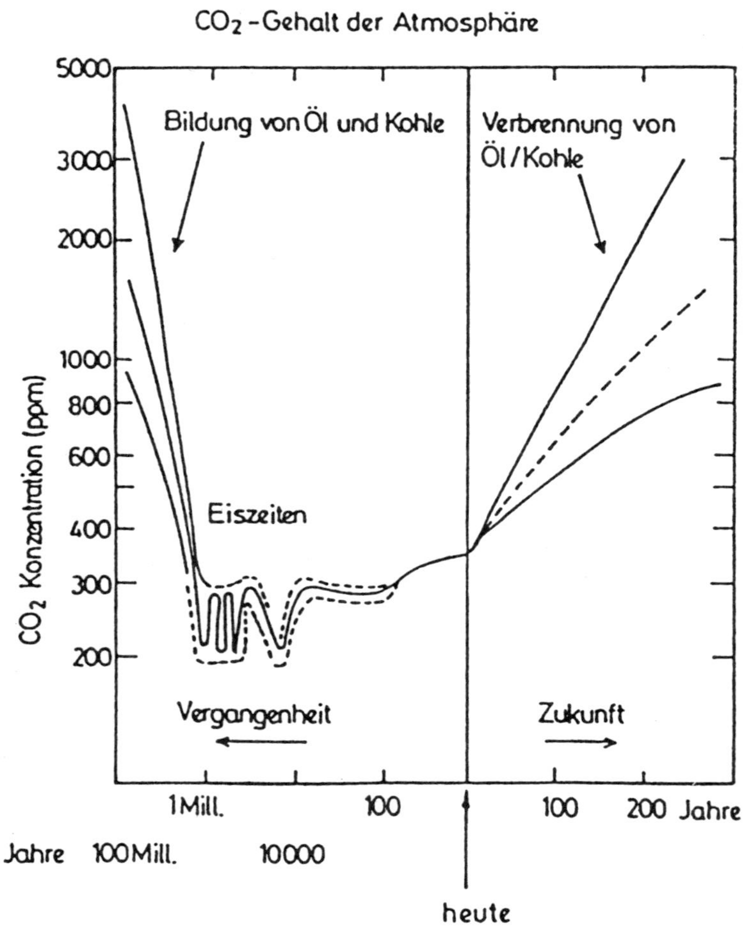

Die Abbildung zeigt den CO_2-Gehalt der Atmosphäre in den letzten 100 Millionen Jahren sowie eine Hochrechnung für die nächsten 300 Jahre. Die Abnahme der CO_2-Konzentration zwischen 100 und 1 Million Jahren v. Chr. wird auf die Einbindung von CO_2 durch Photosynthese in Pflanzen mit anschließender Ablagerung als (Braun-)Kohle zurückgeführt (aus: Science, 2. Mai 1986, S. 573).

Ländern erhalten bliebe. Wir kehren an dieser Stelle zu unserer CO_2-Kurve zurück.
Bedeutsam für die Interpretation der Kurve ist der zeitliche Bezug, der auf der horizontalen Achse in Maßeinheiten abgetragen ist. Ausgehend von dem mit «heute» gekennzeichneten gegenwärtigen Standpunkt zeigt der Kurvenverlauf die Entwicklung in Vergangenheit und Zukunft. Dabei ist zu beachten, daß in der Vergangenheit die Zeit sehr gedrängt dargestellt ist. Hier geht es um 100 Millionen Jahre. Hingegen ist die Zukunft gedehnt dargestellt. Hier geht es nur um 300 Jahre. Und nun ist das für den Betrachter ganz offensichtlich Dramatische, daß die Abnahme der CO_2-Konzentration vor 100 Millionen Jahren heute durch das Hochschnellen der CO_2-Kurve innerhalb weniger Jahrzehnte beziehungsweise Jahrhunderte wieder aufgehoben werden könnte.
Wie kam es eigentlich, daß die CO_2-Konzentration in der Erdatmosphäre vor 100 Millionen Jahren so dynamisch absank? Hier spätestens müssen wir auf die Pflanzen zu sprechen kommen. Die Pflanzen sind durch ihr Blattgrün befähigt, CO_2 in ihren Stoffhaushalt mit Hilfe der Sonnenenergie einzubinden und die für sie typischen Kohlenstoffverbindungen zu bilden. Im Zuge dieses Stoffwechsels wird durch die Pflanzen Sauerstoff abgeschieden. Als die Pflanzen vor 100 Millionen Jahren die Erde mit ihrem Grün zu umkleiden begannen, brachten sie jenen erstaunlichen Prozeß der Einbindung von CO_2 und der Freisetzung von O_2 zustande, der von da ab die Grundlage für die Entwicklung allen höheren Lebens auf der Erde wurde. Der Kurvenverlauf in unserem Schema zeigt sehr schön, daß auch der Klimawechsel während der Eiszeiten im wesentlichen dieses System nicht außer Kraft zu setzen vermochte. Erst der Energiehunger des neuzeitlichen Menschen mit seiner Verbrennung der fossil gewordenen pflanzlichen Kohlenstoffverbindungen (Kohle, Öl, Gas) führte zum Durchbrechen des von so langer Hand eingeregelten Klimasystems.
Wie gewaltig sind die Veränderungsmöglichkeiten des neuzeitlichen Menschen und seiner technischen Instrumente! Wie großartig ist aber auch die Lebensleistung der Pflanzen. Sie sind im Gegen-

satz zu Menschen und Tieren in der Lage, die unbelebte Materie dem Leben anzuverwandeln. (Das gilt im übrigen auch für alle ozeanischen Mikroorganismensysteme, die zur Photosynthese befähigt sind.) Ohne die Pflanzen und die von ihnen durch die Einbindung von CO_2 produzierten Kohlehydrate, Öle, Fette und Eiweiße können die höheren Lebensformen, unter Einschluß des Menschen, nicht existieren. Gewiß, Menschen und Tiere fressen Tiere, aber das Fundament für diese Existenzweise sind die Pflanzen, die als Tiernahrung zur Verfügung stehen.
Zu meiner Überraschung fand ich in der berühmten Schrift von Gustav Theodor Fechner «Nanna oder über das Seelenleben der Pflanzen» (1848) genau diese Leistung der Pflanzen als Ausdruck ihres Seelenlebens beschrieben. Wenn wir von dem Seelenleben der Pflanzen und generell vom Seelenleben der Lebensformen sprechen, so meinen wir damit nicht einen von der Struktur des Lebens abgrenzbaren Sonderbereich, über den man im Falle der Pflanzen auch nur spekulieren könnte, es geht vielmehr um den Ausdruck der genuinen Lebensleistung der Pflanzen, die sie in der großen Werde- und Vergehensgeschichte der Natur erbringen. Und in bezug darauf ist von der eigentümlichen Fähigkeit der Pflanzen zu sprechen, daß sie die tote Materie dem Leben anzuverwandeln vermögen und dies so tun, daß auf dieser Grundlage das Leben variiert fortschreiten kann.

«Die Pflanzen», so schreibt Fechner, «bereiten bloß das Tote zum Übergange ins Leben vor, aber dieser Prozeß steht selbst noch auf der Zwischenstufe zwischen Leben und Tod. Ich frage dagegen: verrät es nicht mehr Lebenskraft, das Tote lebendig zu machen, als Lebendiges wandeln? Die Pflanze macht aus roher Erde, Wasser, Luft und faulen Stoffen herrliche Gestalt und Farbe; das Tier hat nur weniger noch zu tun, um den schon so dem Leben anheimgefallenen Stoff dann in sich zu wandeln.... Es scheint, daß die Pflanzen gar nicht Selbstzweck seien, sondern nur fremden Zwecken dienten.»[1]

In eben diesem Sinne interpretiert Fechner dann auch den CO_2-Zyklus:

«Indem die Pflanze aus dem Atem und den Produkten des Feuers Nahrung schöpft, hat sie freilich gleich eine Gegenleistung dafür zu machen. Nähme sie die Kohlensäure aus der Luft nicht an sich, würde diese immer mehr verderben, weil die Kohlensäure als Produkt des Atmens oder Verbrennens selbst nicht mehr dienen kann, das Atmen oder Feuer anzufachen und zu unterhalten, vielmehr erstickt beides, wo Luft sich mit zu viel Kohlensäure beladet. Nun aber stellt die Pflanze, indem sie diesem Gase seinen Kohlenstoff entzieht, daraus wieder die Lebenslust (den Sauerstoff) her, welche ursprünglich für Atmen und Verbrennen diente, und erhält durch Rückgabe derselben an die Atmosphäre diese immer frisch und munter für Unterhaltung von Leben und Feuer. So ergänzen sich Pflanzen- und Tierwelt in ihren Zweckleistungen.»[2]

So offenbart der Zerreißungsprozeß zwischen Natur- und Menschengeschichte in der Gestalt der CO_2- und Klimakrise das tiefere Geheimnis des pflanzlichen Lebens, das man – weit über die einzelne Pflanze hinaus – als das Seelenleben oder die Selbstzwecklichkeit der irdischen Lebenswelt insgesamt bezeichnen könnte. Und würden wir als bewußte Lebewesen in der Überlebenskrise nicht so sehr nach Abhilfe suchen, wenn wir nicht an eben diesem Leben als etwas sehr Sinnvollem hingen und um seine Bewahrung kämpften?! So setzt sich in unserer Sorge um das Überleben etwas von jenen fundamentalen Intentionen fort, wie sie durch die Pflanzen vor Jahrmillionen eröffnet wurden.

2. Aufblendung der reduzierten Erfahrungsdimensionen im Verhältnis von Mensch und Natur

Aufgeschreckt durch die ökologische Krise versucht eine wachsende Zahl von Menschen, ein neues unmittelbares Verhältnis zur Natur zu gewinnen. In diesem Zusammenhang ist von Partnerschaft, Mitkreatürlichkeit und Mitwelt die Rede. In diesen Begriffen ist ein wie immer zu definierender Eigenwert der Natur vorausgesetzt. Es ist ganz offensichtlich, daß hier über den tiefen, durch die technische Zivilisation aufgerissenen Graben zwischen

Mensch und Natur hinweg Beschwörungen einer verlorengegangenen und wieder erhofften Nähe ausgesprochen werden. Es geht um Versuche zur Wiederbelebung.

Der hier vertretene Ansatz nimmt seinen Ausgangspunkt nicht bei der Selbstdefinition des modernen Menschen im Gegenüber zur Natur, er interpretiert vielmehr den Menschen im Kontext eines Werdezusammenhangs, der in allen seinen Lebensformen als ein Zuwachs von Sinn- und Lebensgarantie aufgefaßt wird und von daher im Bewußtsein des Menschen den Gedanken der Ehrfurcht vor dem Leben nahelegt. Hier wird also an die evolutionäre Definition des Lebens im Sinne einer dynamischen Schöpfungsgeschichte angeknüpft.

Wie anders ist die Situation in dem von den modernen Naturwissenschaften vorausgesetzten Erkenntnisprinzip. Hier gilt seit René Descartes (1596–1650) das Prinzip, an Natur berechenbar zu machen, was berechnet werden kann. Alles andere an Natur verfällt in diesem Erkenntnisverfahren der Ausblendung. Die Natur figuriert im naturwissenschaftlichen Erkennen nur als Objekt im Gefolge der an ihr vollzogenen experimentellen Zurichtung. Hingegen wird das Subjekt des erkennenden Naturwissenschaftlers prinzipiell ausgeklammert. Es ist die unbestrittene Instanz, die nicht hinterfragt wird. Eine Berücksichtigung des Naturwissenschaftlers als denkende und fühlende Person würde hier nur stören. Die ersten großen Pioniere der neuzeitlichen Naturwissenschaft – Galilei, Kepler, Newton – haben diese geradezu inquisitorische Erkenntnissituation und die mit ihr verbundene Entsinnlichung des Mensch-Natur-Verhältnisses als Grundbedingung exakter Naturerkenntnis programmatisch gefordert.

Im Gegenüber zu dieser so klar geregelten Erkenntnissituation, in der die denkende Vernunft und die erkannte Natur verbindungslos einander gegenüberstehen, muß das Mensch-Natur-Verhältnis des Künstlers, aber auch jedes Alltagsmenschen als von Sinnlichkeit überschwemmt bezeichnet werden. Hier gibt es keine definierte Distanz! Keine objektive Aussage über die Natur! Hier ist die Natur, wie der Maler Caspar David Friedrich sagen konnte, «Membran menschlicher Erfahrungen und Leiden».[3] Der Mensch spiegelt sich in der Natur, und die Natur spiegelt sich im Menschen. Jene bereinigte Distanziertheit des wissenschaftlich-technischen Naturverhältnisses prägt zutiefst das neuzeitliche Bewußtsein und die aktuelle Nutzungspraxis im Umgang mit der Natur. Sie wird in der Gestalt immer früher einsetzender Prägungs- und Lernprozesse zum Gemeingut des menschlichen Bewußtseins heute und zum Grundgesetz des in die Selbstzerstörung führenden Fortschrittsprozesses.

Der so skizzierte Mensch-Natur-Dualismus steht im diametralen Widerspruch zu jenem Ansatz der Bioethik, wie er hier vertreten wird. Bioethik ist also die Wiederaufblendung des so eng geführten Mensch-Natur-Verhältnisses, wie es in der Geschichte der neuzeitlichen Naturwissenschaften dogmatisiert wurde. Ohne die kritische Durchleuchtung der durch die modernen Naturwissenschaften geprägten Erkenntnissituation ist die Bioethik zu bedeutungsloser Inselhaftigkeit und Idylle verurteilt. Alle jene ethischen Versuche, die den technisch-industriellen Fortschritt durch eine nachträgliche Begrenzung weichzumachen versuchen, sind zum Scheitern verdammt. Es käme vielmehr darauf an, im Erkenntnis- und Erfahrungsansatz selber neue Formen des Miteinanders von Mensch und Natur zu erreichen.

Es ist mit Recht immer wieder darauf aufmerksam gemacht worden, daß es in bestimmten Bereichen der Naturwissenschaften, insbesondere im Bereich der Biologie, und hier unter besonderer Berücksichtigung von Ethologie und Ökologie, noch Reste eines über die exakten Methoden hinausgehenden, breiteren Methoden- und Erfahrungsspektrums gibt. Ganzheitliche Betrachtungsweisen, in denen man die Natur so nimmt, wie sie sich im menschlichen Erleben gibt. Der große jüdische Philosoph Martin Buber hat in seinem Buch «Ich und Du» am Beispiel des Baumes deutlich gemacht, welche Begegnungsmöglichkeiten im Mensch-Natur-Kontakt vorhanden sind und wie stark diese Palette an Erfahrungsmöglichkeiten eingeengt wird, wenn nur noch der Es-Aspekt, der Aspekt der Objektivität an Natur zur Kenntnis genommen wird:

«Ich betrachte einen Baum.
Ich kann ihn als Bild aufnehmen: starrender Pfeiler im Anprall des Lichts, oder das spritzende Gegrün von der Sanftmut des blauen Grundsilbers durchflossen.
Ich kann ihn als Bewegung verspüren: das flutende Geäder am haftenden und strebenden Kern, Saugen der Wurzeln, Atmen der Blätter, unendlicher Verkehr mit Erde und Luft – und das dunkle Wachsen selber.
Ich kann ihn einer Gattung einreihen und als Exemplar beobachten, auf Bau und Lebensweise.
Ich kann seine Diesmaligkeit und Geformtheit so hart überwinden, daß ich ihn nur noch als Ausdruck des Gesetzes erkenne – der Gesetze, nach denen ein stetes Gegeneinander von Kräften sich stetig schlichtet, oder der Gesetze, nach denen die Stoffe sich mischen und entmischen.
Ich kann ihn zur Zahl, zum reinen Zahlenverhältnis verflüchtigen und verewigen.
In all dem bleibt der Baum mein Gegenstand und hat seinen Platz und seine Frist, seine Art und Beschaffenheit.
Es kann aber auch geschehen, aus Willen und Gnade in einem, daß ich, den Baum betrachtend, in die Beziehung zu ihm eingefaßt werde, und nun ist er kein Es mehr. Die Macht der Ausschließlichkeit hat mich ergriffen.»[4]

Es gibt also viele Methoden der Naturerfahrung und Naturerkenntnis: weiche und harte und dazwischen eine breite Palette an Zwischenformen, in denen das rechnende Argument durchaus aufgehoben sein kann, die aber im rechnenden Kalkül allein nicht aufgehen. Buber hat in dem zitierten Text das ganze Spektrum des Mensch-Natur-Verhältnisses zwischen der Alternative «Begegnung – Begreifen» seherisch durchlaufen. Auf wie verschiedene Weise können wir mit und über den Baum Erfahrungen sammeln! Auf wie verschiedene Weise können wir dem Leben in seinen vielfältigen Ausformungen begegnen! Auf wie verschiedene Weise können wir mit und über die Lebewesen Erfahrungen sammeln!
Einer der großen Meister des methodischen Geöffnetseins hin zur belebten Natur ist der Verhaltensforscher Konrad Lorenz gewesen. Er hat ganz bewußt ein breites, bis hin zu ganzheitlichen Erfahrungen reichendes Methodenspektrum gepflegt und sehr erfolgreich

gehandhabt, aber er hat davon auch sehr persönlich berichtet und darüber Auskunft gegeben.

«Wenn ich», so schreibt Lorenz, «auf einem Spaziergang in den Donauauen den sonoren Ruf der Rabenkrähe höre und auf meinen antwortenden Ruf der große Vogel hoch droben am Himmel die Flügel einzieht, in sausendem Fall herniederstürzt, mit kurzem Aufbrausen abbremst und in schwereloser Zartheit auf meiner Schulter landet, so wiegt dies sämtliche zerrissenen Bücher und sämtliche leergefressenen Enteneier auf, die der Rabe auf dem Gewissen hat.»[5]

Das Tier wird hier ganzheitlich als vergleichbarer Artgenosse aufgefaßt, mit dem ich in soziale Kommunikation treten kann. Eine Kommunikation, die es mir durchaus erlaubt, im Blick auf sein Tiersein und sein Verhaltensrepertoire durchaus belastbare wissenschaftliche Schlüsse zu ziehen. Dennoch handelt es sich um eine elementare Begegnung mit der Mitkreatur, bei der ganzheitliche Gestaltwahrnehmung zum Fundament der Begegnung wird. Erstaunlich an Bubers Betrachtung des Baumes ist die Tatsache, daß solche ganzheitlichen Erfahrungen eben nicht nur im Tierreich, sondern auch in der Begegnung mit dem Pflanzenreich möglich sind.
So gibt es also in der Erfahrungswelt des Menschen zwei Wege der Annäherung, den harten Erkenntniszugriff und die geöffnete, weiche Erfahrungs- und Begegnungsdimension. Je nachdem welchen Weg man beschreitet, erscheint die Natur als Du und als Mitkreatur oder als Es, als Sache und als Wirtschaftsgut. Zu den wehmütigsten Aussagen in Bubers Ich-Du-Philosophie gehört das Eingeständnis der «erhabenen Schwermut» des menschlichen Loses, daß jedes Du in unserer Welt zum Es werden muß, wenn wir uns über die Spontaneität der Begegnung hinaus orientieren wollen. Dabei stehen freilich alle jene Variationen an ganzheitlicher Erfahrung zur Verfügung, wie sie durch die Beispiele von Martin Buber und Konrad Lorenz dokumentiert wurden. Der neuzeitliche Erkenntnisfortschritt freilich hat sich entschlossen, den hart definierten Weg des René Descartes mit seiner ausnahmslosen Berechnung der Natur

als Objekt konsequent zu Ende zu gehen. Dieser Erkenntnisanspruch ist sehr nutzungsträchtig, aber je länger er zur Auswirkung kommt, bringt er die Dimension der Mitmenschlichkeit und Mitkreatürlichkeit zum Verschwinden, bis schließlich auch das so vermeintlich souveräne Forscher-Ich in den Sog dieser Bemächtigung gerät.
Aber auch die Natur hat diese Einseitigkeit des erkennenden Zugriffs zu büßen. Erhard Kästner sprach in den späten siebziger Jahren vom Aufstand der Dinge im Gefolge ihrer totalen technisch-wissenschaftlichen Unterwerfung:

«Wird es sich nicht als schrecklicher Irrtum erweisen, wenn man meint, die Dinge, die nunmehr an Stelle der Sklaven versklavt sind, ertrügen den Terror, ohne je eine Rechnung zu stellen?»[6]

Inzwischen schlagen die Dinge in der Gestalt der Überlebenskrise zurück. Die großen Regenerationspotentiale der Erde verweigern sich dem Menschen und seinen Nutzungsbedürfnissen.

3. Handlungsgrundsätze einer allgemeinen Ehrfurcht vor dem Leben

Es gehört zu den bewegenden Momenten der heutigen Krise im Mensch-Natur-Verhältnis, daß zahlreiche Betroffene – Wissenschaftler, Künstler, Umweltschützer – umzudenken beginnen und ihren Naturbezug auf eine neue Grundlage zu stellen versuchen. Gewiß ist es vernünftig, bei der Bewirtschaftung von Pflanzen, Tieren und Mikroorganismen so vorzugehen, daß Raubbau vermieden und die Lebensrechte kommender Generationen beachtet werden. Hier ginge es also um Rücksichtnahme im Umgang mit der Natur um des Menschen willen. Es ist unvernünftig und unmenschlich, die Bewirtschaftung der Natur so voranzutreiben, daß die eigenen Existenzgrundlagen zerstört werden. Man soll den Ast, auf dem man sitzt, nicht absägen! Ohne Zweifel würde es zu einem

weitreichenden Konzept der Vorsorge beitragen, wenn diese Einsicht zur allgemeinen Handlungsgrundlage werden würde.
Über den beschriebenen anthropozentrischen Standpunkt hinaus muß jedoch die Frage zugelassen sein, ob die nichtmenschlichen Lebewesen in ihrem Dasein und Sosein nicht einen eigenen Wert darstellen, der der Achtung des Menschen bedarf. Erst mit dieser Öffnung hin zur Mitkreatur wäre die Möglichkeit für eine allgemeine Bioethik gegeben, in der auch die Pflanzen eine ihnen gemäße Achtung bekämen. In eben diesem Sinne hat eine Gruppe österreichischer Naturwissenschaftler ihre Initiative für mehr Umweltschutz begründet:

«Jede Form von Leben ist einzigartig und muß unabhängig von ihrem augenblicklichen Nutzwert für den Menschen geachtet und im Sinne einer elementaren Kulturleistung vor gedankenloser Ausrottung bewahrt werden.»[7]

Die Natur figuriert hier nicht als beliebig verfügbares Nutzungsobjekt des Menschen, sie wird vielmehr in ihrer Geschichtlichkeit unter besonderer Beachtung der Einzigartigkeit von Lebensformen zur Kenntnis genommen. Unter der Voraussetzung dieses Grundsatzes würde jeder Schritt, der die Geschichtlichkeit der Natur einengt und die Einzigartigkeit der Lebensformen ignoriert, als verwerflich erscheinen.
Hans Jonas ist über den zitierten Grundsatz der «Österreichischen Naturwissenschaftler für den Umweltschutz» noch weiter hinausgegangen. In einem Vortrag aus Anlaß des hundertjährigen Bestehens der Firma Hoechst in Frankfurt heißt es warnend: «Wir müssen wieder Furcht und Zittern lernen und, selbst ohne Gott, die Scheu vor dem Heiligen.»[8] Jonas knüpft hier an jüdische und alttestamentliche Traditionen an. Er macht darauf aufmerksam, daß sich in allen Lebensformen etwas zeigt, was jenseits menschlicher Einwirkungsmöglichkeiten entstanden ist. Wir empfangen das Leben als ein Gut, das sich in seiner Unverfügbarkeit als heilig erweist und uns zu treuen Händen anvertraut ist. Der Mensch ist es,

der um den tieferen Ursprung des Lebens, wie er sich in der Geschichtlichkeit der Lebensformen zeigt, wissen kann. Dieses Wissen verpflichtet zu besonderer Umsicht im Umgang mit den Dingen der Natur. Dort, wo die Geschichtlichkeit und Offenheit des allgemeinen Werdeprozesses der Natur als etwas Tragendes und Verpflichtendes empfunden wird, stellt sich heute eine neue Bereitschaft zur Achtung der Natur um ihrer selbst willen ein.
Aber Albert Schweitzer hatte schon zu Beginn dieses Jahrhunderts seinen Grundsatz der Ehrfurcht vor dem Leben formuliert: «Ich bin Leben, das leben will, inmitten von Leben, das leben will.»[9] In diesem zweigipfligen Aussagesatz werden einerseits die Lebensrechte aller Formen anerkannt, andererseits wird der Mensch als einer angesprochen, der im Wissen um den Wert aller Lebensformen für ein möglichst hohes Maß an Ausgleich zwischen konkurrierenden Lebensbedürfnissen zu sorgen hat. Die besonderen menschlichen Bedürfnisse finden ihre Grenze im Dasein und Sosein von Pflanzen, Tieren und Mikroorganismen, an ihrem Vorkommen und an ihrer biotopischen Vernetzung. Die Tatsache, daß heute auf der Erde der Artentod galoppiert und die Wälder sterben, läßt erkennen, wie weit das menschliche Bewußtsein von der Grundverpflichtung der hier beschriebenen Bioethik entfernt ist. Vor dem Hintergrund der bisherigen Überlegungen lassen sich einige Grundsätze für einen solchen Entwurf einer umfassenden Bioethik formulieren.

1. Der in der Bioethik vorausgesetzte Begriff des Lebens (bios) schließt alle Lebensformen ein. Gerade weil Leben geschichtlich ist und durch eine sich wandelnde Vielfalt von Arten repräsentiert wird, erweist es sich in seinem aktuellen Erscheinungsbild für das Bewußtsein des Menschen als schützenswert. Zur Vielfalt des Lebens gehören Individuen, Arten, Artgemeinschaften, Biotope und damit auch die unbelebte Natur, mit der das Leben in Wechselwirkung steht. Es gibt kein lebensunwertes Leben. Trotz dieser prinzipiellen Gleichwertigkeit aller Lebensformen ist es unumgänglich, orientiert an der jeweiligen Lebensleistung und Lebens-

Organismen	Schutzaspekte	Verantwortbare Nutzungsmöglichkeiten
Mikroorganismen	Arterhaltung (relativ) Beachtung der Resistenzbalancen Schonende, innerartliche Züchtung	Innerartliche Züchtung Biologische Schädlingsbekämpfung Verwendung für Medikamente Verwendung für Nährmittelherstellung Verwendung in Gartenbau und Landwirtschaft u. a. Verwendung im Umweltschutz
Pflanzen	Arterhaltung Beachtung der Resistenzbalancen Schonender Anbau Schonende Nutzung Schonende, innerartliche Züchtung	Innerartliche Züchtung Biologische Schädlingsbekämpfung Verwendung für Medikamente Verwendung als Naturstoffressource Verwendung für Nahrung Verwendung in Garten- und Landschaftsgestaltung Verwendung im Umweltschutz
Tiere	Arterhaltung Beachtung der Resistenzbalancen Artgemäße Haltung Beachtung des individuellen Wohlergehens (Vermeidung von Streß und Krankheit) Beachtung des sozialen Gruppengefüges Bewahrung der Fortpflanzungsfähigkeit Keine Zufügung von Schmerzen? Kein Töten? Schonende innerartliche Züchtung	Innerartliche Züchtung Biologische Schädlingsbekämpfung Verwendung für Medikamente? Verwendung als Rohstoffspender? Beschädigende und tötende Experimente? Verwendung für Nahrung/Schlachten? Verwendung im Umweltschutz Das Tier als Lebensgefährte des Menschen

struktur, im Blick auf Schutzgesichtspunkte und Rücksichtnahmen zu differenzieren. Die nachstehende Tabelle läßt erkennen, daß bei den Tieren über die Pflanzen hinaus das individuelle Wohlergehen zu einem wichtigen Aspekt der Schutzbedürftigkeit wird.

2. Das menschliche Ich als die grundlegende Verantwortungsinstanz der Bioethik sieht sich im Kontext eines Werdezusammenhangs, den es nicht selber hergestellt hat, den es aber – je nach seiner Einstellung – so oder so gestalten und verändern kann. Gerade weil im Fortgang des Lebens nichts so bleiben kann, wie es war, ist Bioethik im Sinne wohlerwogenen Handelns vonnöten. Dabei ist zu bedenken: Wir sind nicht in der Lage, Lebendes zu schaffen. Der menschliche Lebenswille ist nur Antwort auf das allgemeine Gegebensein des Lebens.

3. Die Bioethik kann ihr generelles Handlungsziel – Minimierung von Gewalt durch Ausgleich konkurrierender Lebensansprüche – nur über sorgfältig erwogene Konfliktaustragungsmuster erreichen. Dabei ist eine kaum lösbare Aporie zu beachten. Obwohl das menschliche Ich vom Vorrang seiner Lebensbedürfnisse ausgehen möchte, heißt doch der Grundsatz der Bioethik: Allem Leben ist die gleiche Achtung zu schulden. Ich bin Leben, das leben will, inmitten von Leben, das leben will. Selbsterhaltung und Aufopferung zugunsten von Mitmensch und Mitkreatur müssen ständig neu miteinander vermittelt werden. Der Mensch muß schädigen und töten, wenn er selbst leben will, doch besteht hinsichtlich seiner Lebensansprüche nur dann eine vertretbare Legitimation, wenn ihrer Durchsetzung eine umfassende Infragestellung vorausgegangen ist. Als genereller Maßstab ist der von Gernot Strey aufgestellte Grundsatz hilfreich: «Ein Umgang mit lebenden Organismen, der zu deren Schädigung oder Tod führt, ist nur zulässig, wenn er nach intensiver Prüfung als unumgänglich dargestellt werden kann und über die natürlichen Beeinträchtigungen und Gefährdungen der Pflanzen und Tiere prinzipiell nicht hinausgeht.»[10]

4. Unter Berücksichtigung des heute erreichten Weltzustandes ist Bioethik Verantwortung für die gesamte Biosphäre. Je stärker Naturwissenschaft und Technik verändernd und steuernd in den Gang der allgemeinen Naturgeschichte eingreifen, desto unvermeidbarer wird der Mensch zum Subjekt nicht nur seiner Geschichte, sondern auch der allgemeinen Naturgeschichte. Die damit gegebene Überforderung des Menschen hinsichtlich seiner Handlungskompetenz ist offensichtlich.

5. Man muß in der Bioethik zwischen dem «kleinen» Ich des persönlich betroffenen Menschen und dem «großen» Ich gesellschaftlicher Kollektive und der menschheitlichen Gesellschaft unterscheiden. Der gesellschaftliche Diskurs als Mittel der ethischen Entscheidungsfindung muß auf allen gesellschaftlich relevanten Ebenen praktiziert werden. Er setzt eine partizipative Entscheidungsstruktur für alle von der Überlebenskrise betroffenen und bewußtgemachten Menschen voraus.

Das Gezerre und Gerangel um konkrete Bestimmungen zur Senkung des CO_2-Pegels im Vorfeld des Umweltgipfels in Rio macht nur allzu deutlich, wie hartnäckig der alte anthropozentrische Standpunkt immer noch vertreten wird. Nationale Interessen, aber auch die Blockinteressen der reichen und der armen Länder können nur dann Berechtigung beanspruchen, wenn ihnen ein sorgfältiger Abwägungsprozeß zugunsten der Biosphäre und der sie repräsentierenden Arten und Artgemeinschaften vorausgegangen ist. Die Dimension der tieferen Schutzwürdigkeit der nichtmenschlichen Natur im Sinne des in ihr aufscheinenden unverfügbaren Heiligen ist nur dann ernst genommen, wenn im gesellschaftlichen und politischen Handlungskalkül die Ehrfurcht vor dem Leben zur Geschäftsgrundlage geworden ist.

4. Handlungsfelder und Perspektiven

Die hier zu erwägenden Konsequenzen für die menschliche Erdverantwortung sollen auf die eingangs interpretierte CO_2-Kurve bezogen werden. Ist diese Kurve ein sehr realistisches Symbol für die aktuelle Fehlsteuerung des technisch-industriellen Fortschritts, so müssen alle heute zu erwägenden Korrekturen mit dem Anspruch erhoben werden, hier umzusteuern. Die globale Naturvergessenheit, wie sie sich heute in der Überlebenskrise zeigt, muß zum Anstoß für eine Ethik werden, die im Erkennen und Handeln biosphärisch ist. Dabei muß diese umfassende Handlungsverpflichtung möglichst konkret und verbindlich für einzelne Handlungsebenen ausgewiesen werden. Das betrifft nationale wie internationale Zusammenhänge ebenso wie gesellschaftliche Reformen, neue Politik-Orientierungen und persönliche Verhaltensänderungen. Wir wollen im folgenden auf fünf Ebenen die Kontur dieser Bioethik verdeutlichen. Dabei geht es im letzten um jene Ehrfurcht vor dem Leben, die weit über den Menschen hinaus in der Vielfalt der Lebensformen – nicht zuletzt unter Berücksichtigung der Pflanzen – Sinnorientierung und Handlungsverpflichtung entdeckt.

1. Die bedrohliche CO_2-Problematik ist zunächst eine Herausforderung für die Technikentwicklung im Energiebereich. Unter dem Druck der Forderung nach sparsamer und sauberer Energietechnik sind in den zurückliegenden Jahren Kohlekraftwerke entstanden, die beachtliche Verbesserungen aufweisen. Um die Fortschritte an einem Vergleich zu verdeutlichen: 1907 benötigten die Städtischen Elektrizitätswerke in Berlin für die Herstellung von 1 Kilowattstunde Strom 11 kg Kohle ungefiltert. Heute benötigt ein modernes Kohlekraftwerk für die Herstellung der gleichen Leistung 310 g Kohlenstaub bei 99 % Staubabscheidung. Das sind gewaltige Fortschritte. Aber damit sind selbstverständlich noch nicht die Ziele einer ökologischen Energiepolitik erreicht. Zum Konzept einer alternativen Energiepolitik, die dieses Prädikat zu Recht verdient,

gehört vor allem die Steigerung der Energiedienstleistung durch Verbesserung von Maschinen, Geräten, Städteplanung und Bauwesen. Hier sind Einsparmöglichkeiten von über 50 % des gegenwärtigen Primärenergiebedarfs möglich. Auf der Grundlage dieses Einsparkonzeptes wäre es sinnvoll und dringlich, einen möglichst hohen Anteil des gesenkten Energiebedarfs durch regenerative Energien, insbesondere Sonnenenergie zu decken. Immerhin hält es die Enquete-Kommission des Deutschen Bundestages «Vorsorge zum Schutz der Erdatmosphäre» für möglich, bis zum Jahre 2020 auf diese Weise eine 50 %ige Kohlendioxidreduktion zu erreichen. Das wäre ein nennenswerter Beitrag zur Entlastung der Atmosphäre. Freilich müßte dieses nationale Konzept auf dem Wege über internationale Absprachen und Verträge zu einem globalen Konzept ausgeweitet werden. In diesem Zusammenhang müßte neben den genannten technischen Maßnahmen die Erhaltung der Wälder Vorrang haben.

2. Die geforderte ökologische Umrüstung der Energietechnik ist in den letzten zwei Jahrzehnten nur zögerlich in Gang gekommen. Es wurde viel Zeit verschenkt, was wiederum damit zusammenhängt, daß die Rahmenbedingungen für die Volkswirtschaft den klassischen Formen der Ausbeutungstechnik und der Ausbeutungswirtschaft immer noch zu viel Spielraum lassen. Es mangelt an einer konsequenten ökosozialen Rahmenverpflichtung für das wirtschaftliche Handeln. Nach neueren Schätzungen belaufen sich die Umweltschäden, die im Gefolge unseres Produzierens und Konsumierens jährlich in Deutschland entstehen, auf ca. 475 bis 600 Milliarden DM. In der offiziellen Berechnung des Bruttosozialproduktes tauchen diese Defizite nicht auf, und in der Preisgestaltung für die technischen Produkte kommen die durch diese Produkte bedingten Umweltschäden ebenfalls nicht zur Geltung. Um ein Beispiel zu nennen: Ein Mittelklassewagen kostet in Deutschland ca. DM 25 000,–. Wollten wir alle Schäden, die für Mensch und Natur durch die Herstellung, den Betrieb und die Beseitigung entstehen, in den Preis mit hineinrechnen, so müßte ein solcher

Wagen ca. DM 85 000,– kosten. Welch eine Differenz! Solange die Preise und das Bruttosozialprodukt die ökologische Wahrheit nicht zum Ausdruck bringen, wird sich die ökologische Zerstörung im Gefolge unseres Wirtschaftens fortsetzen und verschärfen. Schon heute sind die Folgelasten für die Umwelt national wie international nicht mehr tragbar. Das bisherige Wachstumsmodell hat nicht nur soziale Gegensätze zwischen Nord und Süd geschaffen, sondern eben auch jene globale Ausbeutung hervorgerufen, die wir als Überlebenskrise bezeichnen.

Ohne die Einführung neuer umweltpolitischer Rahmenverpflichtungen wird diese Fehlentwicklung nicht zu stoppen sein. Es ist äußerst dringlich, über die klassischen Instrumentarien der Umweltpolitik hinaus Umwelt- und Ressourcensteuern einzuführen, die von Konsumenten und Produzenten einen angemessenen Preis für die in Anspruch genommene Natur verlangen und so unter dem Druck von Verteuerungen naturschonendes Wirtschaften fördern. Es spräche nichts dagegen, als Ausgleich für das Hochfahren der Ökosteuern in anderen Bereichen steuerliche Nachlässe zu gewähren.

3. Der Weg von der heutigen zerstörerischen Wirtschaft zu einer ökologischen Wirtschaft ist nicht billig zu haben. Ohne eine Reduktion der Gütermenge und des Energieverbrauchs, ohne Abstriche am Einkommen und am Konsum wird es nicht gehen. Hingegen müßten die ärmeren Länder der Dritten Welt, die in ihrer Wirtschaftskraft und sozialen Entwicklung dramatisch zurückgeblieben sind, vorangebracht und zu ökologischer Orientierung angeleitet werden. Interessanterweise hat der neue Vizepräsident der USA in seinem Marshall-Plan für die globale Umwelt genau diese Aspekte angesprochen. Er empfiehlt im wesentlichen fünf Punkte: Bevölkerungszuwachs begrenzen, Entwicklung umweltverträglicher Energien, Veränderung der ökonomischen Grundsätze hin zu ökologischer Kostenehrlichkeit, internationale Vereinbarungen, Bringschuld der reichen Länder.

4. Die hier angemahnte ökologische Reform im Sinne einer globalen Bioethik hat nur dann eine Chance auf Verwirklichung, wenn die Stellung der Natur im menschlichen Recht radikal geändert würde. Die Natur müßte aus dem Sachen-Recht herausgenommen und dem Menschen vergleichbar als Rechtssubjekt in alle bestehenden Regelungen eingeführt werden. Die Forderung nach Rechten für die Natur im Sinne einer Gleichstellung als Rechtssubjekt im menschlichen Recht macht Ernst mit der grundsätzlichen Gleichwertigkeit aller Naturformen unter Einschluß des Menschen. Hier erst, auf dieser Grundlage wäre die Ehrfurcht vor dem Leben ernst genommen. Wie weit wir von dieser Neuordnung entfernt sind, macht der hartnäckige Widerstand deutlich, den die gegenwärtig arbeitende Grundgesetz-Reform-Kommission allen Versuchen entgegensetzt, die Verpflichtung zur Mitgeschöpflichkeit – Achtung der Natur um der Natur willen – im Grundgesetz zu verankern.

5. So sehr man angesichts des Hochschnellens der CO_2-Kurve und der durch sie dokumentierten Ignoranz des neuzeitlichen Menschen gegenüber den Pflanzen zur Resignation neigen möchte, so elementar ist es, sich von diesem globalen Phänomen individuell beeinflussen zu lassen. Wir haben von den technologischen, politischen und strukturellen Korrekturnotwendigkeiten gesprochen; ungeachtet alles dessen bleibt es dabei, daß sich die Gesellschaften und die in ihnen agierenden Interessengruppen nur dann ökologisch sensibilisieren lassen, wenn die Zahl der betroffenen einzelnen ansteigt. Angesichts der Überlebenskrise erschrecken und in diesem Erschrecken sensibel und anders werden, das ist die Aufgabe und Chance. Am Ende einer Wissenschaftler-Erklärung zum Klimaproblem – geschockt durch die CO_2-Kurve und die notleidenden Pflanzen – heißt es ganz persönlich:

Wir verpflichten uns deshalb zu folgenden fünf Maßnahmen:

1. Wir reduzieren die Benutzung des Autos im nächsten Jahr um mindestens 30% und halten uns ans Tempolimit.
2. Wir wollen in unserem privaten Bereich den Energieumsatz

in den nächsten 10 Jahren halbieren.
3. Wir verzichten auf jeglichen Gebrauch von FCKW und Halogen sowie weitgehend auf Chemie im Haushalt.
4. Wir halbieren unseren Fleischverbrauch.
5. Wir boykottieren die Nutzung von Tropenholz.

Es ist die kaum aufzuhaltende Tragik des neuzeitlichen Menschen, daß ihm jedes Du in der irdischen Lebenswelt zum Es, zum Wirtschaftsgut degenerieren muß. Die Umkleidung der Erde durch die grünen Pflanzen kann nur dann ein Hoffnungszeichen für die Biosphäre werden, wenn die darin liegende Intention vom Toten zum Lebendigen Fundament einer tiefgreifenden Bewußtseinswende im menschlichen Erkennen und Handeln würde.

Hildegunde Wöller

Vielfarbige Weisheit – Sophia als Symbol alles Lebendigen

Von der vielfarbigen oder vielgestaltigen Sophia ist im Epheserbrief die Rede, als einem Geheimnis, das von Ewigkeit her im Schöpfer des Alls verborgen war und nun, durch Christus, ins helle Licht getreten ist und allen Völkern, aber zugleich auch den Mächten des Kosmos, der sichtbaren wie der unsichtbaren Welt, kundgetan werden soll (Epheser 3,3–8).

Beim Thema der Weisheit, deren griechischer Name Sophia ist, geht es um nicht weniger als das Geheimnis des Lebens, die Heiligkeit des Kosmos, um die Energie, die alles hervorbringt und erhält, das Licht, das vor allem Anfang aufstrahlte, um das Bewegende in aller Bewegung, um das Sichtbare und das Unsichtbare, um die Struktur der Elemente, das Kreisen der Gestirne, die Kraft in Pflanzen und in Tieren und nicht zuletzt auch um die Fähigkeit des Menschen, dies alles ehrfürchtig zu bestaunen nicht nur, sondern die Geheimnisse der Natur zu erkennen und sie zu ehren. Im Bild der Sophia ist der Kosmos bei all seiner Erhabenheit und Größe keine gleichmütig über das Schicksal des Menschen hinwegschreitende Natur, sondern eine Welt des großen Segens und der Güte, ja der Menschenfreundlichkeit. Nach der jüdischen Weisheitsliteratur, in der sich erstaunliche Hymnen über die Sophia finden, die ihr als offenbarende Rede selbst in den Mund gelegt werden, ist sie in den Glanz der Sonne getaucht und leuchtet in den Farben aller Edelsteine. Gerechtigkeit und Klugheit, Harmonie und Klarheit gehen von ihr aus, und sie ist bereit und willens, ihre reichen Gaben dem Menschen zu schenken, ja geradezu im Menschen zu wohnen. Diese ebenso machtvolle wie schöne göttliche Weisheit erscheint in Menschengestalt. Ein Bild der Sophia ist das eines

tanzenden und spielenden Mädchens, das vor allen Dingen entstand und dem Schöpfer als Gespielin zur Seite war, als er die Welt schuf, sein Tun mit Freude und Beifall begleitete und schließlich entzückt war von den Menschenkindern. Sophia – zart und dabei kraftvoll wie die Morgenröte, eine verheißungsvolle Aurora, Symbol der Frische des Anfangs, als noch alles taufrisch und leuchtend aus der Phantasie des Schöpfers hervorging.
Oder hören wir, wie Boethius, ein Theologe, Philosoph und Staatsmann um 500 nach Christus, Sophia in einer Vision erlebte. Er saß wegen Hochverrats im Gefängnis, wo der Christ sich den Philosophen zuwandte und die berühmten fünf Bücher «Über den Trost der Philosophie» verfaßte. Er beschreibt seine Vision:

«Es war mir, als erschiene zu meinen Häupten eine Frau, ehrwürdig anzusehen; ihr Auge funkelte, und ihr Blick durchdrang mich, mehr als es bei Menschen der Fall ist; lebendig leuchtete ihre Gesichtsfarbe, unverwelkt in ihrer Jugendkraft, obwohl sie gleichzeitig bejahrt schien; nein, daß sie unserer Zeit angehörte, war nicht zu glauben. Auch ließ sich ihre Größe nicht klar unterscheiden; denn bald war sie nicht größer, als es Menschen gewöhnlich sind, bald aber schien sie mit ihrem Scheitel an den Himmel zu reichen. Und hätte sie ihr Haupt noch höher erhoben, so hätte sie wohl selbst in den Himmel hineingeragt, so daß man vergeblich zu ihr aufgeblickt hätte.»[1]

Gut fünf Jahrhunderte später schaute Hildegard von Bingen die Sophia:

«Darauf sah ich eine Gestalt gegen Osten gewandt, deren Gesicht und Füße von einem solchen Glanz erstrahlten, daß dieser Glanz meine Augen blendete. Sie trug ein Kleid aus weißer Seide, darüber einen Mantel aus grüner Farbe. Dieser war mit den verschiedensten Edelsteinen reich geschmückt. An den Ohren trug sie ein Gehänge, auf die Brust fiel ein Halsband, an den Armen hatte sie Ringe, und alles war aus purem Gold und mit edlem Gestein verziert ... diese Gestalt», so erläutert Hildegard, «zeigt die Weisheit, deren Anfang und Ende die menschliche Vernunft übersteigt.»[2]

Leider kann ich Ihnen keine Sophia-Visionen aus früheren Jahrhunderten nennen, aus der Epoche des Hellenismus, in der sie auf einmal aufscheint – in Griechenland, Kleinasien, vor allem aber in Ägypten, in den Schriften der Denker jener Epoche, die sie zum Symbol nahmen für ihr Forschen, das sich darum bemühte, im Menschenleben und seiner Ethik, aber auch in der Natur so etwas wie Gesetzmäßigkeiten zu erkennen. Soweit man es weiß, sprachen jene Denker eher vorsichtig von der verborgenen Weisheit. Es wird vermutet, daß es so etwas wie einen Sophia-Mythos gegeben habe, wonach die Sophia auf Erden eine Wohnung gesucht habe bei den Menschen, aber vergeblich, sie wurde abgewiesen. Daher kehrte sie zurück in die himmlische Welt und weilt dort verborgen. Die Menschen suchen wohl nach ihr, können sie aber nicht finden.[3]

Das Motiv der Verborgenheit der Sophia ist das Thema eines ganzen Kapitels im Buch Hiob, das auf geradezu ironische Weise das vergebliche Suchen und Fragen des Menschen nach ihr beschreibt und zu dem Schluß kommt, nur Gott kenne den Weg zu ihr (Hiob 28). Damit bin ich bei den jüdischen Schriften der hellenistischen Epoche, also der drei Jahrhunderte vor Christus. Die Forschung faßt sie als Weisheitsliteratur zusammen. Unter dem Einfluß der ägyptischen und griechischen Philosophie und Bildung haben jüdische Autoren jener Zeit ihre ganze Tradition in das Bild der Sophia geradezu eingeschmolzen, eine so große Ausstrahlung und Faszination muß von ihr ausgegangen sein, daß sie alles taten, um zu zeigen, daß die Sophia schon immer, schon zur Zeit der Wüstenwanderung, den Weg Israels begleitet habe.

Und während hellenistische Denker von der wohnungslosen und darum unsichtbar gewordenen Sophia sprachen, haben die Autoren der Weisheitsliteratur eine wesentlich optimistischere Vision gehabt. Sie sagten: doch, im Lande Israel habe sie, die Chokma, das Urlicht der Schöpfung, eine Wohnung gefunden, auf dem Berg Zion, im Tempel niste sie wie eine Taube – als Zeichen der Gegenwart Gottes. Diese Gegenwart, die Einwohnung Gottes, bekam im Hebräischen einen eigenen Namen, Schechina, und die Schechina wurde in der jüdischen Mystik zu einer ähnlich göttlichen Gestalt wie Gott selbst. In den langen Jahrhunderten des Exils war sie der große Trost, weil das Volk glaubte, die Schechina begleite die Juden, wo immer auf Erden sie verstreut wohnen müßten. Martin Buber schildert in seinem Roman «Zwischen Zeit und Ewigkeit», der bekannter ist unter dem Untertitel «Gog und Magog», eine Vision des Juden:

«Mitten in der Nacht riß es den ‹Juden› ... aus dem Schlummer. Das Fenster, das er am Abend angelehnt hatte, war trotz der Windstille weit aufgeflogen. Eine Stimme rief: ‹Hebe deine Augen zur Höhe!› Er trat hin, blickte auf – nicht der Mond noch ein Stern war zu sehn, das Dunkel war undurchdringlich tief. Da aber, ein sehr heller Ton, das langgezogene Schmettern eines himmlischen Widderhorns, und das Dunkel brach mit einem Mal auf. Milchweiß troff aus roten Eutern das Urlicht. Die Tropfen fielen in eine nun plötzlich irgendwoher grell beleuchtete Pfütze, deren Saum grünlich schillerte. Mitten darin war jetzt eine kleine weiße Lache: Der ‹Jude› stand nicht mehr im Fenster, sondern vor der Pfütze. Der milchige Glanz drang ihm in die Augen. Schon aber regte es sich in der weißen Lache. Sie wogte auf, sie wölbte und gliederte sich, ein Leib wuchs empor. Der ‹Jude› schaute eine große Frau, vom Scheitel bis an die Knöchel in einen schwarzen Schleier gehüllt. Nur die Füße waren nackt, und durch den Rest der Lache, in dem sie standen, war zu sehen, daß Staub, wie von einer Wanderschaft auf der Landstraße, sie bedeckte, dazwischen aber erschienen blutende Wunden. Die Frau sprach: ‹Ich bin ermattet, denn ihr habt mich gehetzt. Ich bin siech, denn ihr habt mich gepeinigt. Ich bin beschämt, denn ihr verleugnet mich. Ihr seid der Zwingherr, der mich in der Verbannung hält. Wenn ihr einander feind seid, hetzet ihr mich. Wenn ihr einander verleumdet, verleugnet ihr mich. Jeder von euch verbannt seine Gefährten, und so verbannt ihr mitsammen mich. Und du selbst, Jaakob Jizchak, weiß du noch, wie du mir nachzufolgen meintest und entferntest dich von mir? Man kann nicht mich lieben und die Kreatur verlassen. Ich bin in Wahrheit bei euch. Wähne nicht, meine Stirn entsende himmlische Strahlen. Die Glorie ist drüben geblieben. Mein Gesicht ist das der Kreatur.› Sie hob den Schleier vom Gesicht, und er erkannte es. ... Und schon war die Gestalt verschwunden. Auch die Pfütze war nicht mehr zu sehen. Das Dunkel barst. Mit großem rötlichen Hof schwang der weiße Mond am Himmel. Zu beiden Seiten von ihm schwebten zwei Flügelwesen, feuerfarben die Flügel des einen, eisfarben die des andern, zur Erde herab und auf den Juden zu. ‹Du sollst künden›, sagte der eine. ‹Du sollst sterben›, sagte der andere.»[4]

Der Jude gibt seinen Freunden am darauffolgenden Sabbat eine Erläuterung dazu und sagt, daß die Schechina das Leid der Verbannung teile und die Verbannung nur andaure, solange die Juden nicht umkehrten. Wörtlich sagt er:

«Gott will seine Schöpfung nicht anders als mit unserer Hilfe vollenden können.... Er will sich mit seiner Schechina nicht eher vereinigen, als bis wir sie ihm zuführen. Mit bestaubten und blutenden Füßen läßt er sie die Landstraße der Welt ziehen, weil wir uns ihrer nicht erbarmen.»[5]

Es ist dies wohl eine der erschütterndsten und anrührendsten Visionen und Deutungen der Sophia – als der in die menschliche Geschichte verwobenen himmlischen Weisheit in Gestalt der Schechina.
Aber kehren wir noch einmal zurück an die Anfänge. Woher, so stellt sich die Frage, kommt auf einmal diese Sophiagestalt? Für die Juden war sie das Urlicht, das erste aller Geschöpfe. In anderen Texten hört es sich an, als sei sie ein verborgener Schatz – die Umschreibungen erinnern an so etwas wie den Stein der Weisen oder den Gral –, den der Schöpfer fand und daraufhin die Welt schuf. Oder sie gilt als seine Geliebte, die in seinem Schoß sitzt, die Werkmeisterin der Schöpfung. Doch besteht für Religionswissenschaftler kein Zweifel, daß diese jüdischen Umschreibungen der Sophia den Versuch darstellen, die Sophia dem einen, einzigen Gott Israels unterzuordnen, so wie etwa die ägyptische Maat dem Gott Re als dessen Tochter beigesellt wurde. Es ist typisch für die patriarchale Epoche, daß die Allmutter der Frühzeit, die große Göttin des Lebens, dem nun herrschenden männlichen Gott als Tochter untergeordnet wurde, allenfalls als seine Gattin. So betrachtet, kehrt in Sophia die anscheinend überwundene große Göttin des Lebens wieder, die Allmutter. Gerade auch in der jüdischen Weisheitsliteratur wird sie in Bildern beschrieben, die Hathor oder Isis,

Ischtar oder andere altorientalische Göttinnen gekennzeichnet haben. So war die Taube ein Symboltier der Ischtar. Und wenn Jesus Sirach das Wohnen der Sophia in Israel schildert, spricht er davon, daß sie im ganzen Land wurzelt und aufwächst wie Zedern, wie Palmen, Platanen und Terebinthen, wie Weinstöcke und duftende Sträucher. Wo sie wohnt, entsteht ein heiliger Hain – der alte Kultort der Göttin im Orient wie bei Kelten und Germanen. Aus der Mitte dieses heiligen Hains aber spricht Sophia selbst als ein Früchte tragender, schenkender Baum, den wir als die Sykomore der ägyptischen Hathor oder Isis kennen. Sophia spricht aus dem Baum:

«Ich bin die Mutter der edlen Liebe, der Ehrfurcht, der Erkenntnis und der heiligen Hoffnung; ich werde allen meinen Kindern geschenkt, als ewige Gabe aber nur denen, die von Gott erwählt sind. Kommet her zu mir, die ihr meiner begehrt, und sättigt euch an meinen Früchten! Denn mein zu gedenken, ist süßer als Honig, und mich zu besitzen, geht über Honigwaben. Wer von mir ißt, wird weiter nach mir hungern, und wer von mir trinkt, wird weiter nach mir dürsten» (Jesus Sirach 24,18 ff.).

Es ist nicht verwunderlich, daß in der patriarchalen Epoche, nachdem die Göttin der Frühzeit weitgehend entmachtet worden war von männlichen Göttern, eben diese Allmutter als Sophia wiederkehrte, als die Weisheit der Natur, ohne die Leben nicht denkbar ist. Zugleich ist es nicht verwunderlich, daß dort, wo erneut eine Ahnung von ihrem Wesen aufkeimte, zugleich die Vorstellung damit verbunden war, daß man sie vertrieben hatte, daß sie keinen Ort mehr auf Erden habe, weil man sie abgewiesen hat.

Ein Früchte tragender Baum, aus dem eine einladende Stimme spricht, wie Jesus Sirach die Sophia schildert, erinnert an die Paradieserzählung von dem Baum mit der Schlange. Diese Assoziation wird noch verstärkt durch den Zusatz zu ihrer Einladung: «Wer mir gehorcht, wird nicht beschämt werden, und wer mir dient, wird nicht in Sünde fallen» (Jesus Sirach 24,22). Die Schlange ist in vielen Kulturen der Erde Symbol der Weisheit. In dem Jesuswort:

«Seid klug wie die Schlangen und ohne Falsch wie die Tauben» ist allerdings der einzige biblische Hinweis zu finden, der die Schlange nicht negativ wertet. Dennoch fällt in dem Jesus Sirach-Text die offensichtlich doch bewußte Gegenrede gegen das Verbot Gottes, vom Baum des Lebens und der Erkenntnis zu essen, auf.
Da in hellenistischer Zeit die Tiersymbolik göttlicher Gestalten immer mehr menschlichen Gestalten Platz machte, so daß auch die Sophia in der Weisheitsliteratur die Gestalt einer menschlichen Frau annahm, ist zu vermuten, daß die Sophia zugleich Erbin der alten Schlangengöttin ist. Sieben symbolische Bezüge weisen darauf hin:

1. In Sumer und Babylon und überhaupt im Orient gehören Baum und Schlange[6] zusammen als Symbole der großen Göttin, die Leben spendet und sich selbst erneuert. Aus der Schlange spricht ihre Weisheit, die Leben und Tod umgreift. Liebe, Ehrfurcht, Erkenntnis und heilige Hoffnung verspricht die Sophia als Stimme des Baumes im heiligen Hain bei Jesus Sirach.
2. Die Schlange symbolisiert das Wasser, das Meer ebenso wie den Regen, der in China als Himmelsdrache verehrt wird, wobei Drache und Schlange symbolisch Verwandtes meinen. Die Quellen der Erde gelten als Augen der Erdschlange, sind Wasser des Lebens. Im Buch der Sprüche stellt Sophia sich selbst vor als gleichsam uranfängliches Wasser: «Noch ehe die Meere waren, ward ich geboren, noch vor den Quellen, reich an Wasser» (Sprüche 8,24). Und bei Jesus Sirach nennt sie ihren Wohnsitz eine Wolkensäule, spricht davon, daß sie wie Nebel die Erde bedeckte, durch die Tiefe der Fluten und über die Wogen des Meeres dahinschritt (Jesus Sirach 24,4–6).
3. Schlangen gelten als Hüter der Schätze der Erde, des Goldes und der Edelsteine wie der edlen Metalle. Immer wieder vergleicht sich Sophia in ihren Selbstoffenbarungen mit Gold und Edelsteinen: «Nehmt lieber Belehrung an als Silber und Erkenntnis eher als Gold. Denn Weisheit ist wertvoller als Korallen, und alle Kleinodien wiegen sie nicht auf» (Sprüche 8,10f.). Während man von Schlangen glaubte, sie trügen eine Perle oder eine Krone aus Gold

und Edelsteinen, ist in späteren Vorstellungen die schöne Gestalt der Sophia mit Edelsteinen geschmückt.
Für unser Verständnis bedeuten Gold und Edelsteine nur noch (überflüssigen) Reichtum. Viele alte Überlieferungen kennen die geistige Macht, die Edelsteine repräsentieren, und ihre Heilkraft, und diese Wirkungen werden heute wiederentdeckt. In ihnen konzentriert sich die Strahlung kosmischer Energien. Die zwölf Edelsteine, auf denen das himmlische Jerusalem gründet (Offenbarung 21), versinnbildlichen die Gegenwart göttlicher Macht und göttlichen Heils (Schechina) auf Erden.
4. Man sagte Schlangen nach, daß sie dem Menschen, dem sie die Ohren lecken, die Gabe schenken, die Sprache der Tiere zu verstehen; oder wenn er Schlangen esse, bekomme er Weisheit verliehen. Man muß die Weisheit also buchstäblich mit Löffeln essen. Der lateinische Name für Sophia ist Sapientia, er kommt von Schmecken. Der Homo sapiens ist daher der schmeckende Mensch; erste Erkenntnisse gewinnen wir oral. Der Verfasser der Weisheit Salomos rühmt die Sophia, sie habe ihm untrügliches Wissen von allen Dingen verliehen, unter anderem von der Natur der Lebewesen, von den Trieben der Tiere, der Macht der Geister und den Gedanken der Menschen, von den Pflanzen und den Kräften ihrer Wurzeln (Weisheit Salomos 7,17–21).
5. Viele Schöpfungsmythen erzählen von der Urschlange, die an allem Anfang war, als der Herrin über Meer und Land. Im Buch der Sprüche stellt sich die Sophia vor als erstes aller Geschöpfe, und an anderer Stelle heißt sie die Werkmeisterin der Schöpfung, die zugleich ihre Erhalterin ist.
6. Das Gift der Schlange hat die Menschheit schon früh dazu bewogen, ihr Macht über alle anderen Lebewesen zuzuschreiben. Für uns befremdlich, war gerade das Gift Zeichen für Geist und Macht und Ewigkeit. Darstellungen der babylonischen Sagengestalt Enkidu zeigen ihn mit Stierfüßen, Menschenleib und einer Schlangenkrone. Die Schlangenkrone ist hier Zeichen für den göttlichen Geist, der im Menschen wohnt. Die ägyptische Krone zeigte den aufgeblähten Kopf der Kobra, die Uräusschlange. Sie und das Fal-

kenweibchen waren Symbole und Beschützer sowohl des Sonnengottes Re als auch seiner Inkarnation, des Königs.
Zwischen Schlange und Vogel gibt es eine archaische symbolische Verwandtschaft, die sich manchmal auch in der geflügelten Schlange verdichtete. Nach neuen Forschungen sind die Vögel die genetischen Erben der Dinosaurier, was sich am Skelett des Archäopterix zeigen läßt. Astrologisch entspricht das Tierkreiszeichen des Skorpion ursprünglich der Doppelsymbolik von Schlange und Adler als Zeichen für Tod und Wiedergeburt. Die ägyptische Weisheit hatte großen Einfluß auf die gesamte Welt des Nahen Ostens. In der Weisheitsliteratur, wo die Schlange nicht mehr erkennbar ist, wird trotzdem ihre Sonnensymbolik sehr deutlich, Sophia wird mit der Sonne verglichen, auch wenn ihr Licht das der Sonne überstrahlt. «Mit dem Lichte verglichen, erhält sie den Vorzug, denn auf dieses folgt die Nacht, gegen die Weisheit aber kommt die Bosheit nicht auf. Sie ist herrlicher als die Sonne und übertrifft die ganze Sternenwelt» (Weisheit Salomos 7,29f.). Auf dem Tempel von Jerusalem nistet die Sophia als ein Vogelweibchen, hier nicht als Falke, sondern als Taube, die auch bei der Taufe Jesu auf ihn herabschwebt und ihn als ihren Sohn, als den König der Endzeit, kürt. Mit ihr vergleicht sich Jesus, als er über Jerusalem weint und klagt: «Wie oft habe ich deine Kinder sammeln wollen, wie eine Henne ihre Küchlein unter ihre Flügel sammelt, und ihr habt nicht gewollt!» (Matthäus 23,37).
7. Schlangen suchen auch in der Natur oft menschliche Wohnungen auf, scheinen eine Affinität zu ihnen zu haben. Viele Völker haben ihre Hausschlangen geehrt und gefüttert, sie versprachen sich von ihnen Schutz und Segen, Fruchtbarkeit und Glück. (Wenn wir heute noch sagen, es sei jemand ins Fettnäpfchen getreten, erinnert das daran, daß man den Hausschlangen Näpfchen mit Fett, Honig oder Milch auf den Boden stellte, in die natürlich niemand hineintreten durfte.) Die Sophia sagt immer wieder von sich, daß sie bei den Menschen wohnen wolle. «Über jedes Volk und Geschlecht hatte ich Gewalt. Bei ihnen allen suchte ich mir eine Ruhestatt und forschte, in wessen Gebiet ich rasten könnte» (Jesus

Sirach 24,6 f.). Denn «wer mich findet, der findet das Leben, wer mich aber verfehlt, der schädigt sich selbst, alle, die mich hassen, lieben den Tod» (Sprüche 8,35 f.).
Im 28. Kapitel des Buches Hiob, das von der Verborgenheit der Sophia spricht, ist zu spüren, wie die ursprüngliche Schlangensymbolik der Sophia abgewehrt wird. Da ist die Rede davon, daß der Mensch die Eingeweide der Erde durchsucht, um die Weisheit zu finden, dies aber vergeblich tut; daß sie nicht auf den Pfaden des Geiers und des Falken zu finden sei, auch nicht bei den Wasseradern; daß die Flut spricht: «In mir ist sie nicht», und das Meer: «Sie ist nicht bei mir.» Den Vögeln des Himmels sei sie ebenso verborgen, wie Tod und Abgrund sagten, sie hätten nur ein Gerücht von ihr gehört. Weder Winde noch Wasser, weder Regen noch Blitz, weder der Mensch noch sonst jemand wisse von ihr, und mit Gold und Edelsteinen könne man die Weisheit nicht erwerben. Nur Gott, der Schöpfer, so das Buch Hiob, kenne den Weg zu ihr und habe sie erkannt.
Zusammenfassend läßt sich sagen: Sophia als Symbol alles Lebendigen erscheint im Stein, in der Pflanze und im Tier und schließlich auch in Menschengestalt.

Welche Botschaft hat die Vision der Sophia, wie sie zur sogenannten Achsenzeit der Geistesgeschichte, etwa 500 vor Christus, aufleuchtete? Ich meine, sie kann als eine Initiation verstanden werden, als verheißungsvolles Aufleuchten einer Bewußtwerdung, einer Welterkenntnis, die zu jener Zeit begann, denn es war die Zeit der Anfänge dessen, was wir heute Naturwissenschaft nennen. Ein solcher Anfang gleicht der Vision eines Künstlers, bevor er daran geht, sein Werk auszuarbeiten, oder der großen Liebe, die zwei Menschen zusammenführt, bevor sie daran gehen, ihr gemeinsames Leben zu gestalten, oder dem Initialtraum, der am Anfang eines Weges durch das eigene Labyrinth bereits aufleuchten läßt, was sein Inhalt und Ziel ist.
Und was ist nun Inhalt und Botschaft der Sophia-Vision?
1. Ihre schöne und erhabene Gestalt ist ein Bild für die Einheit der

Welt. Als Herrin der Engel, die in damaliger Zeit als Repräsentanten der Elementarkräfte verstanden wurden, zeugt sie von ihrer Integration in ein großes Ganzes.

2. Da Sophia als Person erscheint, in Menschengestalt, ist sie Symbol für die Lebendigkeit, die Beseeltheit der Natur. Oft wurde sie auch als Weltseele verstanden.

3. Ein wichtiges Charakteristikum der Sophia ist ihre Menschenfreundlichkeit. Sie ist entzückt von den Menschenkindern. Für sie ist der Mensch kein Fluch für die Erde, sondern ein willkommener Segen.

4. Damit eng verknüpft ist ihr Wunsch, bei den Menschen zu wohnen, sie zu lehren und zur Erkenntnis zu führen. So ist Sophia ein Symbol für die Erkennbarkeit der Welt, für das Wunder, daß es jene geheimnisvolle Korrespondenz gibt zwischen der Wahrnehmung und dem Denken und der inneren Ordnung der Schöpfung. Dabei fordert sie weder Gehorsam, noch Opfer, noch Kult, sondern wendet sich an den einzelnen mit ihrem Rat, mit einem Rat, hinter dem allerdings die göttliche Weltordnung steht.

5. Nur eine Einschränkung gibt es für dieses Erkennen: Wenn der Mensch sich auf seine eigene Intelligenz verläßt, wenn er die Weisheit der Natur nicht zu seiner Meisterin erkürt, gerade dann wird er ihre Geheimnisse verfehlen, dann entzieht sich ihm die Einsicht, bleibt verborgen und unauffindbar.

6. Damit hängt eng zusammen das innere Gesetz der Gerechtigkeit. Die Juden haben die Thora mit Sophia identifiziert. Für sie ist die Thora kein unerfüllbares Gesetz, wie es von der christlichen Theologie seit Paulus behauptet wird, sondern das Lebensgesetz, dessen Einhaltung Glück und Wohlstand, mit einem Wort: Schalom, verspricht.

7. Schließlich enthält sogar das Motiv der Verborgenheit der Sophia eine Verheißung: Sie will zu den Menschen kommen, bei ihnen Wohnung nehmen, darum gibt es die Hoffnung, daß sie wiederkehrt und ihr Geist gleich Wasser auf alle ausgegossen wird.

Nun haben Anfangsvisionen mit ihrem großen Licht leider die

Eigenschaft, daß sie nur ansatzweise verstanden werden und darum wieder aus dem Bewußtsein verschwinden. Und die Verdunkelung ist dann auch Anfang eines oft mühsamen, schmerzhaften Suchweges. Das frühe Christentum hat die Sophia durchaus gekannt. Jesus, so läßt es sich im Neuen Testament zeigen, wurde als der endzeitliche Gesandte und Offenbarer der Sophia verstanden: Viele seiner Worte sind nachweislich Sophia-Worte, wie zum Beispiel sein Ruf: «Kommt her zu mir, die ihr mühselig und beladen seid, ich will euch Ruhe geben!» Er, der den Titel Menschensohn für sich in Anspruch nahm, war ein Sohn der Sophia, Weisheitslehrer. Und der Heilige Geist, den er zu senden versprach und der zu Pfingsten ausgegossen wurde, wurde von Anfang an als Geist der Sophia verstanden, der in alle Wahrheit leiten wird. Gewiß ist, daß die Vorstellung vom Kosmischen Christus undenkbar wäre ohne die Rezeption der Weisheitsliteratur. Die Ostkirche, deren große Kirche in Byzanz den Namen Hagia Sophia, Heilige Weisheit, trägt, ist eine Christuskirche, und die Ostkirche hat in Konsequenz daraus auch ein anderes Verhältnis zum Kosmos, sie spricht von der Theosis, der Vergöttlichung, der Verklärung der Welt am Ende der Tage.

Ganz anders verlief die Entwicklung im westlichen Europa. Seit Augustin wurde hier die Erbsünden- und Rechtfertigungslehre zum zentralen Inhalt der Verkündigung; das Seelenheil, die Erlösung aus dem irdischen Jammertal, nahm alle Aufmerksamkeit in Anspruch, das Christentum wandte sich von der Natur, vom Kosmos ab, wurde weltlos. Die ägyptisch-griechisch-römische Bildung wurde als heidnisch und gotteslästerlich abgelehnt. Wissenschaft und Philosophie fanden im ersten Jahrtausend im frühen Islam eine Heimat, nicht aber in den christlichen Staaten. Und als die Renaissance auf dem Umweg über die arabische Welt und das Judentum die Erforschung der Welt wieder zum Thema machte, wurden die Vertreter der Naturerforschung verketzert, verdächtigt, exkommuniziert. Goethe hat in seinem «Faust» diese Verkehrung auf unnachahmliche Weise deutlich gemacht. Doktor Faustus klagt:

«Habe nun, ach! Philosophie,
Juristerei und Medizin,
und leider auch Theologie
durchaus studiert, mit heißem Bemühn.
Da steh ich nun, ich armer Tor!
und bin so klug als wie zuvor;
heiße Magister, heiße Doktor gar,
und ziehe schon so manches Jahr
herauf, herab und quer und krumm
meine Schüler an der Nase herum –
und sehe, daß wir nichts wissen können!
Das will mir schier das Herz verbrennen.
...
Es möchte kein Hund so länger leben!
Drum hab ich mich der Magie ergeben,
ob mir durch Geistes Kraft und Mund
nicht manch Geheimnis würde kund;
daß ich erkenne, was die Welt
im Innersten zusammenhält» (Faust I, Nacht).

Faust, um seinen Wissensdurst zu stillen, weiß keinen anderen Ausweg, als einen Pakt mit dem Teufel zu schließen. Die Verborgenheit der Sophia ist buchstäblich zur finsteren Nacht geworden, die Ablehnung der Natur und ihrer Weisheit hat sie dämonisch aufgeladen, sie zur Versuchung schlechthin werden lassen. Denn wissen zu wollen, so die Überzeugung der Kirche, ist gleichzusetzen mit der Hybris des Menschen, mit seinem Hang, Gott gleich sein zu wollen. Diese Behauptung ist zu einer sich selbst erfüllenden Prophezeiung geworden. Denn was im Zeitalter der Aufklärung in Europa an Wissenschaft und Technik entstand, schon in seinen Anfängen mit einem atheistischen Affront gegen die Kirche aufgeladen, hatte, wie wir heute sehen, wirklich diabolische Wirkungen. Weltweites Unrecht, Entfremdung von der Natur, ökologische Katastrophen und eine geradezu unheimliche Macht, verbunden mit dem erschreckenden Erfolg menschlichen Machens und Zerstörens bis hin zur Atombombe und den noch grausigeren biologisch-chemischen Waffen sowie der Gentechnik, können wirklich das Urteil rechtfertigen, die Menschheit sei des Teufels.

Selbstverständlich ist das eine sehr vereinfachte Zusammenfassung der abendländischen Entwicklung, sicher hat es vereinzelte Stimmen auch in Westeuropa gegeben, die anderes wußten und lehrten. Hildegard von Bingen habe ich schon genannt, aber auch sie wurde für sieben Jahrhunderte vergessen, und geschichtswirksam wurde eben die andere Tendenz. Anfang dieses Jahrhunderts verständigten sich Kirche und Naturwissenschaft – die alten Feinde – schließlich darauf, daß man sich die Bereiche teilen müsse, der Glaube sei für das Privatleben da, Wissenschaft und Politik aber hätten ihren eigenen Gesetzen zu folgen.

Die wahre «Weltfrömmigkeit» – ein Begriff, den Goethe prägte – bahnte sich bei denen an, die aller abendländischen Verblendung zum Trotz das «heilig öffentliche Geheimnis», so noch einmal Goethe, wieder zur Kenntnis nahmen, nämlich die Schönheit und Heiligkeit der Natur, des Kosmos.

Ein Philosoph nannte die Art, wie die meisten Naturwissenschaftler heute denken und arbeiten, den «Zölibat des Intellekts» und benannte damit sehr zutreffend eine Wissenschaft, welche die Sophia nicht lieben und ehren will, sondern sich auf sich selbst verläßt und damit Zerstörung betreibt. Aber gerade ein Albert Einstein brachte eben auch wieder die Religion ins Gespräch, wie ich überhaupt zur Zeit die Frömmsten unter einigen Naturwissenschaftlern entdecke. Einstein sagt zum Beispiel:

«Das Schönste, was wir erleben können, ist das Geheimnisvolle. Es ist das Grundgefühl, das an der Wiege von wahrer Kunst und Wissenschaft steht. Wer es nicht kennt und sich nicht mehr wundern, nicht mehr staunen kann, der ist sozusagen tot und sein Auge erloschen. Das Erlebnis des Geheimnisvollen – wenn auch mit Furcht gemischt – hat auch die Religion erzeugt. Das Wissen um die Existenz des für uns Undurchdringlichen, der Manifestationen tiefster Vernunft und leuchtendster Schönheit, die unserer Vernunft nur in ihren primitivsten Formen zugänglich sind, dies Wissen und Fühlen macht wahre Religiosität aus, in diesem Sinn und nur in diesem gehöre ich zu den tief religiösen Menschen.»[7]

Einstein verwahrt sich gegen einen lohnenden oder strafenden Gott, gegen die persönliche Auferstehung und bekennt:

«Mir genügt das Mysterium der Ewigkeit des Lebens und das Bewußtsein und die Ahnung von dem wunderbaren Bau des Seienden sowie das ergebene Streben nach dem Begreifen eines noch so winzigen Teiles der in der Natur sich manifestierenden Vernunft.»[8]

Ich könnte noch viele weitere Beispiele anführen. Es scheint, als kehre heute die Anfangsvision der Sophia wieder – oft ohne daß sie beim Namen genannt wird. Aber die gewaltige Ernte des Wissens, die in den letzten Jahrhunderten und Jahrzehnten angehäuft worden ist, wird doch von immer mehr einzelnen wieder zusammengetragen, um das Gewand der Sophia zu beschreiben, angereichert mit mehr Kenntnis, mehr Erfahrung, differenzierter, umfangreicher, gewaltiger und dabei doch immer geheimnisvoller. Was in der Anfangsvision in poetische Bilder gekleidet wurde, kann heute konkreter, manchmal allerdings auch nur in mathematische Formeln gekleidet, beim Namen genannt werden. Aber es mehren sich doch die Stimmen, die dem Wunder der Erde und des Kosmos wieder mit Staunen, mit Ehrfurcht begegnen. Und mit dieser Haltung wird der Sophia gleichsam wieder eine Wohnung eingeräumt. Das mechanistische Weltbild, das sich die Materie als Anhäufung toter kleinster Teile, der Atome, dachte, ist überholt, seit das Atom sich als eigener Mikrokosmos von energetischen Schwingungen darstellt. Die These vom blinden Zufall der Evolution weicht der Einsicht, daß es wohl doch Geist, Wille und damit ein inneres Ziel sein müsse, das sie vorantreibt. Dem Leben selbst wohnt nicht nur die Fähigkeit der Selbsterhaltung und Selbstbalance inne, sondern auch die Fähigkeit zur Selbsttranszendenz, um sich in immer komplexere Formen zusammenzuschließen; vorläufig kulminiert dies im Menschen und seinem Bewußtsein. Aber womöglich, so Teilhard de Chardin, gewinnt die Menschheit als ganze die Fähigkeit, auf neuer, geistiger Ebene, zu einer komplexen Ganzheit zusammenzufinden. Der Weltraum, lange als tote, leere Wüste verstan-

den, ist womöglich doch lebendig, die Spiralnebel lebende Wesen, die nur unserer beschränkten Wahrnehmung als unbelebt erscheinen. Unsere Erde, jener bis heute noch immer einmalige Planet im bekannten Universum, mit ihrer einmaligen und vielfältigen Evolution, ist womöglich als lebendiges Subjekt seiner Evolution zu begreifen, als ein Wesen, das durch das erstaunliche Gleichgewicht zwischen Wärme in ihrem Kern und der Sonneneinstrahlung ein ganz besonderes Biotop geschaffen hat und seit Jahrmillionen mit Hilfe ihrer Atmosphäre die Temperaturschwankungen, die die Sonne hervorruft, immer neu so ausgeglichen hat, daß Leben weiter möglich war und ist.
Und wie wir von Energiefeldern zu sprechen gelernt haben durch die Physik, so haben wohl auch alle einzelnen Gattungen, ob Pflanzen oder Tiere, ein je eigenes morphogenetisches Feld, einen seelisch-geistigen Zusammenhalt. Das neue Paradigma der Wissenschaft, von der etablierten Wissenschaft zur Zeit noch mit Spott verlacht, zieht immer mehr junge Wissenschaftler in seinen Bann, lehrt neu das Staunen, ohne daß die Empirie darüber vernachlässigt werden müßte, gerade weil das neue Paradigma bisher ungelöste Rätsel zu lösen verspricht. Und dieses neue Paradigma führt zur Konvergenz, zu einer erstaunlichen Übereinstimmung mit dem, was Mystikerinnen und Mystiker aller Religionen, was insbesondere die sogenannten Naturreligionen seit jeher intuitiv erkannt und gesagt haben: Sie wußten schon immer von der Schönheit, von der Harmonie, vom inneren Zusammenhang alles Lebendigen und seiner Beseelung, seinem Geistcharakter. Sie sprachen, ebenso wie einige der Großen unserer Tradition, ob Pythagoras oder Kepler, vom Sphärenklang, von der musikalischen und dabei harmonischen Struktur nicht allein der Planetenbahnen unseres Sonnensystems, sondern auch in der Morphologie der Pflanzen und Tiere bis hin zum Menschen. Erst heute wissen wir auch etwas von der Ökosymbiose auf unserem Planeten, jener wundersamen, feinen inneren Abstimmung zwischen dem Boden und seinen Milliarden Bakterien und Pilzen, bis hin zu den Pflanzen, die darauf wachsen und einander ergänzen, und bis zu den Tieren; wir wissen von ihrem

Zusammenklang mit den Gezeiten, mit dem Mond, mit Winden und – wer weiß? – dem Magnetfeld der Erde. Wir wissen, daß jede lebende Zelle ein Wunderwerk an Ökonomie und Transformation ist, daß sie hört, insbesondere auf Musik, und darauf reagiert, daß sie in ständiger Kommunikation mit ihrer Umgebung lebt und dennoch sich selbst gleich bleibt. Wir erkennen, daß selbst das Sterben ein wunderbarer Einfall der Evolution war, weil nur durch die sexuelle Vermehrung und die daher unvermeidliche Endlichkeit des einzelnen Wesens jene unendliche Vielfalt und Weiterentwicklung des Lebens möglich war.
Eines der kühnsten und zugleich sachlichsten Bilder für die Sophia hat für meinen Begriff der amerikanische Physiker und Mystiker Brian Swimme entworfen. Er lehrt, endlich wirklich universal zu denken, nämlich vom Universum aus. Er deutet den Anfang des Universums, den sogenannten Urknall, als eine Explosion der Freude, die in Hingabe mündete – einer Hingabe, der wir alle uns verdanken, weil die Elektronen, Protonen und was immer sonst an Materieteilchen, Energien und Schwingungen unseren Leib, die Erde und alle Spiralnebel ausmacht, vor zwanzig Milliarden Jahren bei jenem Urknall geboren wurden.

«Es gab keinen Platz im Kosmos, wo dieses Feuer nicht war. Jeder Punkt des Alls war ein Ort, der von diesem Licht explodierte, und alle Teilchen im Universum schäumten über von Hitze und Druck – alles, was wir um uns herum sehen, alles, was es überhaupt gibt, war schon am Anfang da, bei dieser großen, lodernden Explosion des Lichts.»[9] «Und wir», sagt er weiter, «sind die ersten Menschen, die in den Nachthimmel schauen und dort die Geburt von Sternen, von Galaxien, ja die Geburt des ganzen Kosmos sehen können.»[10]

Der Ursprung vor zwanzig Milliarden Jahren ist Gegenwart, aber eine Gegenwart, die ausgerechnet im Menschen zur Selbstwahrnehmung, zum Bewußtsein kommen will.

«Hast du geglaubt», schreibt Swimme, «daß das Universum 20 Milliarden Jahre Arbeit investiert hätte, um dich zu erschaffen, wenn es nicht einen speziellen Auftrag gäbe, den du – und nur du – erfüllen kannst? Die in dir wohnenden schöpferischen Kräfte werden rechtzeitig für die Aufgabe zum Leben erweckt, für die sie geschaffen wurden.»[11]

Der Mensch ist nach ihm das jüngste Kind des Universums, zum Bewußtsein erwacht, um dem gesamten Universum Selbst-Erkenntnis und Freude an der eigenen ehrfurchtgebietenden Schönheit zu ermöglichen. Er sagt:

«Wir wurden hervorgebracht, damit diese Erfahrungen von Schönheit die Stufe des Bewußtseins erreichen konnten. Die schöpferische Arbeit der Supernovae geschah Milliarden Jahre ohne Selbst-Erkenntnis. Ein solcher Stern konnte nicht aus eigener Kraft ein reflexives Bewußtsein für seine Schönheit oder sein Opfer entwickeln – er kann jedoch durch uns über sich selbst reflektieren. In gewissem Sinne bist du der Stern. Jedes Element wurde in Temperaturen geschmiedet, die millionenfach heißer sind als geschmolzenes Gestein, jedes Atom wurde in lodernder Sternenhitze geformt. Deine Augen, dein Gehirn, deine Knochen – alles an dir ist aus Schöpfungen dieses Sterns zusammengefügt. Du bist dieser Stern, in eine Lebensform gebracht, die es dem Leben ermöglicht, sich selbst zu erkennen. So gesehen, weiß der Stern um seine große Leistung, um seine Hingabe, seinen gewaltigen Beitrag an das Leben – aber nur durch seine nachfolgende Ausdrucksform – durch dich.»[12]

Swimme nennt uns Menschen bewußt Kinder des Universums, seine jüngsten Sprößlinge, und aus der Biologie leitet er die Erkenntnis her, daß nur der Mensch, im Unterschied zu den Primaten, ein Leben lang etwas Kindliches behält, sowohl in seiner Körperform wie in seinem Verhalten und Denken. Er nennt es eine reife Form der Kindheit[13] und folgert daraus, daß wir auf dieser Erde leben, um zu forschen, zu lernen, zu entdecken, neue Sachen auszuprobieren, um zu spielen, vor allem auch, um leidenschaftlich zu lieben – und um zu lachen.[14]

«Lerne singen, lerne dein Leben und deine Arbeit als ein Lied zu sehen, das das Universum schreibt. Tanze! Jeder Schritt, jeder Handgriff, den du machst, ist wie der Tanz der Galaxien und aller Lebewesen ...»[15]

«Nimm dir die Supernovae zum Vorbild. Als sie sich mit Schätzen vollgefüllt hatte, explodierte sie in einer riesigen kosmischen Feier. Was hättest du getan? Hättest du den Mut gehabt, das Universum mit deinen Reichtümern zu überhäufen? Oder hättest du dir das mit der Begründung ausgeredet, du wärest zu schüchtern? Oder hättest du deine Schätze gehortet und darauf bestanden, daß sie sie nicht verdienen, weil sie nicht dafür gearbeitet hätten? Erinnere dich an die außergewöhnliche Freigebigkeit der Supernovae und ihre Feier des Lebens. Unser tiefster Wunsch ist es, unsere Schätze zu teilen, und dieser Wunsch wurzelt in der Dynamik des Kosmos.»[16]

Ich muß an mich halten, denn am liebsten würde ich Ihnen das ganze Buch von Brian Swimme, «Das Universum ist ein grüner Drache», vorlesen. Ich erinnere an die anfängliche Sophia-Vision: schön, strahlend, jung wie ein Sonnenaufgang, das Urlicht. Ein Schatz, der weder mit Gold noch Silber aufzuwiegen ist, menschenfreundlich, im Menschen wohnen wollend. Und höchster Ehrentitel des Menschen: Kind der Weisheit zu sein, geradezu an ihren Brüsten zu saugen.
Alle diese Umschreibungen tauchen bei Brian Swimme wieder auf, der das Universum eine Freudengeburt nennt, hervorbrechend aus Freigebigkeit, sich gestaltend in der Evolution des Lebens, deren jüngste Kinder wir Menschen sind, um zu staunen, es zu entdecken, seine Schönheit wahrzunehmen und darin zu spielen. Es klingt zu schön, um wahr zu sein, und doch bietet Brian Swimme, ebenso wie Naturforscher und Mystiker Generationen vor ihm, alles Wissen und alle Intuition auf, um uns diese Vorstellung einzuprägen. Mit Bedacht nennt er sein Buch «Das Universum ist ein grüner Drache» und knüpft damit an die archaische Vorstellung von der Ur- und Weltenschlange an. Er begründet diese Bildwahl, um daran zu erinnern, daß wir «niemals fähig sein werden», das Universum «durch unsere Sprache erfassen zu können»[17]. Wie er da so sicher sein könne? «Weil es das Universum nur einmal gibt.» Um etwas genau beschreiben zu können, brauchen wir einen Vergleichspunkt, den wir aber nicht haben. Zweitens, schreibt er, gibt es inzwischen revolutionäre neue Erkenntnisse über das Universum,

und mit seinem Namen «grüner Drache» wolle er sein Staunen darüber ausdrücken, daß wir Menschen heute immerhin so viel vom Universum wissen.[18]

Ähnlich wie der grüne Drache erscheint die Sophia: Sie ist vielfarbig, vielgestaltig und niemals ganz in Worte zu fassen, zugleich aber Anlaß zum Staunen – über sie selbst und zugleich über die Fähigkeit des Menschen zur Erkenntnis.

Gertrude Deninger-Polzer

Göttliches Tier – tierischer Gott
Bedeutung und Aufgabe der Tiere in der Mythologie

Das Tier spielt in der Mythologie und Märchenwelt eine große Rolle. Überall auf der Welt treffen wir auf Mythen, in denen Tiere als Schöpfer der Erde oder als Gehilfen bei der Ausgestaltung der Welt mitwirken. In vielen Märchen begegnet uns das Motiv des hilfreichen Tieres, sei es, daß in ausweglosen Situationen Tiere als Ratgeber, Beschützer oder Wegbegleiter der Menschen auftreten, oder sei es, daß Tiere scheinbar unüberwindliche Schwierigkeiten beseitigen und ausweglose Situationen mühelos bewältigen.
Die Grenzen zwischen tierischer und menschlicher Existenz verschwimmen, wenn ein Mensch sich in ein Tier verwandelt oder verwandelt wird beziehungsweise ein Tier sich als Mensch «entpuppt»: Das Tier als Symbol für Wandlungs- und Entwicklungsprozesse ist ein beliebtes Motiv vieler Erzählungen. Auch auf dem beschwerlichen «letzten» Weg, dem Jenseitsweg, treffen wir auf Tiere als Wegbegleiter der Menschen.
Welche Erkenntnisse verbergen sich hinter diesen Tiermythen, Fabeln und Märchen? Welche Erfahrungen mußten Menschen gemacht haben, um den Tieren eine solche Vielfalt von Aufgaben zuzuschreiben?

1. Menschliche Identitätsfindung zwischen Zoolatrie und Theophanie

Göttliches Tier – tierischer Gott: Diese Formulierung läßt vor unseren inneren Augen Bilder fremdartiger Erscheinungen auftauchen: Menschenkörper mit Tierköpfen, Tierkörper mit menschli-

chem Haupt, Tiergestalten oder Menschen mit eigenartigen Zeichen auf dem Kopf – eine irritierende Vielfalt von Darstellungen, die uns in den Bann der *altägyptischen Mythologie* ziehen.
Woher kommen diese Vorstellungen, was bedeuteten sie den Menschen vor 5000 Jahren, was sagen sie uns heute?
Der ägyptische Götterglaube ist in Darstellungen mindestens seit dem Chalkäolithikum (Kupfersteinzeit), also seit dem 4. Jahrtausend vor Christus belegt. Jedoch zu unserem großen Erstaunen finden sich neben Statuetten und Darstellungen menschlicher, meist weiblicher Gestalten viel häufiger Tiere als Objekt der Kunst und Verehrung. Vom Nildelta bis nach Nubien sind Funde von mit großer Sorgfalt bestatteten und mit Grabbeigaben versehenen Tieren gefunden worden, die auf die kultische Verehrung heiliger Tiere oder göttlicher Mächte in Tiergestalt hinweisen. Vorwiegend sind es Gazellen, Hunde oder Schakale, seltener Rinder oder Widder. Auch die sogenannten «Prunkpaletten» aus dieser Zeit zeigen Tierdarstellungen im Relief. Es scheint also ziemlich sicher, daß die Ägypter in vorgeschichtlicher Zeit göttliche Mächte vorwiegend in Tiergestalt verehrten.[1] Dagegen finden sich aus dieser Zeit bisher keine sicheren Anhaltspunkte dafür, daß Gottheiten in Menschengestalt verehrt wurden.
Die ältesten Könige des geeinten Ägyptens zu Beginn des 3. Jahrtausends tragen Tiernamen, wie Skorpion, Wels, Kobra, Schwingenspreizer (wohl ein Raubvogel), um gleichsam durch den Namen an der Macht des Tieres teilzuhaben. Erik Hornung meint, daß sich dieses Phänomen der Konzentrierung numinoser Macht in der Tiergestalt in der Religionsgeschichte sicher vielerorts wiederholt habe, doch lasse es sich allein in Ägypten geschichtlich greifen und dokumentarisch belegen:

«Für den vorgeschichtlichen Ägypter ist numinose Macht, gleich welcher Art, in erster Linie an das Tier gebunden, in zweiter Linie an Pflanzen und an die unbelebte Natur. Dahinter steht sicher die uralte Erfahrung von der Überlegenheit des Tieres über den Menschen, der von ihm abhängt und bedroht wird. Im instinktsicheren [...] Handeln des Tieres offenbart sich eine unpersönliche Macht, an welcher der Mensch nur dann teilhaben kann, wenn er sich in ein Tier verwandelt, d.h. tierische Attribute annimmt.»[2]

Erst zu Beginn der geschichtlichen Periode vollzieht sich ein «geistiger Umbruch», in dem sich der Mensch seiner eigenen Fähigkeiten und Möglichkeiten bewußt wird, was zur «Vermenschlichung der Mächte» führt.[3] Nun erst wird die Menschengestalt *gottfähig*, was dazu führt, daß nun auch menschengestaltige Götter auftreten (ca. ab 2900 v. Chr.), doch ersetzen sie die tiergestaltigen Darstellungen nicht, sondern treten als neue Ausdrucksmöglichkeiten göttlichen Wirkens hinzu. Tier- und Pflanzensymbole auf dem Kopf der menschengestaltigen Gottheiten oder anstelle des Kopfes oder als Körper mit Menschenkopf sind einander nicht ausschließende Erscheinungsformen des Göttlichen (Abb. 1).
Eine der ältesten Darstellungen des Weiblich-Göttlichen in Tiergestalt und dann in Tier-Mensch-Mischgestalt ist die Kuhdarstellung der Hathor. Sie kann von der reinen Kuhgestalt bis hin zur schlanken weiblichen Menschengestalt mit Kuhhörnern oder Kuhohren vielerlei Variationen aufweisen. Menschliche und tierische Attribute zusammengenommen ergeben ein brauchbares Abbild der Gottheit. Zoolatrie also? Das wäre zu oberflächlich betrachtet. Die Darstellungen auf den Prunkpaletten, beispielsweise auf der Schlachtfeldpalette (Abb. 2) und der Narmer-Palette (Abb. 3), zeigen, wie Tiere nackte Menschen (besiegte Feinde) vor sich hertreiben beziehungsweise wie der in Tiergestalt dargestellte Pharao oder Gott den besiegten Feind (mit Menschenkopf) am Schopf packt, um ihn zu töten.
Nackt und bloß dem Angriff der wilden Tiere schutzlos ausgeliefert, unterlegen an Körperkraft, Schnelligkeit und instinkthafter Orientierung – so scheint sich der Mensch dem Tier gegenüber gefühlt zu haben. Deshalb war es für ihn nur selbstverständlich, am Tier alles das ehrfurchtsvoll zu bewundern, was ihm selbst fehlte: die Schnelligkeit der Gazellen, die Fähigkeit der Vögel, sich in die Lüfte zu erheben, die Wendigkeit der Affen im Springen und Klet-

Abb. 1: Ägyptische Götter in Tier-, Menschen- und Mischgestalt.
Zusammenstellung der Autorin nach einem Plakat.

RE· Ur-und Sonnen-
gott; Reichsgott, in
Verbindung mit
Amun oberster
aller Götter
SECHMET·
Göttin von Krieg
und Krankheit,
Frau mit
Löwenkopf
SELKET·
Skorpiongöttin.
Schützerin des
Lebens und der
Kanopen
PTAH·
Ur-und
Schöpfer-
gott; Schutz-
patron der
Künstler
und Hand-
werker
SETH·
Gott der Wüste, in der
Rolle des Bösen. Bruder-
mörder des Osiris. Kopf
eines zoologisch nicht
bestimmbaren Tiers
SOBEK·
Krokodilgott,
hauptsächlich in
Kom-Ombo und im
Fayum verehrt
TOTH·
Gott der Weisheit,
der Gesetze und
heiligen Bücher.
Ibisköpfig

tern, die Möglichkeit der Schlangen, ihre Beute blitzschnell durch Gift zu erlegen, die Körperkraft und Zeugungsfähigkeit der Stiere, die Instinktsicherheit der Caniden, ganz zu schweigen von der Übermacht, die sich im Brüllen des Löwen oder im tödlichen Ansprung des Königstigers manifestierte.
Menschen machen sich Götter nach ihrem Bild, hatte der Grieche Xenophanes (ca. 570–475 v.Chr.) festgestellt. Sie gestalten gewissermaßen ihr Ideal zum Gottesbild,

> «doch wenn die Ochsen und Rosse oder Löwen Hände hätten oder malen könnten mit Händen und Werke gestalten wie Menschen, so würden die Rosse roßähnliche und die Ochsen ochsenähnliche Götterbildnisse malen und Götterfiguren formen, je nach ihrer eigenen Art und Gestalt.»[4]

Wie aber hätte für den Menschen die Menschengestalt zum Gottesbild werden können, solange er seinen Körper als mangelhaft empfand, verglichen mit den in seinen Augen viel besseren Fähigkeiten der Tiergestalt? Der Mensch verehrt als überlegene Macht immer nur das, was ihn fasziniert und gleichzeitig erschaudern läßt (Mysterium fascinosum et tremendum). Und das war in der Frühzeit der Menschheit offenbar das Tier, mitunter auch die Pflanze, zum Beispiel ein besonderer Baum. Wollte der Mensch an dieser im Tier wirkenden Macht teilhaben, mußte er sich der Tiergestalt so weit wie möglich annähern durch das Tragen von Tiermasken oder das Umhängen von Tierfellen und Tierschwänzen.
Das kann für uns, die wir immer nur gewöhnt sind, das Göttliche in anthropomorphen Bildern zu sehen, Anlaß zum Nachdenken sein: Scheint deshalb vielleicht Gott für viele Menschen heute so «außerhalb» oder «über» der Welt zu sein, so nicht zur Natur gehörig, weil wir ihn so lange unserer Kopflastigkeit und blutleeren Rationalität angeglichen haben, bis wir ihn von unserer vitalen Erfahrungsebene in eine lebens- und sinnenfeindliche Transzendenz wegabstrahiert hatten? Waren uns hier die alten Ägypter voraus, indem sie in Geiern und Falken, Krokodilen und Nilpferden, Mistkäfern und Skorpionen, Schlangen, Kühen und Stieren zwar nicht

Abb. 2: Die Schlachtfeldpalette.
Aus: E. Hornung: Der Eine und die Vielen. Darmstadt 1973, S.95.

Götter, auch nicht Abbilder von Göttern, wohl aber *Sinnbilder für das Wirken göttlicher Kräfte* erblickten, so daß für sie die ganze Schöpfung – vom Papyrus und der Lotosblüte, von der Sykomore und der Gerste auf dem Feld, von den Tieren bis zu den Menschen – von der gleichen göttlichen Lebenskraft durchzogen war.

So reicht eine Sykomore Thutmoses III. die Brust, und er erlebt die gütige Fürsorge der Göttin Isis (Abb. 4).

Interessant erscheint mir in diesem Zusammenhang die Tatsache, daß die altägyptische Sprache keine Bezeichnung für den Begriff *Tier* kennt, sondern nur Benennungen von Tiergruppen auf dem Hintergrund ihres Lebensraums: die Oberen – die Vögel und was in der Luft lebt; die Unteren – Wasserlebewesen; Kleinvieh, Großvieh, Wild, Gewürm. Keine Grenze abstrakter Klassifizierung trennt strikt Tiere, Menschen und Götter, sondern alle werden zusammengefaßt in Begriffe wie «alles Lebendige», «alles Seiende».[5]

Ähnlich wie für die alten Ägypter in vor- und frühgeschichtlicher Zeit hat sich offenbar auch für die Menschen der *Eiszeitkultur* das Numinose in Tiergestalt oder in tier-menschlichen Mischgestalten gezeigt, wie die vielen paläolithischen Höhlenmalereien und -gravierungen erkennen lassen. Zwar läßt sich die oft geäußerte Hypothese einer «Entwicklung» der Malerei vom Tierbild über die tiermenschliche Mischgestalt zum reinen Menschenbild (und somit vom tiergestaltigen über das mischgestaltige zum menschengestaltigen Gottesbild) in der eiszeitlichen Kunst nicht eindeutig belegen,[6] doch erscheint mir die Vermutung durchaus berechtigt, daß in dieser frühen Periode sich für die Menschen im Tier oder in der Mischgestalt das Göttliche eher «verkörperte» als in der Menschenform. Letztlich jedoch bleibt es für uns ein Rätsel, wie die Menschen damals wirklich gedacht und wie sie sich das Wirken einer numinosen Macht vorgestellt haben mögen. Unsere heutigen Erkenntnisse sind ja immer schon mit zeit- und kulturbedingten Projektionen beladen, wenn wir diese frühen Perioden zu erhellen suchen. Wir wissen letztendlich auch nicht, wann und wie der entscheidende «schöpferische Sprung» im Bewußtsein oder Selbst-

Abb. 3: Die Narmerpalette.
Aus: E. Hornung: Der Eine und die Vielen. Darmstadt 1973, S.97.

wertgefühl der Menschen erfolgte, durch den sie sich als den Tieren überlegen zu fühlen und sie zu beherrschen begannen. In der altägyptischen Bildkunst und Dichtung jedenfalls bleiben die Übergänge und Wandlungsmöglichkeiten zwischen Tier, Mensch und Gottheit noch lange fließend. Das lassen besonders gut die ägyptischen Schöpfungsmythen erkennen.

2. Das Tier als Schöpfer

Die Schöpfungsmythen der *alten Ägypter* lassen in ihrer nie von dogmatischer Zensur verstümmelten Vielfalt herrlich unbekümmert scheinbar Widersprüchliches nebeneinander stehen. Auf die Frage: *«Woher kommen wir?»* – das heißt alle Seienden von der Pflanze bis zu den Göttern – fiel den Ägyptern die jährlich erfahrbare Nilüberschwemmung und das Emportauchen des Landes beim Abschwellen der Flut ein. So stellten sie sich auch den Uranfang, das «Erste Mal», als Auftauchen eines Urhügels aus dem großen Urwasser, dem Nun, vor:

Auf dem *Ta-tenen*, dem «Land, das sich erhebt», wächst eine *Lotosblume*, in deren Kelch sich das Sonnenkind bildet. («Re, der sich erhob in der großen Lotosblume, die aus dem Nun hervorging», oder «Großer Lotos» wird er in Hymnen angeredet.)[7]

Oder aber eine *Schlange* entwindet sich dem Urhügel und befestigt die Erde; sie bringt einen Sohn hervor, der zur Sonne wird. («Die Sonne, die eine schöne kupferne Schlange im Innern der goldenen Lotosblüte war, die aus dem Nun hervorging beim Ersten Mal», oder «Weltumzinglerin» wird sie genannt.) In der Erntegöttin Thermutis, dargestellt mit Schlangenkopf, wird sie zur Vegetationsgöttin.[8]

Es kann aber auch ein *Ei* sein, das am Urhügel entsteht. Aus ihm schlüpft der Sonnengott als Falke oder Nilgans. («Ich bin der große Falke, der aus dem Ei hervorkam», sagt er von sich, und seine Anrede ist «Großer Gackerer»).[9]

Oder eine *Kuh* taucht aus dem Wasser auf und gebiert am Urhügel

Abb. 4: Thutmosis III. wird von seiner «Mutter», der Baumgöttin, gestillt. Sargkammer Thutmosis III.
Aus: E. Hornung: Tal der Könige. Die Ruhestätte der Pharaonen. Zürich/München ²1983, S.95.

das Sonnenkalb («die Kuh Ahet, die Re gebar», «Mehet-uret», «Große Schwimmerin» wird sie genannt).[10] Noch in der hebräischen Bibel erscheint das Bild von den aus dem Nil auftauchenden Kühen in einem Traum Pharaos: Genesis 41,1–4.
Natürlich kennen die Ägypter auch Mythen, in denen eine Gottheit die Welt handwerklich gestaltet: Chnum, der Töpfer, widderköpfig dargestellt, bildet auf seiner Töpferscheibe Tiere und Menschen, stellt so jeden Embryo und sein *Ka* (seine Lebenskraft) her. Oder der Gott Ptah von Memphis schöpft das Land aus dem Wasser und «knotet die Erde zusammen». Auch durch geschlechtliche Zeugung oder durch Aushusten oder Spucken kann Lebendiges entstehen, oder aber eine Gottheit plaudert mit den Gewässern, und aus den ins Wasser gefallenen Worten entstehen die Lebewesen.[11]
Entscheidend ist die Einsicht der alten Ägypter in die *grundsätzliche Verwandtschaft alles Lebendigen*, die zu einem partnerschaftlichen Verhältnis zwischen Mensch, Tier und Gottheit führte. In vielen Hymnen wird diese Einheit der Seienden erkennbar. Der Gedanke, daß Pflanzen, Tiere, ja sogar die Gestirne für den Menschen erschaffen seien, klingt zwar in frühen ägyptischen Texten an, wird aber nicht zum vorherrschenden Thema. So heißt es beispielsweise in einem Text um 2200 vor Christus:

«Versorgt sind die Menschen, das Kleinvieh Gottes. Er hat Himmel und Erde nach ihrem Wunsch gemacht, den Gierigen des Wassers in seine Schranken gewiesen. Er schuf die Luft, um ihre Nasenlöcher zu beleben. Denn sie sind seine Abbilder, die aus seinen Gliedern (aus seinem Fleisch) hervorgingen. [...] Er hat die Futterpflanzen für sie geschaffen, Kleinvieh, Vögel und Fische, um sie zu ernähren.»[12]

Doch in vielen anderen Texten Ägyptens erscheinen die Menschen stärker den Tieren zugerechnet als den Göttern und nehmen «bescheiden ihren Platz zwischen Nilpferden und Krokodilen» ein, bei einer «providentiellen Ordnung, die ihre Wohltaten bis auf die jungen Falken ausdehnt und sogar den Mäusen ihre Nahrung gibt»:

«Es leben die Falken von [kleineren] Vögeln,
Schakale von der Beute im Umherschweifen,
Schweine vom Wüstensand,
Nilpferde vom Sumpfland,
Menschen vom Korn,
Krokodile von den Fischen,
Fische vom Wasser, das im Nil ist,
[all' dies] gemäß der Anordnung Atums.»[13]

Man kann in dem priesterschriftlichen Schöpfungslied Genesis 1–2,4a die bewußte und gewollte Abkehr der jüdischen Priesterschaft von der als Tierkult (Zoolatrie) mißverstandenen Verehrung des Göttlichen in tierhafter oder gestirnhafter Erscheinungsform sehen. In dieser Zeit – im 6.–5. vorchristlichen Jahrhundert – hatte auch in Ägypten im Volk die Tierverehrung zu vielerlei merkwürdigen Auswüchsen geführt, wie die Tausende von Tiermumien zeigen. Es scheint aus magischen Beweggründen zu einem ebenso schwungvollen Tiermumienhandel gekommen zu sein wie zur in etwa vergleichbaren Reliquiensammelwut im christlichen Spätmittelalter.

Auch in den Mythen der Südsee finden wir die gleichzeitige Faszination und Furcht oder Ehrfurcht, die das Verhältnis der Menschen zu den Tieren kennzeichnet.[14]

Die *Aborigines Australiens* stellen sich heute noch vor, daß ihr Land von einem Labyrinth unsichtbarer Wege überzogen sei, die sie die «Fußspuren der Ahnen» nennen. Wir kennen sie unter der Bezeichnung «Traumpfade» oder «Songlines», denn es handelt sich um jene Wege, die einst am Anfang, also in der Traumzeit, die tiergestaltigen Ahnen der australischen Ureinwohner begingen, indem sie das Land ins Dasein sangen. Alles, was sie an einer Stelle sangen, wurde zum Besungenen: Vögel, Steine, Wasserlöcher, Pflanzen, Berge … Die Menschen stammen von diesen Ahnen ab und tragen als Sippenbezeichnung den Namen ihres Ahnentiers: Schildkröte, Känguruh, Eidechse, Regenbogenschlange, Emu oder Opossum. Mit ihrem Tier bleiben sie verwandt: Die entsprechende Tierart gilt dem Klan als Geschwister und darf nicht getötet werden. Die Aborigines vererben «ihre» Strophe des großen Schöpfungslieds an ihre Nachkommen weiter, denn es ist gleichzeitig die Landkarte «ihres» Wohngebiets. Australien konnte also – wenn man den Songlines entlang durch das Land zog – wie eine Partitur gelesen werden.[15]

In einem Schöpfungsmythos der *Aranda* aus Zentralaustralien wird erzählt, wie die ersten Menschen vollkommen hilflos und auf die Versorgung durch die Tiere angewiesen waren:

«Die Erde war tief unten, auf ihr lag das Salzwasser. Nur zwei Berge standen da, ihre Häupter ragten aus dem Salzwasser heraus. Torulba, der Spitze Berg, war der eine, Eralera, der Feste Berg, war der andere.
Auf den Hängen des Torulba wohnten die Larven. Es waren Menschenlarven. Sie hatten keinen Mund, an dessen Stelle saß ein kleines rundes Loch. Sie hatten weder Augen noch Ohren, nicht einmal kleine Löcher hatten sie dafür. Ihre Finger und Zehen waren zusammengewachsen wie die Krallen des Schnabeltiers. Ihre Hände waren zu Fäusten geballt und an der Brust angewachsen. Und manchmal waren auch Kopf und Beine zusammengewachsen. Und manchmal waren Kopf und Hände oder Arme und Beine zusammengewachsen. Es waren verwachsene Geschöpfe.
Wehe, wehe, die armen Menschenlarven! Erzähl uns von ihnen im Traum, Altjira!
Die Beine wickeln sich um ihre Körper, wie Reifen unsere Arme umschlingen. Wehe, sie konnten nichts tun, nichts! Ein Vogel flog herbei und fütterte sie mit Fladen aus der Asche. Vier Stämme lebten so an den Hängen des Berges Torulba. Es waren die Purula und die Kamara, die Ngala und die Mbitjana.
Menschenlarven lebten auch am Fuß des Berges Torulba. Sie wohnten im Salzwasser. Die Wasserlarven waren so beschaffen wie die Landlarven. Ihre Finger waren zusammengewachsen, auch ihre Augen und Ohren, und dort, wo der Mund ist, war ein kleines rundes Loch. [...] Wehe, wehe, die armen Geschöpfe! Erzähl uns von ihnen im Traum, Altjira!
Es stand dort auch der Berg Eralera, und in diesem Berg war eine Höhle. Dort lebten unsere großen Ahnen, von denen wir abstammen. Wir sind von gleichem Blut, sie und wir. [...]
Die großen Ahnen liefen in der Höhle umher, sie liefen auf dem Berg Eralera, auf der Erde und unter der Erde umher. So groß war ihre Macht. Und sie machten Menschen und Tiere und Pflanzen, denn in den Tagen,

die in den Träumen zu uns sprechen, waren die Menschen Tiere, und die Tiere waren Menschen. Der große Urahn Eidechse war da und lief über die Steine. Der große Urahn Maus war da und lief unter der Erde umher. Der große Urahn Gras war da, und seine Beine steckten im Erdreich. Der große Urahn Känguruh war da, sprang und lief auf der Erde und aß Blätter, dann sang er das Känguruhlied. [...]
Die Emu-Männer und alle, die mit ihnen verwandt waren, liefen über die Berge, konnten unter der Erde und auf der Erde gehen und aßen Früchte. [...] Die Adlermänner und alle, die mit ihnen verwandt waren, schwangen sich auf die Äste der Bäume, hüpften auf und ab und sangen ihr Lied. [...]
Die Menschenlarven, die bislang im Salzwasser gelebt hatten, zogen hinauf. Sie zogen auf eine kleine Insel und bauten Nester und lebten da. Die Larven konnten nichts tun. Wehe, sie konnten gar nichts tun. Ein Vogel und ein Fisch fütterten sie mit Fladen aus der Asche und mit rohem Fleisch.
Da kam der große Ahn all' jener, die des gleichen Blutes sind wie die Fliegenfangende Eidechse. Der große Ahn Fliegenfangende Eidechse trug ein Steinmesser. Er kam zu den Zusammengewachsenen und schnitt alles auseinander, was nicht zusammengehörte. Er schied Köpfe von Beinen, Hände von Köpfen und Arme von Beinen. Er machte den Zusammengewachsenen Schlitze für Augen und Ohren, auf daß sie sehen und hören konnten. Er machte ihnen einen Schnitt für den Mund zum Essen. Und in die Nase bohrte er mit zwei Fingern zwei Löcher.
Dann brachte er Holz und zeigte ihnen, wie man Feuer macht und wie das Feuer Essen kocht, damit dieses gut schmeckt. Er brachte einen Speer, einen Schild und einen Bumerang und zeigte ihnen, wie man damit Beute erlegt. [...]
Auch die großen Ahnen kamen aus ihren Erdlöchern und wanderten über die Erde und machten Tiere und Menschen, die des gleichen Blutes waren wie sie. Dann verwandelten sie sich in Bäume oder Hügel, in Quellen oder Felsen, und ihre Kraft ging in die Erde ein und ist bis heute darin.
Ihre Hügel und Quellen, ihre Bäume und Felsen und Büsche sind unsere großen Stätten. Wir suchen unsere großen Stätten auf und tanzen und singen da von den Dingen, die unseren großen Ahnen zugestoßen sind. Wir tanzen, singen und spielen, was sich einst zugetragen hat. So erkennen wir, was uns widerfahren soll.»[16]

Der Tierurahn Fliegenfangende Eidechse also ist es hier, der durch eine Art Operation aus den verwachsenen Menschenlarven erst lebensfähige und selbständige Wesen macht. Der im Mythos wiederholt angeredete Gott Altjira ist eine tier-menschliche Mischgestalt. Er hat einen Menschenkopf und -leib, aber Emufüße.

Auch bei vielen anderen Völkern findet sich die Vorstellung, daß ein Tier oder mehrere Tiere wichtige Schöpfungstaten ausführen. Dahinter verbirgt sich der Glaube, daß der Mensch dazu nicht fähig wäre. Ausgehend von der Erfahrung erlebter Überschwemmungen oder beeindruckt durch die Gewalt des Meeres schildern Mythen der Südsee, daß am Anfang nur tiefes, dunkles Wasser da war. Da kam die Schlange Malai und sprach: «Riff, hebe dich», und so stieg eine Insel aus dem Meer.[17]

Noch anschaulicher schildert ein *nordsibirischer Mythos*, wie eine Schwimmente Schlamm vom Grund des Meeres emportaucht, um die Erde zu bauen:

«In alten Zeiten reichte das Wasser bis an den Himmel, und es gab keine Erde. Im Wasser schwamm eine Tauchente.

Nguo, der im Himmel wohnte, sagte zu ihr: ‹Du schwimmst gut, Tauchente, und tauchen kannst du auch. Unter dem Wasser ist Land. Bring mir ein Stück davon herauf! Auf dem Land lebt es sich gut, besser als im Wasser.›

Aber die Tauchente antwortete ihm: ‹Ich habe Angst. Außerdem fühle ich mich im Wasser wohl. Ich brauche kein Land.›

Da wandte sich Nguo an eine Schwimmente: ‹Tauch unter, Schwimmente, und bring mir ein Stück Land herauf!›

‹Auch ich fürchte mich vor der Tiefe›, sagte die Schwimmente, ‹aber ich will es versuchen. Falls ich nicht ertrinke, bringe ich dir etwas Land herauf.›

Dann tauchte die Ente. Drei Tage blieb sie unter Wasser. Am vierten Tag kam sie wieder ans Tageslicht und hatte Gras und Flechten im Schnabel.

‹Breite auf dem Wasser aus, was du gebracht hast›, sagte Nguo. ‹Daraus wird die Erde wachsen.›

Die Schwimmente breitete das Gras und die Flechten auf dem Wasser aus, und die Erde bildete sich.»[18]

Diese Erzählung legt den Gedanken nahe, daß die im Himmel wohnende Gottheit Nguo auf die Hilfe der Schwimmente angewiesen ist, wenn die Erde entstehen soll.

Es kann auch die Schildkröte, der Frosch, der Biber oder der Seeadler sein, die diese Aufgabe lösen und Land aus der Tiefe des Meeres emportauchen.[19]
In einem *mikronesischen Mythos* ist es die *Alte Spinne*, die am Anfang allein da ist:

«Am Anfang war nichts. Alles war nirgends. Nichts mischte sich in etwas. Nur eine sehr große leere Stelle war da. Das einzige, was dort lebte, war die Alte Spinne. Sie ging eine Weile hin und her und fand die Große Muschel» –

so beginnt der Mythos. Die Alte Spinne kriecht in die Muschel, in der es ganz finster ist. Sie tastet umher und findet ein Schneckenhaus, auf dem sie drei Tage lang schläft, bis dessen Zauberkraft in ihren Körper eingegangen ist. Dann befestigt sie dieses Schneckenhaus an der oberen Muschelhälfte, und so entsteht der Mond. In seinem Licht erkennt die Alte Spinne einen Wurm, den sie zum Leben erweckt. Er stemmt auf ihren Befehl die obere Muschelschale hoch. Aus dem salzigen Schweiß, der bei dieser mühsamen Arbeit in die untere Muschelhälfte tropft, entsteht das Meer. Aus einem zweiten Schneckenhaus, das die Alte Spinne findet, macht sie die Sonne. Dann wandert die Alte Spinne über die Erde und findet einige große Steine. Sie ruft sie mit einem Namen, und antwortend erwachen sie zum Leben. Aus etwas Sand, den sie unter ihrem Fingernagel herauskratzt, formt die Alte Spinne dann den ersten Vogel.
Der Wind, den sie aus einem Stein «herausgerufen» hat, verbindet sich mit der Erde, und sie setzen nun die von der Alten Spinne begonnene Schöpfung fort, während sich diese von der Arbeit ausruht.[20]
Auch wenn die Erde schon vorhanden ist, bedarf es oft noch der List oder Kraft der Tiere, um sie bewohnbar zu machen. So fehlen zum Beispiel in indianischen Mythen die Sonne oder der Mond oder beide. Kojote und Adler müssen die beiden Gestirne erst bösen Geistern abjagen, die sie in Truhen eingesperrt halten.[21] Oder ein alter Eisbär hält die Sonne im Himmel gefangen, während die

Tiere auf der Erde unter grausamer Kälte leiden, bis der Rabe die Idee hat, mit Hilfe einer List die Sonne zu stehlen und auf die Erde zu holen.[22] In allen diesen Märchen zeigt sich deutlich, daß die Menschen wissen, was sie den Tieren zu verdanken haben. Deshalb auch ist ihr Verhältnis von Partnerschaft und Respekt geprägt.

In *hinduistischen Mythen* muß sich die göttliche Schöpferkraft dreimal in ein Tier und einmal in eine tier-menschliche Mischgestalt begeben, um die Welt und ihre Ordnung dem Wasserchaos zu entreißen: In den «Brahmanas» wird erzählt, wie Manu, ein urzeitlicher Gerechter, in seinem Waschwasser einen winzig kleinen Fisch findet, der ihn bittet, ihn zu pflegen, bis er groß genug ist, um im Meer leben zu können. Manu pflegt den Fisch, der sehr schnell wächst und in immer größere Behälter gebracht werden muß, bis er ein «Großfisch» geworden ist und von Manu ins Meer gebracht wird. Er prophezeit seinem Retter eine große bevorstehende Flutkatastrophe, die alles Leben verschlingen wird, und verspricht Manu, ihn und die Seinen in einem Schiff zu retten. Nach dieser Katastrophe soll Manu dann die neu entstehende Welt ausgestalten.[23]

In der Gestalt einer Schildkröte bietet der Gott Vishnu den anderen Göttern einen festen Halt, von dem aus sie das Milchmeer quirlen und so den Untergang der Welt verhindern können. Die Schildkröte spielte in der frühen indischen Dichtung eine wichtige kosmogonische Rolle: Sie trug die Erde und sicherte deren Stabilität. Mit ihrem Panzer bildete sie ja Himmel und Erde ab.

Als Eber schließlich taucht die göttliche Kraft in die Tiefe des Meeres und holt mit ihren Hauern die von Dämonen geraubte Erde wieder empor. Schließlich – und das ist schon ein Übergang vom Tier zum Menschen – besiegt der Löwenmann den Dämon *Hiranyakaschipu* (oder «Goldgewand»), der Ahn und Herrscher der Dämonen ist, und beseitigt dadurch das Götter und Welt bedrohende Chaos:

«Dann nahm der Herr eine noch nie dagewesene Gestalt an: Die eine Hälfte seines Körpers machte er zu der eines Mannes, die andere zu der eines Löwen. Und er ging zur Halle des Dämonenfürsten. Als dieser Feind der Götter den ungewöhnlichen Mann (sic) sah, röteten sich seine Augen vor Zorn, er erhob ein Gebrüll wie Donnergrollen und glich einer Ballung von schwarzblauen Wolken. Er stürmte dem Mannlöwen entgegen, und als er mit ihm handgemein geworden, wurde er von dem König der Tiere (sic), der der Stärkere war, mit scharfen Krallen furchtbar zerrissen.»

So hat sogar der große Gott Vishnu wiederholt eine Tiergestalt annehmen müssen, um die Welt retten zu können.[24]

3. Das Tier im Kreislauf der Wiedergeburten

In Religionen, in denen wegen der Vorstellung der zyklischen Wiederholung von Weltentstehung und Weltuntergang und dem damit zusammenhängenden Reinkarnationsglauben die Durchlässigkeit zwischen göttlicher, menschlicher, tierischer, pflanzlicher, ja sogar mineralischer Existenz noch größer ist, entstehen viele Mythen, die den Gestaltwechsel zwischen Wiedergeburten zum Thema haben. In diesen Denksystemen leben die Menschen ja mit der Vorstellung, möglicherweise in einer nächsten Existenz als Tier wiedergeboren zu werden. Deshalb verbietet sich ihnen die Mißachtung oder gar das Quälen von Tieren: Nach dem Volksglauben könnte es ja die Inkarnation in eben diesem Tier nach sich ziehen. So schildern volkstümliche Vorstellungen das Eingehen der Menschen in eine Tiergestalt als eine Art «Spiegelstrafe» für bestimmte Vergehen im vorausgegangenen Menschenleben.

«Das Reifen der Handlungen entsteht für einige nach dem Tode, für einige in diesem Leben, für einige hier und jenseits: Ihr Zustand ist es, der dies bestimmt. [...]
Ein Mann, welcher Unwahres redet, andere verklagt oder beleidigt oder unsinnig schwatzt, wird von einem wilden Tier oder Vogel geboren. [...]
Wer einen Brâhmana getötet, gelangt in den Mutterleib einer Gazelle, eines Hundes, Schweines oder Kamels, wer geistiges Getränk genossen, in den eines Esels. [...]
Eine Maus wird, wer Getreide gestohlen; ein Kamel, wer einen Wagen; ein Affe, wer Früchte; [...] eine Wespe, wer ein Hausgerät gestohlen.»[25]

Diese Vergeltungstheorie stellt eine starke Vergröberung der Lehre von der Wiederverkörperung dar.
In der hinduistischen Mythologie finden sich viele Beispiele für die Durchlässigkeit der verschiedenen Existenzweisen. Selbst die höchsten Götter sind in den Karmazusammenhang eingebunden durch den Dharma, das ewige Weltgesetz. Ihre Taten oder Untaten können sie in künftigen Weltzeiten wieder in tierische Existenzformen versetzen, wie der folgende Mythos zeigt:
Indra, der mächtige Gott und Bezwinger der gewaltigen Urschlange Vritra, will nach diesem Sieg die Götterstadt, die beim Kampf zerstört worden war, wieder aufbauen und ruft Vishvakarman, den Gott der Künste und Baumeister, der ihm Palast und Stadt so prächtig erbauen soll, wie es noch nie da war. Vishvakarman erbaut die Residenz in einem Jahr, doch Indra ist nicht zufrieden, will ständig Neues, noch Schöneres, noch Prunkvolleres, so daß der Baumeister sich schließlich heimlich an den Gott Brahma mit der Bitte um Hilfe wendet.
Am nächsten Morgen erscheint vor Indras Palast ein Brahmanenknabe mit Pilgerstab, der wunderbare Schönheit und Weisheit ausstrahlt. Er ist etwa zehn Jahre alt. Indra begrüßt und bewirtet ihn, wie sich das für einen Brahmanensohn geziemt. Der Knabe blickt sich im Palast um und sagt dann: «Keinem Indra vor dir ist es je gelungen, solch einen Palast zu vollenden, wie deiner werden soll!» Indra muß lachen: «Sage mir, Kind, sind sie denn wirklich so zahlreich, die Indras und Vishvakarmans, die du gesehen hast?» Der Knabe antwortet mit einer Stimme «so warm und süß wie frische Milch, die eben von der Kuh kommt, aber was er sagte, sandte einen Schauder durch Indras Adern»:

«‹König der Götter, ich habe die furchtbare Zerstörung des Alls miterlebt. Am Ende jedes Kreislaufs habe ich wieder und wieder alles vergehen sehen. In dieser schrecklichen Stunde löst sich jedes Atom in die reinen jungfräulichen Wasser der Ewigkeit auf, woher ursprünglich alles entstieg. [...]
Wer will die Welten zählen, die vorübergegangen sind, oder die Schöpfungen, die sich wieder und wieder aus dem formlosen Abgrund der wei-

ten Wasser erhoben haben? Wer will die stets wieder vergehenden Zeitalter der Welt zählen, wie sie endlos aufeinander folgen? [...]
Wer will all' die Indras in ihnen zählen, die alle gleichzeitig in diesen unzählbaren Welten herrschen; jene anderen, die vor ihnen waren, oder selbst die Indras, die einander in ihren Bahnen folgen, jeder zum Götterkönigtum aufsteigend und jeder wieder vergehend?›
Während der Rede des Knaben war ein Zug Ameisen in die Halle gekommen. Sie marschierten in militärischer Ordnung über den Flur. Als der Knabe sie bemerkte, schwieg er, dann lachte er plötzlich laut auf, um gleich darauf wieder in tiefes Schweigen zu versinken. Indra war verwirrt: ‹Warum lachst du?› stammelte er, ‹Wer bist du, geheimnisvolles Wesen von so übernatürlicher Weisheit? Enthülle mir dieses Geheimnis der Zeiten. Ich bitte dich demütig.› Daraufhin belehrt der Knabe den Gottkönig: ‹Die Ameisenparade, die wir vorbeiziehen sahen, bestand aus lauter Indras. Jeder hat es wie du durch verdienstvolle Handlungen zum Rang des Götterkönigs gebracht und ist nun durch viele Wiedergeburten hindurch wieder zur Ameise geworden. Häßliche Taten, Machtgier und Herrschsucht lassen selbst den Gott wieder in die unteren Welten sinken, in die Wiederverkörperung zwischen Vögeln und Würmern, Schweinen und wilden Tieren, Bäumen und Insekten. Dies ist das ganze Geheimnis.›»[26]

In diesem Mythos erscheint das Absinken in die Tiergestalt zwar als Strafe, jedoch auch als Möglichkeit für einen künftigen Wiederaufstieg. Ganz deutlich wird der Zusammenhang aller Lebewesen – von der Ameise bis zum Indra – durch das Eingebundensein in die gleiche Karma-Kausalität. Insofern ist jede Lebensform als selbstverdiente Auswirkung früheren Verhaltens zugleich Konsequenz und Chance. Doch läßt das hinduistische Denken auch vergeistigtere Interpretationen des Reinkarnationsglaubens zu, die das Durchleben tier- und pflanzlicher Existenzformen als Voraussetzung für die Erkenntnis der grundlegenden Seinsverwandtschaft alles Lebendigen sehen. Alles durchwebt und durchpulst der gleiche Atman als lebenserhaltende Kraft, die im kleinsten Grashalm wie im größten Gestirn, in der Maus wie im Menschen wirkt. Reinkarnation ist dann nur ein Gleichnis für die Schau dieses kosmischen Zusammenhangs. Deshalb ist das hinduistische Denken überzeugt davon, daß menschliches und animalisches Leben gleichwertig sind. Dem Tier wird eine Seele zugesprochen, die sich von der des Menschen nicht unterscheidet. In großen Teilen der Literatur ist die Überzeugung erkennbar,

«daß Tiere dieselben Gefühle, Gesinnungen und Empfindungen haben können wie wir. Die bekannten folkloristischen Motive von den dankbaren, den hilfreichen, den erfinderischen Tieren haben denn auch in Indien eine literarische Entfaltung und Bereicherung erfahren wie nirgendwo anders. [...] Diese Tiererzählungen, eine der bezeichnenden Äußerungen der indischen Kultur, spiegeln das Wesen unserer Mitgeschöpfe wider und haben dabei die verhältnismäßig stabile und unkomplizierte tierische Psychologie meisterhaft ausgenutzt.»[27]

Zahllose erbauliche Geschichten schildern die Übergänge von menschlichen zu tierischen und göttlichen Existenzen. So wird zum Beispiel erzählt, daß Mahavira, der Stifter des Jinismus (um 500 v. Chr.), eines Tages so ergreifend predigte, daß ein ihm zuhörender Frosch erleuchtet wurde und sich seiner früheren Geburten erinnerte. Als er in dankbarer Freude die Füße des Heiligen verehren wollte, zertrampelte ihn ein vorübergehender Elefant, worauf der Frosch sofort als Gott wiedergeboren wurde.[28]

Auch der *Buddhismus* in seiner mahayanistischen Ausprägung kennt viele Erzählungen, die das Leben des Buddha in früheren Tierinkarnationen schildern. Der Buddha ist in diesen seiner endgültigen Befreiung vorausgehenden Inkarnationen noch ein Bodhisattva, ein schon erleuchtetes Wesen, das aus tiefem Mitgefühl heraus sein Leben in den Dienst der notleidenden und unwissenden Geschöpfe stellt.

So erlebt der Bodhisattva in seinen tierischen Existenzen das Leben seiner Tiergefährten mitfühlend und voller Anteilnahme, was ihn später die Lehre vom absoluten Mitleiden mit aller Kreatur formulieren läßt. Eine Buddhalegende erzählt beispielsweise, daß der Buddha als Bodhisattva im Leib einer Gazelle Wiedergeburt erlangte. Er wurde als überaus schöne Gazelle geboren und wegen seiner außerordentlichen Kraft und Weisheit zum König einer

großen Gazellenherde. In dieser Zeit war der König von Benares von wilder Jagdleidenschaft besessen. Sein größtes Vergnügen bestand in der Gazellenjagd, und nie speiste er ohne ein Fleischgericht. Die Bauern seines Landes fühlten sich durch die Jagden bei ihrer Arbeit behindert und beschlossen, dem König zwei große Gazellenherden in seinen Park zu treiben, damit er die Jagden von ihren Feldern dorthin verlegen könne. Dann trieben sie zwei große Gazellenherden in den Park. Darunter befand sich auch die Herde des Bodhisattva. So jagten nun der König oder sein Koch die Gazellen im Park, doch oft trafen sie sie nicht, sondern verwundeten sie nur, und die Tiere litten große Qual. Deshalb beschloß der Bodhisattva-Gazellenkönig nach Rücksprache mit dem König der anderen Herde, die Gazellen sollten jeden Tag durch das Los entscheiden, wer sich für die königliche Speisetafel opfern, mußte, damit die übrigen Gazellen in Frieden leben konnten. Von nun an ging also jeden Tag die Gazelle, auf die das Los gefallen war, zum Koch und ließ sich schlachten. Eines Tages fiel das Los auf eine trächtige Gazelle. Sie kam zum Bodhisattva-Gazellenkönig und bat um Aufschub ihrer Tötung, bis sie ihr Junges geboren hätte, denn sonst würden ja zwei statt einer Gazelle sterben müssen. Daraufhin beschloß dieser, sich selbst für die trächtige Gazelle zu opfern, und begab sich zum Koch. Als dieser den Gazellenkönig erblickte, erinnerte er sich an ein Gebot des Königs, dieses schöne Tier nie zu töten, und wollte es wegschicken. Doch der Gazellenkönig hob seinen Kopf nicht vom Richtblock, so daß der Koch zum König lief, um ihm den Vorfall zu berichten. Der König eilte herbei und fragte den Gazellenkönig, weshalb er die ihm gewährte Schonung ausschlagen wolle. Der Bodhisattva antwortete ihm: «O Großkönig, eine trächtige Gazelle kam zu mir und sprach: ‹Lasse einen anderen mein Los erlangen!› Ich kann aber des einen Todesleid nicht auf einen anderen übertragen. Deshalb gebe ich selbst mein Leben für das Gazellenweibchen hin, nehme an ihrer Stelle den Tod an und lege mich hier nieder.»
Der König ist tief bewegt von dieser Rede und verspricht dem Gazellenweibchen und ihm Schonung. Doch der Bodhisattva denkt

an das Los der übrigen Gazellen: Was soll mit ihnen geschehen? Der König gewährt auch den übrigen Gazellen Schonung, und zwar nicht nur denen im Park, sondern auch den wildlebenden und darüber hinaus auf die Bitten des Bodhisattva allen Vögeln und Fischen dazu. Er verbietet, Tiere zu töten, um sie zu essen, das heißt, er wird zum Vegetarier.[29]
Eine andere dieser erbaulichen Legenden greift das Thema Reinkarnation in Tiergestalt auf, wobei in diesem Fall die Verbannung in einen Tierleib als Strafe interpretiert wird: In Benares lebte einst ein überaus schriftkundiger Brahmane, der weit und breit wegen seiner Weisheit berühmt war. Eines Tages beschloß er, eine Totenspeise zu spenden, und schickte seine Diener fort, um einen Widder zu holen und für das Opfer vorzubereiten. Als sie das Tier im Fluß badeten, erinnerte sich der Widder an sein früheres Karma und dachte voll Freude daran, daß er heute Befreiung finden sollte. Darüber lachte er so laut, «daß man meinen konnte, ein Topf würde zerschlagen.» Dann erinnerte er sich jedoch an den Brahmanen, der ihn schlachten lassen wollte, und Mitleid überkam ihn, weil er dachte: «Wenn der Brahmane mich tötet, wird über ihn das Leid kommen, das mich betroffen hat», und er weinte bitterlich. Ganz irritiert fragten ihn die Schüler des Brahmanen, was das zu bedeuten habe. Der Widder wünschte, vor den Brahmanen gebracht zu werden, um die Antwort zu geben. Dort sprach er:

«Auch ich, o Brahmane, war früher ein Brahmane, der über die heiligen Sprüche nachdachte. Einstmals wollte ich eine Totenspeise spenden und schlachtete deshalb einen Widder. Und weil ich diesen einen Widder tötete, wurde mir in fünfhundert weniger einer Existenz der Kopf gespalten. Diese Existenz ist nun meine letzte, die fünfhundertste. Und als ich dachte: ‹Heute werde ich von diesem Leid erlöst werden›, erfüllte mich große Freude, und deshalb lachte ich. Dann aber dachte ich traurigen Gemüts: ‹Weil ich einen einzigen Widder tötete, wurde mir in 500 Existenzen das Haupt gespalten. Heute endlich werde ich von diesem Leid befreit werden. Diesem Brahmanen hier wird aber in fünfhundert Existenzen das Haupt gespalten werden, wenn er mich getötet hat.› Und aus Mitleid zu dir habe ich geweint.»

Der Brahmane ist zutiefst erschrocken und bricht die Opfervorbereitung ab. Er verbietet, diesen Widder jemals zu töten, und läßt ihn frei. Doch seinem Karma entgeht niemand: Der Widder wird im selben Moment von einem Stein getroffen, der durch einen Blitzschlag von einer Felswand abspringt. Damals war der Bodhisattva als Baumgottheit wiedergeboren worden und erlebte ganz aus der Nähe das Geschehen mit. Er dachte: «Wenn die Menschen auf diese Weise die Frucht des Bösen erkennen würden, dann dürften sie wohl das Töten der Tiere unterlassen», und er verkündigte diese Lehre den Umstehenden, die daraufhin keine Tiere mehr töteten.[30]

Diese Legende will in buddhistischem Sinn einmal das Tieropfer unterbinden, weil es nicht nur keine Verdienste bringt, sondern im Gegenteil härteste Strafen in künftigen Leben nach sich zieht. Zum anderen soll die buddhistische Tugend des Mitleidens und Mitfühlens als besonders verdienstvoll hervorgehoben werden. Auch das zentrale buddhistische Gebot des *Abstehens vom Töten* findet in diesen Gedanken seine Begründung.

In einer weiteren Reinkarnation wird der Buddha als Hase wiedergeboren und lebt einträchtig mit seinen drei Freunden, einem Affen, einem Schakal und einem Fischotter. Der Hase unterrichtet die drei in der Tugend und in der Befolgung der Gebote. Als eines Tages ein Brahmane ihn um ein Almosen bittet und er nichts zu geben hat, bietet er sich selbst als Almosen an.[31]

4. Das Tier als Helfer und Ratgeber des Menschen

In vielen Märchen und Mythen tritt das Tier als Ratgeber, Helfer oder Beschützer der Menschen auf. Oft rettet es Menschen in ausweglosen Situationen. In der indischen Mythologie finden wir viele Beispiele für diese helfende Funktion von Tieren oder Tiergöttern. Als Beispiel möchte ich das altindische Versepos «Ramayana» (entstanden etwa zwischen 400 vor und 150 nach Christus) nennen. Es handelt von dem König Rama, der mit seiner schönen

Frau Sita in der Verbannung leben muß. Eines Tages wird Sita von dem bösen Dämon Ravana geraubt und auf die ferne Insel Lanka (das heutige Sri Lanka) gebracht. Der König weiß nicht, wo er seine Frau suchen soll. In dieser ausweglosen Situation trifft er den Affenkönig Sugriva mit seinem Gefolge, der ihm seine Freundschaft und Hilfe anbietet. Der weiseste der Affen, Hanuman, als Sohn des Windgottes und einer Menschenfrau halb Tier, halb Gott, bringt heraus, wohin der Dämon Sita entführt hat, und was kein anderes Wesen vermag, schafft er: Er überspringt das weite Meer und gelangt auf die Insel Lanka. Ja mehr noch: Auf seine Anordnung hin bauen die Affen aus ihren Leibern eine Brücke über das Meer, so daß das ganze Affenheer zum Kampf mit den Dämonen auf Lanka eintrifft. In einer furchtbaren Schlacht können die Affen die Dämonen besiegen und Sita befreien. Dem König Rama wäre das ohne die Hilfe dieser Tiere nie möglich gewesen.[32]
Neben dem auch heute noch in Indien verehrten Hanuman ist es vor allem der Elefantengott Ganesha, der als hilfreiches Wesen in vielerlei Notsituationen angerufen wird. Er gilt als Inbegriff der Weisheit, ist deshalb der Schutzpatron der Studenten und Schüler, der Schirmherr von Wissenschaft, Schrift und Schule. Darüber hinaus gilt er aber allgemein als Nothelfer für alle möglichen Situationen, denn er vermag Hindernisse aller Art zu beseitigen und alle Wünsche zu erfüllen. Viele Mythen ranken sich um seine Gestalt beziehungsweise um seinen Elefantenkopf.[33]
In vielen Märchen aus unserem Kulturkreis spielt das Tier als Helfer eine Rolle. Immer da, wo ein Mensch in einer Notsituation nicht mehr weiter weiß, bringt es Hilfe oder zeigt einen Ausweg. Voraussetzung ist allerdings, daß der Mensch das Tier zuvor achtet und schützt. In dem Grimmschen Märchen «Die Bienenkönigin» helfen Ameisen, Enten und Bienen dem jüngsten Königssohn bei der Bewältigung seiner schweren Aufgaben, weil er zuvor ihr Leben gerettet hat, das seine beiden Brüder mutwillig zerstören wollten. In dem Märchen «Der goldene Vogel» ist ein Fuchs der Helfer und Ratgeber, und in dem Märchen «Die drei Federn» verhilft eine Itsche (Unke) dem jüngsten Königssohn zu Reich und Glück.

Sehr anschaulich zeigt das Märchen «Das Waldhaus», daß Erlösung nur möglich ist, wenn auch die Tiere in das Mitgefühl einbezogen sind. Als uralter Mann lebt im Waldhaus ein verzauberter Prinz mit seinen drei Tieren *Schön Hähnchen, Schön Hühnchen* und *Schöne bunte Kuh*. Zwei Schwestern, die sich im Wald verirren und zum Waldhaus kommen, denken nur an sich oder allenfalls an den Alten, beachten aber die Tiere nicht. Deshalb sagen die Tiere einer jeden:

> «Du hast mit ihm gegessen,
> Du hast mit ihm getrunken,
> Du hast an uns gar nicht gedacht,
> Nun sieh auch, wo du bleibst die Nacht.»

Und der Alte läßt die Mädchen durch eine Falltür in den Keller sinken. Erst die jüngste Schwester zeigt Mitleid mit den Tieren, wendet sich ihnen liebevoll zu und füttert sie, bevor sie sich an den Tisch setzt. Durch ihr Mitgefühl gerade den Tieren gegenüber gelingt es ihr, den verzauberten Prinzen und seine Tiere zu erlösen. Die beiden Schwestern aber werden in den Wald zu einem Köhler geschickt, wo sie so lange als Mägde dienen müssen, «bis sie sich gebessert haben und auch die armen Tiere nicht mehr hungern lassen.»[34] In den Märchen folgen immer Strafe und Unheil auf die Mißachtung oder Mißhandlung von Tieren. Wie aktuell dieser Gedanke heute ist, zeigt das rapide Aussterben vieler Tierarten, denen wir die Lebensbedingungen genommen haben, deren Fehlen aber den Naturhaushalt und mithin auch unsere menschliche Überlebenschance gefährdet.[35]
Die Tiergestalt als Entwicklungs- und Wandlungssymbol spielt in vielen Märchen und Mythen eine große Rolle. Oft müssen die Märchenhelden oder -heldinnen in der Tiergestalt einen langen Reifungsprozeß durchlaufen, bis sie erlöst werden können, das heißt zur ebenbürtigen Partnerschaft fähig sind. Die Grimmschen Märchen «Das Eselein», «Hans mein Igel», «Das singende springende Löweneckerchen» oder «Die Rabe» zeigen, wie sich diese Wand-

lung vollzieht. Manchmal schlüpft auch eine Heldin wie die Prinzessin in «Allerleirauh» oder die Tochter des Großfürsten in dem russischen Märchen «Schweinehaut» in eine Tierhaut und lebt auf einem Baum im Wald, um eine tiefe Verwundung auszuheilen und eine neue Beziehung eingehen zu können.[36]

5. Das Tier im Jenseits

In vielen Religionen hat das Tier auch eine wichtige Funktion als Helfer und Begleiter des Menschen im Jenseits. War es in diesem Leben schon den Menschen in schwierigen Situationen zu Hilfe gekommen, so erweist es sich als besonders hilfreich auf dem gefahrvollen Weg in die Jenseitswelt.
Gerade die ägyptische Mythologie hat eine Reihe von tierischen Göttern oder göttlichen Tieren, die den Toten begleiten, beschützen und führen: Anubis, der schakalköpfige Gott, vollzieht an den Toten die richtige Form der Mumifizierung und vor allem die Mundöffnung, was Lebensfähigkeit im Jenseits bedeutet. Der Schakal, der in der Wüste von Aas lebt, hat schon deshalb eine sozusagen «natürliche» Beziehung zum Tod und zu Toten. In der Mythologie tritt er als ihr fürsorglicher Begleiter und Beschützer auf. Auch beim Totengericht spielen tiergestaltige Gottheiten eine große Rolle. Neben Anubis, der das Wägen des Herzens des Toten auf der Waage der Gerechtigkeit überwacht, finden wir als Schreiber und Protokollführer den ibisköpfigen Thot (er kann auch in Paviangestalt auftreten). Er hält die Ergebnisse des Totengerichts fest. Neben der Waage lauert die große Verschlingerin, eine krokodil- oder nilpferd- und löwenartige Mischgestalt, um die Verdammten zu verschlingen. Das bedeutet, dem zweiten Tod zu verfallen, endgültig ausgelöscht zu werden. Wer aber das Totengericht gut bestanden hat, der wird vom falkenköpfigen Horus seinem Vater Osiris, dem Herrscher des Totenreichs, zugeführt und in die seligen Gefilde geleitet (Abb. 5).
Im Jenseits sind die Tiere die Freunde und Gefährten der Menschen, wie sie es im Diesseits schon waren. Der Sonnengott

«hat ihnen den Verborgenen Platz zugewiesen,
zu dem entrückt sind die Menschen und die Götter,
alles Vieh und alles Gewürm, das dieser große Gott geschaffen hat.
Dieser Gott sorgt für sie,
nachdem er sich ihnen genähert hat in der Erde»,

heißt es zu Beginn des Pfortenbuches (um 1400 v. Chr.).[37]
Der Sonnengott vergißt auch im Totenreich, am «Verborgenen Platz», «in der Erde» die Tiere nicht, sondern kümmert sich um sie, wie er es auch während ihres Lebens auf Erden getan hat.
«So dürfen auch die Tiere, hohe und niedere, ins menschliche Totenreich eingehen, und ihre gleichberechtigte Partnerschaft mit Göttern und Menschen reicht über die Totenschwelle hinaus ins Jenseits.»[38] Doch eine Funktion haben sie nicht mehr: Sie sind nun auch erlöst und brauchen den Menschen nicht mehr zur Nahrung zu dienen. Ja mehr noch: Die Tiere, die im irdischen Leben von Menschen gequält oder mißhandelt wurden, können im Jenseits beim Totengericht Anklage gegen ihre Peiniger erheben, die dann ihre gerechte Strafe erhalten. So treten bereits in den «Pyramidentexten» Gans und Rind als potentielle Kläger gegen den verstorbenen König auf. In seinem «negativen Schuldbekenntnis» versichert der Pharao vor dem Totengericht: «Ich habe weder Futter noch Kraut aus dem Maul des Viehs genommen. [...] Ich habe kein Tier mißhandelt.» Daraufhin wird er freigesprochen: «Nicht liegt gegen NN die Anklage einer Gans vor. Nicht liegt gegen NN die Anklage eines Rindes vor», wobei Gans und Rind stellvertretend für alle Tiere stehen, denen der Rang von Gottesgeschöpfen zukommt und die somit gleiche ethische Rechte wie die Menschen haben in einer Kultur, «in der die Mitgeschöpflichkeit aller Kreatur [...] allgemeines Richtmaß» ist.[39]
Mir drängt sich angesichts dieser den Tieren eingeräumten Möglichkeit der Anklage die Frage auf: Was hätten in unserer Zeit die Kühe und Hühner aus der Massentierhaltung und die gequälten Tiere in den Laboren zu klagen?
In den Königsgräbern der 19. und 18. Dynastie wird noch ein neues

Abb. 5: Wägung der Seele des toten Hunefer. Darstellung aus dem Papyrus Hunefer (um 1300 v. Chr.).
Aus: A. Champdor: Das Ägyptische Totenbuch. München/Zürich [3]1977, S. 68f.

Thema angesprochen: Jede Nacht fährt der Sonnengott auf seiner Barke in die Unterwelt, in der die Verstorbenen bei seinem Erscheinen aufwachen. Sie werden von ihm begrüßt und angeredet, gespeist und mit Kleidern versorgt. Für sie wird es Tag, wenn der Sonnengott bei ihnen ist; dann leben sie mit ihm. Doch dem Sonnengott kommt noch eine andere Aufgabe auf dieser Nachtfahrt zu, die er in der Gestalt eines Widders (oder mit Widderkopf) antritt: Er muß jede Nacht neu das Chaos besiegen, das sich ihm in Gestalt des Schlangenungeheuers Apophis in den Weg stellt und die Fahrt seiner Barke hemmt, weil es das ganze Wasser des unterirdischen Nils verschlungen hat. Apophis wird nie endgültig getötet, sondern lebt jede Nacht wieder auf und muß von Neuem besiegt werden, ehe der Sonnengott sich gewissermaßen durch Aneignung der Kräfte dieses Urtieres so erneuert hat, daß er nach den zwölf Nachtstunden in der Gestalt des Skarabäus wieder aufgehen kann. Wir können zu Recht in diesem Mythos ein Abbild unserer eigenen Tiefe erkennen: Auch wir besiegen ja die Kräfte der Gewalt, der Aggression und der irrationalen Destruktivität niemals ganz, sondern müssen uns immer wieder neu mit ihnen messen, unsere Kräfte erneuern durch die Auseinandersetzung mit ihnen, unseren Schattenaspekten. Es bedarf also aller Kräfte – der göttlichen, menschlichen und tierischen –, um die Welt zu erhalten, sei es unsere kleine innere Welt oder die große Welt, unsere Erde, unseren Kosmos (Abb. 6).
In einem Hymnus der 19. Dynastie (um 1450) an den Gott Amun wird diese Einheit von Mensch, Tier und Gott eindrucksvoll besungen:

«Du, aus dessen Augen die Menschen hervorgingen, aus dessen Mund die Götter entstanden, der das Kraut schuf für die Herde, den Fruchtbaum für die Menschen, der schafft, wovon die Fische im Strom leben und die Vögel im Himmel, der dem, der im Ei ist, Luft gibt und den Sohn des Würmchens noch ernährt. Der schafft, wessen die Mäuse in ihren Löchern bedürfen, und die Vögel. [...] Der die Bäume ernährt, der alles grünen läßt. Sei gegrüßt du, der alles dies schuf, du einziger, mit den vielen Armen. Der während alle Leute schlafen, die Nacht wachend verbringt, und für sein Vieh das beste sucht.»[40]

Abb. 6: Seth kommt dem Sonnengott (in Falkengestalt) zuhilfe und besiegt das Chaosungeheuer Apophis. Papyrus ca. 1085–950 vor Christus.
Aus: W. Forman/H. Kischkewitz: Die Altägyptische Zeichnung. Hanau ^{2}1988, Abb. 50.

Der Begriff «Vieh» schließt alles mit ein, was hier aufgezählt wurde: Götter, Menschen, Pflanzen und Tiere.

6. Das Tier – Mitgeschöpf oder Material des Menschen?

Die jüdisch-christliche Tradition hat ein ambivalentes Verhältnis zum Tier. Auf der einen Seite wird die Mitgeschöpflichkeit betont: Gott hat Tiere und Menschen zusammen geschaffen, heißt es im priesterschriftlichen Schöpfungslied Genesis 1,24–27; er schließt nach der Sintflut nicht nur mit Noah und seiner Familie einen Bund, sondern auch «mit den Vögeln, dem Vieh und allem Wild des Feldes, mit den Tieren der Erde» und verheißt ihnen allen, daß in Zukunft keine Flut mehr die Erde überschwemmen soll (Genesis 9,9–11). Gott versorgt in gleicher Weise Menschen wie Tiere und kümmert sich um die Tierkinder:

> «Die Erde ist voll von deinen Geschöpfen.
> Da ist das Meer, so groß und weit,
> darin ein Gewimmel ohne Zahl: kleine und große Tiere. [...]
> Sie alle warten auf dich,
> daß du ihnen Speise gibst zur rechten Zeit.
> Gibst du ihnen, dann sammeln sie ein;
> öffnest du deine Hand, werden sie satt an Gutem» (Psalm 104,24–28).

> «Er gibt dem Vieh seine Nahrung,
> gibt den jungen Raben, wonach sie schreien» (Psalm 147,9).

Er ernährt die Vögel des Himmels und kleidet die Lilien des Feldes (Matthäus 6,26–29).
Auch das Lebensende ist für Menschen und Tiere gleich:

«Was die einzelnen Menschen angeht, dachte ich mir, daß Gott sie herausgegriffen hat und daß sie selbst [daraus] erkennen müssen, daß sie eigentlich Tiere sind. Denn jeder Mensch unterliegt dem Geschick, und auch die Tiere unterliegen dem Geschick. Sie haben ein und dasselbe Geschick. Wie diese sterben, so sterben jene. Beide haben ein und denselben Atem. Einen Vorteil des Menschen gegenüber dem Tier gibt es nicht. Beide sind Windhauch. Beide gehen an ein und denselben Ort. Beide sind aus Staub entstanden, beide kehren zum Staub zurück. Wer weiß, ob der Atem der einzelnen Menschen wirklich nach oben steigt, während der Atem der Tiere ins Erdreich hinabsinkt?» (Prediger 3,18–21)

Die jüdische Tradition kennt auch das hilfreiche Tier. Der Prophet Bileam wird von seiner wachsamen Eselin gerettet, die die drohende Gefahr erkennt, während Bileam starrköpfig seinen falschen Weg verfolgen will (Numeri 22,22–35).
Als der Prophet Elia auf der Flucht ist und sich verbergen muß, bringen Raben ihm Nahrung: «Brot am Morgen und Fleisch am Abend» (1. Könige 17,6).
Jona, den die aufgebrachten Seeleute ins Meer geworfen haben, wird von einem Riesenfisch gerettet und in dessen Bauch an den Ort seiner Bestimmung gebracht und dort an Land gespien (Jona 2).
Das Tier muß vom Menschen gerecht behandelt werden; es muß seinen Lohn für geleistete Arbeit erhalten: «Du sollst einem Ochsen, wenn er drischt, das Maul nicht zubinden», fordert ein Gebot (Deuteronomium 25,4). Auch dem Tier steht – wie dem Menschen – die Sabbatruhe zu: «Sechs Tage kannst du deine Arbeit verrichten, am siebten Tag aber sollst du ruhen, damit dein Rind und dein Esel ausruhen und der Sohn deiner Sklavin und der Fremde zu Atem kommen» (Exodus 23,12; vgl. Deuteronomium 5,14).
Zwar versucht die prophetische Tradition in Israel, in Ablehnung der Umweltreligionen jede Zoolatrie zu unterbinden, doch gibt es immer wieder «Rückfälle» in diese Kulte (vgl. Exodus 32,4.8; 1. Könige 12,25–33). In den biblischen Texten haben sich noch eine Reihe von Bildern erhalten, die Jahwe in Tiergestalt oder mit Tierattributen auftreten lassen: Als wütende Bärenmutter, der man die Jungen geraubt hat, zürnt Jahwe den undankbaren Menschen (Hosea 13,8); als Adler trägt er auf seinen Flügeln das Volk Israel wie eine Adlermutter ihr Junges (Exodus 19,4; Deuteronomium 32,11 f.); als Vogel bietet er unter seinen Flügeln den Schutzsu-

chenden Geborgenheit: So singt der Psalmist: «Mit seinen Flügeln beschirmt er dich, unter seinen Fittichen bist du geborgen» (Psalm 91,4; vgl. Psalm 17,8; 57,2; 61,5; Rut 2,12).
Jesus greift das Bild der Tiermutter auf und bezeichnet sich selbst als Glucke, die ihre Küken unter ihren Flügeln sammeln möchte (Matthäus 23,37; Lukas 13,34).
Auf der anderen Seite aber, vor allem in der Zeit nach dem Babylonischen Exil (587–538), wird in der jüdischen Überlieferung die Überlegenheit des Menschen dem Tier gegenüber betont: Der Mensch soll nach Jahwes Auftrag «herrschen über die Fische des Meeres und die Vögel des Himmels und über alles Getier, das sich auf Erden regt» (Genesis 1,28), und das Verhältnis der Tiere zum Menschen soll durch deren Angst bestimmt sein:

«Furcht und Schrecken vor euch soll sich auf alle Tiere der Erde legen, auf alle Vögel des Himmels, auf alles, was sich auf der Erde regt, und auf alle Fische des Meeres; euch sind sie übergeben. Alles Lebendige, das sich regt, soll euch zur Nahrung dienen. Alles übergebe ich euch wie die grünen Pflanzen» (Genesis 9,2 f.).

Leider hat sich diese Vorstellung viel stärker durchgesetzt als die Vorstellung von der Gleichheit und dazu geführt, daß das Tier nicht mehr als Partner und Mitgeschöpf des Menschen, sondern als seelenloser Gebrauchsgegenstand behandelt wurde. Unter dem Einfluß der aristotelischen Philosophie lehrte im 13. Jahrhundert der große christliche Theologe Thomas von Aquin, daß die Tiere keine unsterbliche Seele hätten, weil bei ihnen keine Neigung zu einem ewigen Sein erkennbar sei. Ihr ganzes Leben diene lediglich der Erhaltung des eigenen Lebens und der Fortführung der Art. Weil das Ziel der menschlichen und tierischen Handlungen vollkommen verschieden sei (der Mensch strebe nach Vollkommenheit und Vollendung, das Tier nur nach Erhaltung seiner körperlichen Existenz), müsse man eine strenge Unterscheidung beider annehmen: Der Mensch wird dem Bereich des Ewigen zugerechnet, das Tier bleibt der körperlichen Welt verhaftet.[41] Mir scheint, daß die Tier-

verachtung und der Tiermißbrauch, die wir heute so beklagen, in diesem Denken ihre Wurzeln haben: Das Tier wird ja nur als Material und Mittel für das menschliche Wohlleben gesehen, ist Versuchsobjekt angeblich notwendiger wissenschaftlicher Experimente, weil es keine vernunftbegabte Seele hat wie der Mensch.
Zu Recht stellt sich die Frage: «Wer eigentlich hat uns erlaubt, Lebewesen, deren Intelligenz und Gefühlsrepertoire ungefähr dem Stand unserer eigenen Vorfahren vor ca. 2 Millionen Jahren entspricht, brutal ihren Lebensraum zu zerstören und sie schließlich in einigen wenigen überlebenden Exemplaren in ewiger Gefangenschaft zu halten?»[42]
Doch neben der thomasischen Auffassung vom Tier hat sich im Christentum immer auch eine andere, weniger an der klassischen griechischen Philosophie orientierte erhalten, als deren Vertreter Franz von Assisi gelten kann. Für ihn steht der Gedanke im Vordergrund, daß Menschen und Tiere wie auch Gestirne und Pflanzen durch die gemeinsame Herkunft von Gott eng verbunden sind. Franziskus predigt nicht nur den Menschen, sondern auch den Vögeln, die ihm mit großer Aufmerksamkeit und Zutraulichkeit zuhören, und er redet dem wilden Wolf von Gubbio ernsthaft ins Gewissen, von seiner räuberischen Tätigkeit abzulassen, und der Wolf wird «sanftmütig wie ein Lamm»: Er verspricht, in Zukunft nicht mehr Menschen und Vieh zu töten, sondern mit dem zufrieden zu sein, was die Bauern ihm täglich zu geben beabsichtigen.[43]
Vor allem in den irischen Mönchstraditionen des Mittelalters kommen in vielen Heiligenviten Tiere vor, die wie Menschen handeln und behandelt werden. Sie verwirklichen ebenso wie die Menschen christliche Tugenden, können sich «vollkommen» verhalten und durch ihr gutes Leben Gott näher kommen.[44] Der Mönch Godrich (12. Jahrhundert) beispielsweise fühlt sich mit den Tieren eng verbunden. Im Winter durchstreift er Felder und Wälder, um hungernden und frierenden Tieren zu helfen, und in seiner Einsiedelei lebt er zusammen mit Schlangen, «die sich wie treue Freunde an ihn schmiegen».[45] Hier sind – ähnlich wie bei Franziskus – die Unterschiede zwischen Mensch und Tier überwunden, ja eine fast para-

diesische Harmonie herrscht zwischen ihnen, wie der Prophet Jesaja sie für die zukünftige Zeit schildert: Wenn «der Geist der Weisheit und des Verstandes, der Geist des Rates und der Stärke, der Geist der Erkenntnis und der Gottesfurcht» auf der Erde herrschen wird,

> «dann wohnt der Wolf bei dem Lamm,
> der Panther liegt beim Böcklein,
> Kalb und Löwenjunges weiden zusammen,
> ein kleiner Knabe kann sie hüten.
> Kuh und Bärin freunden sich an,
> ihre Jungen liegen beieinander.
> Der Löwe frißt Stroh wie das Rind.
> Der Säugling spielt vor dem Schlupfloch der Natter,
> das Kind streckt seine Hand
> in die Höhle der Schlange» (Jesaja 11,6–8).

Ingrid Riedel

Pflanze und Tier bei Marc Chagall

I

Ein Erlebnis im Zusammenhang mit Chagall, das mich bis heute nachdenklich macht: Wir brachen damals auf, zu unserer lang geplanten Studienreise zu den Bildern und Fenstern Chagalls, die uns vom lothringischen Sarrebourg bis ins südfranzösische Nizza führen sollte: doch etwas, das kurz zuvor geschehen war, hatte sich wie ein Reif über uns alle gelegt, hatte unsere Vorfreude fast erdrückt: das waren die Ereignisse von Tschernobyl.
Die Erde war verstrahlt, wir wagten nichts Grünes zu essen, damals, mitten im Mai. Unsere Beziehung zur Natur war gestört, ja verstört. In dieser bedrückten Stimmung und Verfassung fuhren wir los, traten als erstes vor das Chorfenster Chagalls in der Kapelle von Sarrebourg, dieses Fenster, das ein einziger, rauschender Farbklang ist, aus Blau, Rot und Grün, ein einziger Blüten-Baum, in dessen Mitte ein Menschenpaar sich umarmt, dort, wo aus dem tiefsten Blau heraus ein Auge sichtbar wird, das aus dem Blütenbaum heraus uns anblickt als sein unergründliches Zentrum. Welch ein Bild für einen Altarraum!
Ein Fest des Eros stellt es dar, ein Fest der Blumen und der Tiere. Um dieses Zentrum herum sind in relativ klein gehaltenen Bildmotiven die Ereignisse der Heilsgeschichte gruppiert. Dieses Zentrum des Heilen, des Heilenden, aber ist bei Chagall die blühende Schöpfung, die das Paar der Liebenden enthält und umfängt. Oder, mehr psychologisch gesprochen, die Bezogenheit der Menschen aufeinander, ihre Kommunikation, die sich von der größeren Natur umfaßt und getragen weiß.

«La Paix»[a], der Friede, nennt Chagall diese Fenster-Komposition: als wir davor standen, es ist ein sehr großes Fenster, da begannen wir zu staunen, einige begannen spontan zu singen. Die Verstörung durch die Ereignisse von Tschernobyl begann sich zu lösen, wir fanden wieder zu unseren Gefühlen, zu uns selbst zurück, ein zaghaftes Vertrauen zu uns selber, zur Kraft des Eros unter den Menschen und zur Erneuerungsfähigkeit der Schöpfung begann sich wieder zu rühren. «La Paix» breitete sich aus, Friede.
Von Station zu Station unserer Reise zu Chagalls Bildern – Zürich, das Bergplateau von Assy, Nizza und schließlich St. Paul de Vence – war dieses Wieder-zu-sich-Kommen spürbarer, ein Sich-Öffnen füreinander und für die blühende und auch gewaltige Natur, die wir bei der Alpenüberquerung erlebten, samt ihren Pflanzen und Tieren. Am Blumenmarkt von Nizza wagten wir, zum ersten Mal wieder Salat zu essen.
Gewiß, da spielte auch das anregende Miteinander mit, die Schönheit der Reiseroute – aber letztlich war es doch Chagall, in seinen Bildern und Fenstern, der uns von dem Bann löste, den der Schock von Tschernobyl über uns gelegt hatte.
Chagall: wie bewirkt er so etwas? Was ist sein Geheimnis? Vielleicht können wir es am Ende unserer Wiederbegegnung mit seinen Bildern etwas genauer sagen.

II

«Liebevoll muß man sein. Nichts fällt einem von selber zu. Nicht einmal die Liebe der Hunde fällt einem so zu, man muß sie streicheln.»[1] Dieses Wort Chagalls zeigt seine Liebe zum Tier, die bei ihm allenthalben spürbar ist. Viele seiner Tierdarstellungen wirken, als habe er die Tiere «rundgestreichelt», zum Beispiel die Pferde im Fraumünsterfenster zu Zürich[b], die den Propheten Elia in den Himmel tragen.
Chagall wuchs mit Tieren auf, in der russischen Kleinstadt Witebsk. Er malt in seiner Frühzeit Bilder, in denen die Kuh wie auch

die Hühner mit am Familientisch sitzen. Er dachte nach über die Seele der Kälber, die sein Onkel schächtete – sie träumten für ihn bei Gott, waren sie doch für das Wohl der Menschen geopfert worden, wie nur irgend eines der Opfertiere früher.
Chagall malt so, wie Blaise Cendrars in einem Chagall gewidmeten Gedicht es ausdrückt: «Er nimmt eine Kuh und malt mit einer Kuh.»[2]
Da ist etwas ungeheuer Unmittelbares, ein Einswerden mit dem lebendigen Gegenstand. Ambroise Vollard, sein Verleger, der ihm die Bebilderung der Fabeln La Fontaines übertrug, läßt Chagall sagen:

> «Ich ließ auf eine neue Weise
> Wolf und Lamm, die Grille und Ameise
> Zwiesprach halten. Doch mehr hab ich gewagt:
> Baum und Blume gab ich Sprache ein.»[3]

III

Im Jahr 1983, also vor fast 10 Jahren, hielt Alfons Rosenberg, der große Kenner von Kunst, Symbolik und Religion, jüdischer Herkunft wie Chagall selbst, in der Internationalen Gesellschaft für Tiefenpsychologie einen Vortrag über Chagall. Sein Thema lautete: «Paare in der Kunst Chagalls»[4], und es war bewegend, wie der damals schon hochbetagte Alfons Rosenberg äußerst lebendig und tiefgründig das Geheimnis des Eros pries, das die ganze Kunst Chagalls durchwebe. Er wurde jung vor Chagalls Bildern.
Auch zu meinem Thema «Pflanze und Tier bei Marc Chagall» hat Rosenberg einige Grundgedanken vorweggenommen. Ging er von der Voraussetzung aus, daß «der legitime, der harmonische und erfüllte Zustand des Menschen ... derjenige der Paarheit» sei[5], so stellte er es nicht so dar, als ob Chagall damit nur das Paar zweier Menschen vor Augen hätte, das Paar von Mann und Frau, sondern:

«In seinen Bildern ist es … nicht immer ein weibliches Gesicht, das den Maler zur Paarheit ergänzt – zuweilen ist es eines seiner Tiere, ein Pferd oder eine Kuh, die sich an den Einsamen schmiegt und ihm zur schöpferischen Fruchtbarkeit verhilft. Es entsteht der Eindruck einer ‹heiligen Hochzeit›, die im Geheimen als ein Mysterium gefeiert wird.»[6]

Chagall kann nur schöpferisch sein, wenn sein Tier-Anteil sich belebt, mit-lebt, wie es zum Beispiel das Doppelgesicht, das der Maler in seinem «Selbstbildnis mit Wanduhr»[c] zeigt, veranschaulicht: hier besteht der eine Teil seines Gesichts aus einem menschlichen Profil, der andere aus dem Profil eines Tieres. Denn Tiere haben ja bei Chagall

«keineswegs eine naturalistisch-nützliche Bedeutung, in ihnen, die oft singen oder Geige spielen, fängt das Weltall, fängt die der Sprache unfähige Kreatur zu tönen an … Chagall, der die Schöpfung liebt, versteht ihre Sprache und hört ihr Tönen. Vor allem die Tiere, mit denen er in seiner Kindheit im Getto zusammenlebt, sind in seinen Bildern mit Sprache begabt.»[7]

Und ich möchte ergänzen: ja, sogar mit der Fähigkeit zu musizieren sind die Tiere bei ihm begabt. Für Chagall sind sie es, die den Grundakkord, die Grundmelodie der Schöpfung noch darstellen und vermitteln.

«Sie geben gleichsam vom verborgenen Leben der Schöpfung Kunde. Und sie können darum zu Partnern des Menschen werden. Auf diese Weise fließt die vom Menschen verstoßene Mitgift der Tiere wieder zu ihm zurück. Der Betrachter hat aber keinesfalls den Eindruck, das Tier sei dem Gesicht oder dem Leib des Menschen nur angeleimt – Chagall hat vielmehr versucht, aus Mensch und Tier ein Paar zu gestalten – beide stehen in einer innigen Kommunikation miteinander.»[8]

So beschreibt es Alfons Rosenberg anhand einiger Bilder Chagalls, in denen dieser seine Person selbst als ein Doppelbildnis aus Mensch und Tier darstellt, wie zum Beispiel in dem bereits genannten «Selbstbildnis mit Wanduhr» von 1947[c]. Hier sehen wir den Maler

mit einem Doppelkopf. In der einen Hand die Palette, bildet er, mit dem Tier zusammen, ein Paar. Verbunden mit seiner Tierseele, seinem Tierkörper, malt er, gestaltet er den leidenden Christus. Vor ihm, der mit dem Tier zusammen die Basisebene bildet, steht, gleichsam auf einer höheren Ebene, das vollendete Bild des Gekreuzigten mit dem Gebetsmantel-Lendentuch, als Jude erkennbar. Doch neben diesem, halb sichtbar, neigt sich, weiß gekleidet, eine Frau dem Gekreuzigten zu. Sie scheint ihn zu umarmen oder gar zu küssen, Ausdruck der Überzeugung Chagalls, daß Liebe stark sei wie der Tod. Zwei Paare sehen wir hier aufeinander bezogen: das Maler-Esel-Paar und das Paar des Gekreuzigten mit der liebenden Frau: Nur der mit seiner Tierseele verbundene Maler kann den leidenden Christus und die liebende Frau, das Weibliche, so zusammen schauen – und das Leiden des Menschen vom Prinzip der Liebe umfangen sehen.
Das zentrale Symbol von Chagalls «kosmischer Erotologie»[9], ein Ausdruck Rosenbergs, bildet die Gestalt, die unlösbar zu dem Paar der Liebenden gehört: es ist dies die Geliebte, die Braut[10] – für Chagall ist sie ein Bild für die prophetische Hoffnung auf Wiederherstellung der versehrten Schöpfung durch eine den Kosmos durchwirkende Liebesenergie.
Oft und in vielen Versionen hat Chagall diese Gestalt der Geliebten aufscheinen lassen: unter Blumenbouquetten, die sich auf sie herunterneigen, oder als Mitte eines der großen Blumensträuße, die in der Sicht des Malers die paradiesisch blühende, wiederhergestellte Welt symbolisieren. Manches Mal fliegt sie durch das Bild, ihren weißen Brautschleier lang hinter sich herziehend, wie zum Beispiel in dem ganz in Rot getauchten Bild zum «Hohen Lied Salomos»[d], das zu der «Biblischen Botschaft» von Nizza gehört. In dem Brautsymbol verschmelzen für Chagall himmlische und irdische Liebe, blüht der Eros festlich, den ganzen Bildraum, den Weltraum erfüllend, auf. Rosenberg sagt es so:

> «Ergreifend ist ... die Huldigung, die Chagall der ‹Braut› zuteil werden läßt als prophetische Hoffnung auf die Wiederherstellung der versehrten Schöpfung.»[11]

In einer wunderbaren Weise gestaltet Chagall das Paar als Mittelpunkt der Schöpfung, als Mitte eines riesigen Blumenstraußes, aus dem das Auge Gottes aufscheint, in dem schon erwähnten Fenster der Kapelle von Sarrebourg[a]:

«Chagall ist … ein entschiedener Vertreter der Andacht zur Schöpfung … Dies ist eine leidenschaftliche und das Ganze der Sinnenwelt umfassende Weise des Verständnisses der Schöpfung, gipfelnd in der wahrhaft biblischen Sentenz des Novalis: ‹Je sinnlicher, desto geistiger.› Chagall ist in dem Reichtum der Schöpfung beheimatet – er ist in ihr spielend aufgewachsen und hat in seinem Leben, in der Entfaltung seiner Kunst nie aufgehört, in ihr zu spielen, in ihr zu träumen.»[12]

IV

Raffaele Carrieri gelangt in seinem Gedicht an Marc Chagall von der Kuh bis zum fünfzackigen Blatt; vom Kalb bis zu Hafer und Hirse …:

Canzonette

Auf dem Dach die Kuh
säugt das Kalb
und träumt die Frau
daß sie melkt:
Er träumt die Form
der kräftigen Hand
wie das Blatt
mit fünf Zacken …
Es wächst in den Himmel
Hafer und Korn
es wächst die Hirse
am Firmament …[13]

Chagalls Verhältnis zum Tier ist uns vielleicht bereits vertrauter als das zur Pflanze. Dabei ist das Pflanzenmotiv in Chagalls Werk allgegenwärtig.

Charles Marq, der, als Kunsthandwerker in der Tradition der großen französischen Kathedralen stehend, mit Chagall bei der Erstellung der Fenster zusammenarbeitete, erzählt von ihm:

«Ich bin zu ihm gegangen, um ihn zu befragen, oder vielmehr, um ihn zu sehen und ihm zuzuhören. Plötzlich berührt er das Blatt einer Pflanze vor ihm und sagt: ‹Da sehen Sie ... was zählt und was am allerwichtigsten ist, ist das Gewebe.› Ich bemühe mich, seinen Ausspruch weiterzudenken: Das Gewebe – ja, nämlich das, was Tiefe und Oberfläche miteinander verknüpft, Hohes und Niederes, Anfang und Ende, das Empfindliche, und dieses Ding hier, das die Hand festhalten und einschließen kann ...»[14]

Ein gleichsam pflanzliches oder doch pflanzengleiches Gewebe, eine Textur, hält seine Bilder zusammen; am auffälligsten ist es bei den Farbfenstern, die ohne dieses Gewebe niemals so lebendig wären und niemals eine so zarte Atmosphäre ausstrahlen könnten. Wir nehmen dieses pflanzliche Gewebe zum Beispiel auf den Fraumünster-Fenstern von Zürich[b] wahr: besonders anschaulich ist es in dem gelben Fenster, in dem David mit seiner Harfe vor einem blühenden Strauch sitzt und spielt, in innigem Gespräch mit einem Vogel, der in diesen Zweigen nistet.
Charles Marq berichtet weiter:

«Jetzt geht Chagall an die Arbeit. Atemlos schauen wir ihm zu. Er betritt das Atelier mit der Pünktlichkeit eines Handwerkers, der weiß, daß allein durch Arbeit etwas zustandekommen kann – und manchmal nur dank der traumhaften Präzision der von ihm so geliebten Seiltänzer, die ihr schwereloses Wandeln hoch droben in der Luft einem unermeßlichen täglichen Arbeitspensum verdanken. Ein Handwerker, der im Kontakt mit dem Material das Lebendige entdeckt, genauso wie im Kontakt mit Blumen, Dichtern oder armen Leuten. ‹Material›, so sagt er, ‹ist ein Talisman ..., und diesen Talisman zu berühren, ist eine Sache des Gefühls.› Chagall fährt fort: ‹Es gibt auch eine Intelligenz der Seele –, aber nicht immer Seele in der Intelligenz.› Für ihn ist die Form die Seele ... Aus einer gebogenen Linie sehe ich, wie im Rhythmus des Atmens Pflanze, Blume, Antlitz, Tier oder Mond entstehen – oder sehe sie einfach weiter als Bogen verlaufen.»[15]

Charles Marq beobachtet den Maler:

«Er schaut, nimmt Abstand, sogar mitten im Pinselstrich, verwirft, beginnt von neuem, steuert geheimnisvoll ein anderes Bild an, das er selbst noch nicht kennt ... Gleichsam biologisch, ja molekular, wird das Werk sichtbar in Rhythmus, Farbe, Proportion. Pflanzlich ist es nicht nur dort, wo er ausdrücklich Pflanzen malt – sondern als gewachsenes Gebilde. Abschließend sagt Chagall lakonisch über sein Fenster: ‹Ein Farbfenster ist nicht so einfach. Man muß es packen, wie man eine Maus fängt; nein, nicht in der Falle – mit der Hand!›»[16]

Bei einer Begegnung mit amerikanischen Freunden in Washington im Jahre 1963 erläutert Chagall[17] seinen geistigen und künstlerischen Standort:

«Es ist in unseren Tagen so eingerissen, die Natur zu ignorieren. Diese Haltung erinnert mich an jene Menschen, die einem niemals ins Auge sehen; sie sind mir unheimlich, und ich muß immer wegschauen von ihnen ...»

Menschen, die die Natur ignorieren, ignorieren also auch den Blick eines anderen Menschen; so empfindet es Marc Chagall. Er führt weiter aus, was für ihn aus dieser naturvergessenen Haltung resultiert:

«Die Perspektive, die Farbe ..., Form und Linien, Traditionen und das, was man das Menschliche nennt – [das Wort der Propheten und auch das Leben mit Christus,] all das ist aus den Fugen gegangen.
Vielleicht war auch ich mitunter von Zweifeln besessen und dann malte ich eine umgestülpte Welt, ich trennte die Köpfe meiner Figuren ab, zerlegte sie in Stücke und ließ sie irgendwo im Raum meiner Bilder schweben ...
Im Laufe dieser letzten Jahre sprach ich oft von der Chemie der authentischen Farbe und von der Materie als Voraussetzung dieser Authentizität. Ein geschärfter Blick vermag zu erkennen, daß eine authentische Farbe, wie auch die authentische Materie, unabdinglich alle technischen Möglichkeiten in sich trägt, genauso wie ihren moralischen und philosophischen Anspruch. Wenn es je eine moralische Krise gab, so die der Farbe,

der Materie, des Blutes und ihrer Elemente, der Worte und Töne, all jener Dinge, aus denen man ein Kunstwerk erschafft – wie auch ein Leben.»

Chagall selbst sucht in seiner Kunst eine Wiederentdeckung der «echten Einfachheit der Natur»:

«Nochmals möchte ich betonen, daß nichts Programmatisches oder Symbolisches die Veränderung herbeiführen kann. Sondern durch das Blut selbst, durch einen gewissen chemischen Prozeß in der Natur, in den Dingen und auch im menschlichen Bewußtsein kann das geschehen. Diese neue Authentizität zeichnet sich dann auf allen Gebieten des Lebens ab ... Allein durch Liebe und durch die echte Einfachheit der Natur selber kann diese neugeborene Authentizität lebendig erhalten werden; weder Verderbtheit noch Haß noch Gleichgültigkeit können ihr etwas anhaben...»

Der Religionswissenschaftler Mircea Eliade, der an dem Treffen mit Chagall in Washington teilgenommen hatte, äußerte sich zu den dort vorgetragenen Gedanken Chagalls wie folgt:

«Chagall selbst bekennt in seinen vorstehenden Betrachtungen, daß auch er in einer bestimmten Phase seiner Laufbahn versucht war, der Welt der Naturgesetze künstlerisch abzusagen und sie durch eine umgestülpte Welt zu ersetzen, daß er die Köpfe seiner Figuren abtrennte und sie in der Luft schweben ließ. Doch hat Chagall – ein sehr seltener Fall in unserer Zeit – der Versuchung widerstanden, die Welt seiner Lehrmeister und Vorväter zu zerstören. Selbst wenn er Figuren und Gegenstände verformt und anders anordnet, sucht er dabei niemals eine andere Welt willkürlich zu konstruieren. Noch in seinen deformierten Umrissen triumphiert die Liebe zum natürlichen Kosmos, die sich vor allem in der Art bekundet, wie er Tiere zeichnet ...
Wenn er es ablehnte, die natürliche Natur in ihr in abstrakten Formen und geometrischen Maßen abzuwandeln, so hat er sich deswegen nicht der Tendenz gewisser Vorläufer überlassen, die Erhabenheit des Universums anzutasten um einer gegenständlich realistischen Entschlüsselung willen. Noch mehr: er hat das Heilige nicht nur nicht herabgesetzt, sondern sogar das Mysterium und die heilige Würde der Natur wiederentdeckt. Dies ist mit das stärkste Charakteristikum seines Genius.»[18]

Chagall interessiert nicht die Weise der Naturbetrachtung, wie sie Wissenschaftler üben, auch nicht eine von Fotografen reproduzierbare Natursicht. Die von Chagall schöpferisch gestaltete Natur ist vielmehr, wie Eliade betont,

«ursprünglich und mütterlich – Mensch, Tier und Engel hausen dort einträchtig beieinander, unter den Augen Gottes oder auch unter einem großen Mond, wie bei Erschaffung der Welt. Urbild des Tieres ist für Chagall der Esel – bekanntlich das Tier des Messias.»[19]

Es ist also auch eine künftige Welt, die er schafft, eine eschatologische, mehr als eine nur paradiesische.
Die Natur allerdings ist bei Chagall reich an Bildern und Sinnbildern des Paradieses. Verbundenheit zwischen Mensch und Tier gelten als ein paradiesisches Merkmal, und Chagall betont diese Verbundenheit gern durch die Allgegenwart des Esels. Die Bibel vermittelt die Vision, daß der Mensch vor dem Sündenfall in Frieden mit den Tieren gelebt und ihre Sprache verstanden habe. Erst nach der Austreibung aus dem Paradies soll Adam zum Feind der Tiere geworden sein, der ihre Sprache nicht mehr verstehen konnte. Psychologisch betrachtet heißt das natürlich nicht, daß dies alles in grauer Vorzeit unwiderruflich geschehen sei: sondern es heißt, daß es einer sich absondernden Einstellung entspricht, die den Menschen zum Feind der Tiere gemacht habe; aber es gibt auch heute eine mögliche neue Bezogenheit, die die Absonderung überwindet und uns die Sprache der Natur wieder verstehen läßt. In diesem Sinne können wir sagen, daß die Natur bei Chagall durch Erinnerung an das Paradies und durch eine Sehnsucht nach dem eschatologischen Zustand einer kommenden Welt verklärt ist.
Die Liebenden, die durch seine Bilder geistern, die über Dörfer hinschwebenden Engel sind ebenfalls urzeitliche, aber auch endzeitlich-verheißungsvolle Vorstellungen.

«Chagalls Bilderwelt, diese mütterlich ursprüngliche, von Brautpaaren, Eseln und Engeln bewohnte Natur, ist zugleich die … legendenreiche Welt seiner Kindheit. Es geht dabei weniger um nostalgische Rückblicke als um innerlich wiedererschaute und neu erschaffene Vergangenheit … Chagall hat es vermocht, jene Offenbarungen aus der Kindheit wieder neu zu beleben … Chagall gehört zu den ganz seltenen zeitgenössischen Künstlern, denen die Allgegenwart des Heiligen wieder aufgegangen ist. Ebenso gehört er zu den wenigen, die das Glück wiederentdeckt haben. Jenes Glück, für das dem geistigen Abendland nach diesem Halbjahrhundert der Krisen und Umwälzungen nahezu jeder Sinn verlorengegangen ist. Chagalls Werke zeigen auf, daß man es wiederfinden kann.»[20]

Diese Gedanken entwickelte Mircea Eliade in seinem Essay über «Marc Chagall und die Liebe zum Kosmos».
In einem Interview mit André Verdet[21] wurde Chagall ausdrücklich auf die Pflanzen und Blumen, die in seinem Werk so oft vorkommen, angesprochen:

«A. V.: In Ihrem Haus leben Sie täglich inmitten der Blumen, die Ihre Frau Vava in jedem Zimmer angeordnet hat. Einige Sträuße nehmen den Weg in Ihr Atelier … Die Blumen, Herr Chagall, Ihre Blumen?
M. C.: Ich war vielleicht arm, und in meiner Nähe gab es keine Blumen. Bella war es, die mir die erste gebracht hat. Nachher, in Frankreich … Man kann lange über den Sinn der Blumen nachdenken, aber für mich sind sie das Leben selbst, in seinem glücklichen Zauber. Man könnte sich ein Leben ohne Blumen nicht vorstellen. Die Blumen lassen einen tragischen Augenblick vergessen, aber sie können ihn auch widerspiegeln.»

Er spielt hier auf ein Ereignis an, das er auch in seiner Autobiographie wiedergibt: Bella brachte ihm 1950 zu seinem Geburtstag einen ersten Blumenstrauß.

«A. V.: Ihre Blumen verändern sich mit Vorliebe, schließen in sich die Geschöpfe ein, wie wenn sie sie zu den ihren machen möchten.
M. C.: Ja, Vögel und Menschen verändern sich oft in einem Strauß.
A. V.: Ja, das stimmt, manchmal baden Ihre Blumen in einem Klima von Drama, verfärben sich vor Angst, ganz wie Ihre Tiere, seien es der stets gegenwärtige und bevorzugte Hahn oder Esel, oder andere.
M. C.: Das Leben und die Geschehnisse nehmen oft einen tragischen Zug an, wie gewisse Sträuße.»

V

Als schützendes Bett, blühender Strauß oder Strauch, als tragender Baum auch, umgibt die Pflanze den Menschen, besonders die Frau, die Braut, aber auch das Paar. Es gibt eine Art von Blumenengel in dem Paradiesesbild[e] Chagalls in der «Message Biblique», der biblischen Botschaft, wie ein Zyklus Chagallscher Bilder in der Dauerausstellung des Chagall-Museums in Nizza genannt ist: ein blühender Strauch ist dies, rotgolden, über dem der mondweiße Kreis, Chagalls Symbol für die Gegenwart Gottes, aufleuchtet: die Schechinah, wie das mystische Judentum sie nennt. Wo dieser leuchtende Kreis, Symbol des runden Ganzen gegenwärtig ist, da ist Gott. Ein blühender Strauch als Gottessymbol, das findet sich nur bei Chagall. Hier blüht er weiter im Paradies, als Archetyp der Schöpfung, auch wenn der Mensch oft keinen Zugang mehr dazu hat. Aber aus dem Grund der Schöpfung heraus, noch gegenwärtig in Pflanze und Tier – auch als Pflanze und Tier in uns Menschen – schimmert dieser Blumen-Engel, dieser Blumen-Gott auf. Er wartet auf uns, unzerstörbar.

Eine andere Pflanze trägt bei Chagall das Gottessymbol, den Kreis: es ist der brennende Dornbusch[f], wieder ein Bild aus der «Message Biblique». Hier hat der Kreis der Gottesgegenwart, der Schechinah, eher Regenbogengestalt. Er besteht, genauer gesagt, aus zwei aneinandergefügten, konzentrischen Halbkreisen, dessen innerster Kreisbogen in Rot, der äußerste zur linken Seite hin in Gelb, zur rechten Seite hin in Blau, erscheint. Er enthält also die Ganzheit der drei Primärfarben. In diesem Regenbogenkreis schwebt der Engel, Chagalls anderes Zeichen der Gottesgegenwart. Am brennenden Dornbusch, in die Schechinah getaucht, von seiner Schafherde wegberufen, die man im Hintergrund noch weiden sieht, wird Mose aufgerichtet, und wächst zu der riesigen Hirtengestalt seines Volkes heran, die er durch das Rote Meer in die Freiheit führt.

Wie ein Bett ist die Baumkrone gestaltet, die sich in einem Bild zum «Hohen Lied», ebenfalls aus dem Zyklus der «Message Bibli-

que», weit nach links in den Bildraum dehnt[g]. In ihm ruht die Geliebte, ganz in zärtlichem Rot gehalten, wie auch das gesamte Bild, das zu Chagalls Serie zum «Hohen Lied» gehört, in dieses Rosé getaucht ist. Tiefrot steckt Chagalls Esel seinen Kopf aus dem Blütenbett, der Esel, der hier gewiß auch für sexuelles Verlangen steht – während rechts oben im Bild Salomo als Vogel-Engel auf seiner Harfe das Hohe Lied ertönen läßt, musizierend an seinem Standort zwischen einer phallischen Zypresse und einem phallischen Stein. Unzählig sind die Blumensträuße, die Blumenbouquets, mit denen Chagall die Braut, das Paar der Liebenden umgibt – wie er auch den ersten Blumenstrauß seines Lebens von Bella bekommen hat. In Blumen schwelgen auch die späteren Bilder wie «Die Liebenden von Vence»[h] (1957) oder «Der Maler und seine Frau»[i] (1969), die ihn mit Vava, seiner zweiten Frau zeigen, in der er nach Bellas Tod noch einmal eine Gefährtin aus dem russisch-jüdischen Milieu seiner Heimat fand. Es ist das Blühende des Lebens selbst, vor allem das Blühen des Eros, was Chagall in seinen Blumensträußen und Blumenbäumen zeigt.
Geradezu eine Apotheose des Blütenbaumes als Lebensraum des Paares stellt das schon erwähnte Fenster der Kapelle von Sarrebourg[a] dar. Ein einziger Blütenbaum aus einem Farbrausch von Rot, Grün und dunklem Blau füllt hier das Fenster des Chorraums auf einem lichtblauen Grund. Im Zentrum dieses Blütenbaums erkennen wir das Paar der Liebenden neben einer Stelle in dunkelstem Blau, das bei näherem Zusehen wie ein Auge erscheint, das uns aus der Mitte des Bildes anblickt. Hier liegt die Schechinah nicht wie ein lichter Kreis über dem Blütenbaum, sondern strahlt aus dessen Mitte hervor, als ein Zentrum von unergründlicher Tiefe.
Noch einmal anders gestaltet Chagall in dem zwölf Meter hohen Mittelfenster[j] des Fraumünsters von Zürich den Baum: als Weltenbaum und Weltenachse, ganz in Grün, der im unteren Abschnitt wie aus einem Goldkristall heraus aufwächst, im Mittelteil Maria mit dem Kind umgibt und im oberen Teil Christus erscheinen läßt, wie im Wipfel eines Schamanenbaumes, hier in kostbarem Smaragdgrün: auch er gekrönt mit dem Kreis der Schechinah, in dem

Christus mehr steht, mit weit ausgebreiteten Armen, als daß er an das Kreuz geheftet wäre. Er ist weniger ein Gehender als vielmehr ein Kommender, der kosmische grüne Christus[22]. Ein Christus-Baum, der aus dem Schoß eines mütterlichen Kosmos kommt und in ihn mündet, ein neues Christusbild, aus dem Symbol der Pflanze, dem Lebensbaum heraus gestaltet, ist hier ins Sichtbare verdichtet.

VI

Die erste tiefere Begegnung mit den Tieren Chagalls wurde für mich durch die Radierung und spätere Farblithographie «Noah in der Arche»[k] ausgelöst. Originell bei Chagall gegenüber allen anderen Archebildern, die ich kenne, ist dies, daß er die Arche von innen zeigt, so daß wir als Betrachter mit hineingenommen sind und uns von drinnen her erleben. Besonders berührend ist der sehnsüchtige Blick der Ziege, ihr leuchtend lebendiges Auge, während sie sich zugleich vertrauensvoll an Noah, diese große Vatergestalt, lehnt. Diese Sehnsucht im Blick des Tieres meint wohl mehr als Sehnsucht nach der Befreiung aus der Arche. Es ist das Sehnen der Kreatur überhaupt, von dem Paulus spricht, der Kreatur, die mit uns seufzt und auf die Offenbarung der Söhne Gottes wartet.
Ein Freund Chagalls schreibt über dessen Erleben der Tiere:

«Eine tiefste Kenntnis der Tiere, des Hühnerhofs und des Stalls. Ihr Kommen und Gehen, ihre gewohnten Gesten, ihre Posen, ihre Freude, ihre Traurigkeit, ihre Träume. Alles hat das Kind Chagall in seinem Herzen aufgestockt. Das bäuerliche Leben in den Holzhäusern von Vitebsk ist fest in seine Erinnerung geschrieben, nicht starr, sondern beweglich, unentschieden, und mit allen seinen Gerüchen, seinem Parfum, seinen Farben ... Herrlicher Tiergarten ... Arche Noahs. Die Tiere werden in einen solch vermenschlichten Zustand versetzt, daß wir zutiefst gerührt werden.»[23]

Plastisch gestaltet ist auch der Hahn unter dem Fenster der Arche und nur noch als weißer Blickpunkt die Taube, die, durch Noahs weit ausgestreckte Hand geleitet, die Arche verläßt.

Fast schockierend in seiner Expressivität ist eines der frühen Tierbilder Chagalls, «Der Stall»[l] aus dem Jahr 1917. In leuchtendem Gold-Orange stößt der riesige Kopf der Kuh aus dem Stall heraus in den Nachthimmel vor, überdimensioniert. Es ist fast, als hörte man ihr Brüllen, das den Stall zu zersprengen droht. In ihrem Gold-Orange steht sie farblich kontrapunktisch zu dem Dunkelblau der Nacht. Ist diese Kuh ein Symbol auch für Chagalls positive Mutterbindung, oder aber darüber hinaus für die archetypische Konstellation des Erdsymbols, des Muttersymbols, in unserer Zeit, die das Mütterliche so sehr entbehrt? Die Kuh kehrt in Chagalls Bildern immer wieder. Zweimal malt er sie sogar in der Stube seiner Familie, wie mitessend am Familientisch.[m]

Sehr beseelt ist das weiße Kälbchen in dem Bild «Einsamkeit»[n], das, mit der Geige im Maul, im Rücken des einsamen Rabbi kauert, ja eigentlich kniet, ein wirklich «frommes Tier». Es steht dem Rabbi im Rücken, schützt ihn von daher, auch wenn er es vielleicht gar nicht sieht. Mit Weiß ist es in die Farbe der Unschuld, der Neuanfänge, auch derjenigen der Opfer und der Opfertiere getaucht. Die Geige bedeutet wieder den Bezug des Tieres zur Grundmelodie der Schöpfung. Chagalls Tiere sind Musikanten, Tiere, die Flöte, Geige, Cello spielen. Über den Blick seiner Tiere ließe sich lange nachsinnen:

«Befindet sich nicht ein kleiner Teil unseres Selbst in diesen Tieren, in der ewigen Beständigkeit ihres Blicks; der Blick jedes Tieres ist unermeßlich, verflossenen Jahrhunderten zugehörig, gequält», wie ein Freund Chagalls schreibt; und er fährt fort: «Tritt nicht manchmal in den Blick der Menschen etwas von diesem großen Mitleid des Tierauges, von seiner immensen Einsamkeit, diesem rätselhaften Warten und seinem so schönen Stolz – und manchmal auch seiner Angst?»[24]

Der Hahn ist das zweite große Symboltier Chagalls. Mit Hühnern und Hähnen in der Stube wuchs er auf, wie manches seiner Bilder anschaulich zeigt. Der Hahn ist Wächter, ein fruchtbar-erotisches Tier und darüber hinaus ein altjüdisches Opfertier. Wie ein Brautführer geleitet ein Hahn das Hochzeitspaar auf dem Bild «Das

Brautpaar mit dem Eiffelturm»[o] von 1938/39; hier trägt der Hahn doch wahrhaftig ein gestärktes Hemd: «Hahnen-Frau, Hahnen-Krug, Hahnen-Baum, Hahnen-Pferd, Hahnen-Tänzer, Hahnen-Künstler: welch ein Spiel der Amalgame, auch beim Schaf, beim Pferd, beim Ochsen.»[25] So schreibt ein Biograph Chagalls.
Hahn und Esel stehen sich in «Les plumes en fleure»[p] von 1943 gegenüber: Sie gehören wie zwei Pole der einen Tierheit zusammen, als Vogel und Säugetier, flugfähig und tragfähig. Träumerisch blickt der blaue Esel, dessen Farbe mit dem blauen Blumen*bouquet* korrespondiert. Der Esel ist ein dem Dionysos geweihtes Tier. Als solches verkörpert es dionysische Lebenskräfte, vitale Sexualität und Fruchtbarkeit – daneben aber auch Tragfähigkeit und Geduld, ja Demut, Eigenschaften, mit denen es auch mit dem herberen Gott Saturn verbunden ist.
Strenger gestaltet ist der Hahn in dem Bild von 1947[q], hinter dem eine rotgewandete Frau wie eine Flamme aufschießt. Chagalls Geliebte, sieben Jahre hindurch, die Amerikanerin Virginia Haggard, die Mutter von Chagalls Sohn David, könnte in ihr verkörpert sein.[26] Bella ist zu der Zeit schon tot.
Von etwa 1930 an gestaltet Chagall an den Radierungen zur Bibel, zu denen ihn der bedeutende Verleger Ambroise Vollard aufgefordert hat, woraufhin er seine erste Reise nach Palästina unternahm. In diesen Radierungen[r] taucht das Kamel auf mit seiner charakteristischen Kopfhaltung, dazu das Böckchen, das Schaf, nun auch in seiner Rolle als Opfertier. Es berührt und erschüttert, wie auf einer der Radierungen der Kreis der Gottesgegenwart, die Schechinah, das geopferte Tier umfängt, während der Mensch vor dem Altar niedersinkt[s]. In dieser Radierungsfolge erscheint der Löwe, das Tier, dem Chagall manchmal sein eigenes Antlitz verleiht. Mit ihm identifiziert er sich wie mit keinem anderen. Manchmal ist der Chagallsche Löwe sehr zahm, erscheint in blauer Farbe, der Farbe der Träume und der Meditation, trägt eine Krone wie ein König und nähert sich doch wie ein Säugling der Brust, die in einem der großen Bilder zum «Hohen Lied»[t] wie eine Frucht aus Milch dargestellt ist. Chagall sagt in diesem Zusammenhang: «Ich male Bilder, weil ich mich

an meine Mutter erinnere, an ihre Brüste, die mich so warm ernährt und erregt haben ...»[27]

Das Pferd, das menschenverbundene Tier mit der feinen Emotionalität, erscheint in «Der Krieg»[u] aus dem Jahr 1943, einer kühnen Komposition von einander gegenläufigen Halbbögen, in der sich auch die Panikbereitschaft des Pferdes zeigt, das angesichts der Feuerbrände jeweils die Wagen der Flüchtenden durch die Luft entführt.

In dem gewaltigen Bild «Der stürzende Engel»[v] von 1947 bildet der goldgelbe Eselskopf mit der Geige ein stilles, aber unübersehbares Gegengewicht zu dem dramatischen Geschehen, dem Absturz des Engels, in dem sich der Tod von Chagalls erster Frau Bella spiegelt. Farblich wird dieser goldgelbe Eselskopf noch von der Sonne-Mond-Konjunktion, dem Kerzenschimmer und dem Nimbus des Gekreuzigten unterstützt, die im gleichen Goldgelb aufschimmern. Chagall schafft Gegengewichte gegen das chaotische Geschehen. Der Esel mit der Geige spielt die Grundmelodie der Schöpfung weiter, trotz Zerstörung und Tod – spielt ihn, auf Auferstehung hin.

Wie berichtet wird, konnte Chagall nach Bellas Tod monatelang nicht mehr malen. Doch dann entstehen aus seiner Trauer stille und tiefgründige Bilder, wie zum Beispiel das schon genannte «Selbstbildnis mit Wanduhr»[c], oder gar «Der gehäutete Ochse»[w] von 1947, in dem sich Chagall spürbar mit einem hingeschlachteten Tier identifiziert – und zugleich seine Kindheitserinnerungen an Schlachtungen wieder heraufbeschwört.

An seinen Großvater, den Schächter und Opferpriester, schreibt Chagall die folgenden Zeilen in seinem Bericht «Mein Leben»:

«Wie liebte ich dich, wenn ich in Lyosno in deiner Wohnung war, die nach getrockneter Kuhhaut roch! Ich liebte deine Schaffelle. Deine ganze Garderobe war immer am Eingang, an der Tür aufgehängt, und der Kleiderständer mit den Kleidungsstücken, Hüten, der Peitsche und dem übrigen bildete auf dem grauen Grund der Wand eine bestimmte Silhouette, die ich noch nicht genug erforscht habe. All das war mein Großvater.

In seinem Stall steht eine dickbäuchige Kuh; noch steht sie und blickt

widerspenstig. Großvater tritt heran und spricht zu ihr so: ‹Hör mal, he, gib deine Beine, ich muß dich binden, man will Ware haben, Fleisch, hörst du?›
Sie fällt um mit einem Seufzer. Ich strecke die Arme aus, um ihr Maul zu streicheln und ihr ein paar Worte zuzuflüstern, daß sie ruhig sein soll, daß ich kein Fleisch essen will; was sollte ich weiter tun?
Sie hört, wie der Roggen wogt, und hinter der Hecke sieht sie den blauen Himmel. Doch der Schlächter in Weiß und Schwarz, hält das Messer in der Hand, krempelt sich die Ärmel hoch. Dann, kaum hört man die Gebete, dreht er ihr den Kopf zurück und bohrt ihr den Stahl in die Kehle. Ströme von Blut. Ringsum lauern die Hunde und Hühner auf einen Tropfen Blut, auf ein Stück, das zufällig auf den Boden fällt. Man hört nur ihr Glucksen, ihr Rascheln und die Seufzer des Großvaters in den Strömen von Fett und Blut.
Und du, kleine Kuh, nackt und gekreuzigt, du träumst im Himmel. Das glitzernde Messer hat dich in die Lüfte gehoben.»[28]

So ist es für Chagall selbstverständlich, daß die kleine Kuh, die sich den Menschen zur Nahrung gegeben und geopfert hat, nun im Himmel ist und dort träumt. Die Beseelung des Tieres ist ihm eine Selbstverständlichkeit.
Am 12. Juli 1952, sieben Jahre nach Bellas Tod, heiratet Chagall Valentina Brodsky, Vava genannt. Nun entstehen neue Bilder der Liebe, zum Beispiel das «Bildnis Vava»[x] aus dem Jahr 1954, auf dem der Kopf eines Esel-Pferdes und ein großer Blumenstrauß erscheint, sowie «Die Liebenden von Vence»[h] von 1957, ein Bild ganz in Grün, mit den Kontrapunkten der roten Sonne und dem weißen Esel – dem Weiß, das die Farbe der Neuanfänge ist, eine Szene über den Hügeln von Vence, wo Chagall seit 1950 wohnte. Die Liebenden sind gänzlich in das Grün der mittelmeerischen Vegetation eingebettet.
Mit Vava unternimmt Chagall zwei Griechenlandreisen, auch dadurch angeregt, daß ihn der Verleger Tériade mit der Illustration des antiken Liebesromans «Daphnis und Chloe» beauftragt. Die Lithographien zu diesem Roman entstehen im Zeitraum von 1954 bis 1961.
Tier und Pflanze gehören für Marc Chagall zu der ursprünglichen

Schöpfung, wie sie war, ehe der Mensch sie verstörte – und wo Tier und Pflanze sind, schimmert für Chagall immer etwas von der ursprünglichen Schöpfung durch, die nicht einfach verschwunden ist, sondern nur wie hinter einem Schleier verborgen. Wo die Schöpfung noch ganz ist, sind bei Chagall alle lebendigen Wesen durch einen kosmischen Eros miteinander verbunden. Und wir können es auch umgekehrt sagen: wo Eros aufkommt, heilt die Schöpfung wieder, werden ihre Risse und Sprünge wieder geschlossen, wieder verbunden.

So beginnt die Bilderfolge der Lithographien[y], die Chagall zu dem antiken Liebesroman geschaffen hat, damit, daß ein ausgesetzter Junge gefunden wird, den eine Ziege säugt; und wenig später ein ausgesetztes Mädchen, dessen sich ein Mutterschaf wie eine Amme angenommen hat. Die Tiere haben die Menschenkinder gerettet, die lieblos ausgesetzt wurden; die Tiere überbrücken den Riß, den Menschen durch die Schöpfung ziehen. Beschämt durch die Tiere nehmen fremde Menschen, die diese ausgesetzten Kinder bei den Tieren finden, sie als ihre eigenen Pflegekinder an.

Chagall ist sehr berührt von diesen Szenen aus «Daphnis und Chloe»: Er stellt dar, wie die Ziege sich des Menschenkindes angenommen hat, und taucht die Darstellung ganz in das Grün der Vegetation, so daß selbst der Himmel hier in Grün erscheint. Wachsam steht die Ziege da, hoch aufgerichtet, in ihrem leuchtenden Weiß, und blickt nicht nur nach vorn, sondern auch nach rückwärts, steht schützend über dem nackt und hilflos daliegenden Jungen. Sie beide bilden eine Doppelgestalt, der Menschenjunge und die Ziege, zugleich im Schwerpunkt des Bildes, auf seiner Mittelachse stehend. Weiter oben im Bild ragt die Pappel auf und setzt den wachsam aufgereckten Hals der Ziege fort: auch die Pappel wacht über dem Jungen wie ein aufmerksamer Soldat. Und so werden Kind und Mutterziege dann auch gefunden, von einem Mann, der, in Blau wie ein Bote des Himmels, über den Hügel herab kommt. Beim näheren Betrachten werden noch zahlreiche weitere Tiere, Schafe und Ziegen, auf dem Bilde sichtbar: doch sind sie ins Grün eingebettet, selbst integrale Bestandteile der großen Mutter Natur, die das Menschenkind schützend, ja lebensrettend aufnimmt.

Parallel zu diesem Bild, weicher noch, lockerer hingezeichnet, gestaltet Chagall die Auffindung des Mädchens Chloe, das von einem Mutterlamm gesäugt wird. Hier ist die Begegnung zwischen der Frau in Rot, die es auffindet, und dem Mädchen, das ihr entgegenblickt, besonders hervorgehoben. Das Lamm tritt fast demütig beiseite, es hat seinen Dienst für das Überleben des Menschenkindes getan. In der Mitte über dem allen schwebt ein Engel, durch eine dunkle Linie mit der Frau und dem eben aufgefundenen Mädchen verbunden. Erdbraun und erdgrün ist der Bildraum, in dem das Mädchen liegt: die Farbe der bergenden, überpersönlichen Mutter Erde, die das Menschenkind gerettet hat, bis eine persönlich-mütterliche Frau auftaucht.

Diese Kinder nun, Daphnis und Chloe, wachsen zwischen den Tieren ihrer Herden auf, tollen herum und gewinnen sich lieb. In goldgelbem Licht läßt der Maler die grünen naturverbundenen Menschen herumtollen zwischen den roten und blauen Chagall-Tieren, von denen man nie ganz wissen wird, seien sie Esel, Schaf oder Ziege. In Rot und in Blau jedenfalls deutet sich eine Polarität an, auch die der Geschlechterspannung und Anziehung, die Daphnis und Chloe bald zu spüren bekommen und die in diesem Zyklus von Lithographien zauberhaft dargestellt ist. Ein alter Hirte, ein richtiger Waldschrat, erspäht denn auch den Gott Eros, der den beiden zu begegnen sucht, Eros, den geflügelten Gottesboten, der selbst etwas von einem Vogel hat. Und schließlich finden sich die beiden, bei einer ersten Berührung, als sich ein Insekt an der Brust der schlafenden Chloe verfangen hat, und Daphnis es verscheucht.

1946 ist Chagalls weitere große Lithographienfolge «Zirkus»[z] vollendet, in dem naturgemäß viele seiner Tiere erscheinen, so zum Beispiel in dem Bild «Der blaue Zirkus», das zwischen 1950 und 1952 entstanden ist, in dem eine Frau mit Nixenhüften zwischen Fisch und Esel erscheint: der Fisch als Bote aus dem Unbewußten nimmt hier bezeichnenderweise den Platz oben im Bild, der Esel dagegen den unteren ein. Chagall hatte zeit seines Lebens ein besonderes Verhältnis zum Zirkus. Es bedeutete für ihn ein «tausendjähriges Spiel, das sich tanzen läßt»[29]. Und weiter:

«Der Zirkus ist für mich die tragischste Darstellung. Durch die Jahrhunderte der durchdringendste Schrei auf der Suche nach dem Vergnügen und der Freude des Menschen. Er nimmt oft die Form großer Poesie an. Ich glaube, einen Don Quijote auf der Suche nach einem Ideal zu sehen, wie dieser geniale Clown, der geweint hat und von menschlicher Liebe träumte.»[30]

Im gleichen Zusammenhang fährt Chagall fort: «Ich habe mein ganzes Leben über Pferde gezeichnet, die allerdings eher Eseln und Kühen gleichen.»[31] Er weiß also selbst gut genug, welche merkwürdigen Misch-Kreaturen seine Pferde darstellen:

«Beim Anblick von Pferden in ihren immerwährenden ekstatischen Zuständen denke ich: ‹Vielleicht sind sie glücklicher als wir?› Man kann ruhig vor einem Pferd in die Knie gehen und beten. Es senkt immer die Augen in einem Aufwall von Bescheidenheit. In meinem Bauch höre ich das Echo der Pferdehufe. Ich könnte zum ersten- und letztenmal auf einem Pferd in die glänzende Arena des Lebens reiten. Ich hätte das Bewußtsein, etwas zu überschreiten, nicht mehr unter schweigsamen Wesen allein zu sein, von denen nur Gott weiß, was sie denken.»[32]

Mit den zwölf Fenstern für die Synagoge der Hadassah-Klinik zu Jerusalem, in denen Chagall die zwölf Stämme Israels darstellen soll, gewinnt er Raum für besonders schöne Tiergestaltungen, wie zum Beispiel die der Gazelle in dem gelben Fenster für den Stamm Naphtali[aa]. Chagall, der in diesem Zusammenhang jede Menschendarstellung meidet, getreu einer jüdisch-orthodoxen Tradition, sieht sich bei der Darstellung der Stämme Israels darauf verwiesen, deren Symboltiere darzustellen.
Eindrucksvolle Tierbilder erscheinen in allen großen Fensterkompositionen des späten Chagall bis hin zu dem verträumten Kamel in den Fenstern der Stephanskapelle zu Mainz[bb], auf dem der Brautwerber zu Rebekka reitet, ohne die Zügel zu führen – allein geführt von Gottes Gegenwart, die sich in dem transparenten Blau ausdrückt.

Bis an seine hohe Altersgrenze hin begleiten Tierbilder als Bilder der inneren Vitalität und Schöpferkraft den Maler Chagall. Ob wir die reizvolle Collage «La ferme en vert»[cc], die Farm in Grün, von 1968 nehmen, die er in seinem 81. Lebensjahr gestaltete, eine Collage rund um den grünen Esel, auf den er immer wieder zurückkommt – oder «Cantique»[dd] (1974), aus seinem 87. Lebensjahr, ein Bild ganz in Rot, wo das Menschenpaar der Liebenden, vom weißen Hahn ausgehend, auf der Lichtbahn, die von der sogenannten «Ewigkeitsecke» her ins Bild fällt, hinausreitet, auf dem Rücken eines weißen Pferdes.

In die noch spätere Zeit gehört ein Bild, auf dem der Harlekin einen schweren, schwarzen Vogel auf der Schulter trägt[ee], einen überschweren Vogel – spielt da das Wissen um das näherkommende Ende mit?

Aus Chagalls 90. Lebensjahr, dem Jahr 1977, stammt das Bild zum Orpheus-Mythos[ff], in dem Orpheus, von einem aufrecht gehenden weißen Pferd und einem grauen Esel geleitet, in die Unterwelt schreitet – er braucht dazu die Verbindung mit seinen Tierinstinkten –, wo ihn ein eigenartiges engelgleiches Wesen erwartet und seine am Boden liegende Frau – ist es Bella, die früh Verstorbene? – sich wiederfindet. Chagall selbst stirbt im Jahre 1985 in seinem 98. Lebensjahr. In einem seiner Gedichte schreibt er:

> «Ich selber werde ein Ton,
> die Ewigkeit bringt die Welt
> zum Klingen,
> neue Blumen blühen neben mir
> und ihr Duft holt mich aus dem Schlaf.»

VI

Verkörpert das Tier bei Chagall den Teil der Schöpfung – und zugleich den Anteil des Menschen –, der mit der Schöpfung in Einklang geblieben ist, so der Engel den Teil der Schöpfung und damit auch den Anteil des Menschen –, der die irdisch sichtbare Schöpfung transzendiert, über sie hinausweist. Das Tier weist auf die Urgestalt des Menschen hin – die Mensch-Tier-Verbindung –, der Engel auf seine Endgestalt, die Mensch-Engel-Verbindung, zugleich auf die Ich-Selbst-Achse, von der C. G. Jung spricht, von dem Menschen nämlich in seiner Verbundenheit mit dem sein Ich überschreitenden Selbst. Engel sind überdies in sich bereits Mensch-Tier-Paare, genauer gesagt Mensch-Vogel-Paare einer besonderen Art.

Es ist nicht zu übersehen, daß die Engelgestalt in den Visionen der Propheten, des Jesaja oder des Hesekiel beispielsweise, als geflügelte Wesen erscheinen, vierflügelig, sechsflügelig sogar, und daß sie damit auch etwas Vogelartiges haben, sind sie doch mit dem Wind, der Seele und dem Geist verbunden. Engel haben bei Chagall teil an der Symbolik der Vogelgestalt, können sich über die Schwerkraft erheben, weiteste Entfernungen überwinden; sie verbinden Himmel und Erde, Göttliches und Menschliches, Geistiges und Körperliches. Engel bringen Botschaften von drüben, bringen Schutz und Rettung. Als Vogelartige wissen sie wie die Zugvögel den Weg und können ihn anderen weisen.

Tiefenpsychologisch, symbolisch gesehen, stehen sie für das im Menschen, was gleichsam nach der Höhe hin über ihn hinausweist, für seinen Bezug zur Transzendenz – so wie das Tier für das steht, was sozusagen nach der Tiefe hin über ihn hinausweist, in die Welt der Körperseele, des Körperselbst, der Instinkte hinein.

Für Chagall gibt es die Verbindung zwischen Mensch und Engel, das Mensch-Engel-Paar; aber auch die Verbindung zwischen Tier und Engel, das Tier-Engel-Paar.

So erscheint die Verbindung zwischen dem Fisch als dem Boten aus der Tiefe und dem Vogel als dem Boten aus der Höhe in der Gestalt eines fliegenden Fischs, eines Fisch-Engels also, in dem Bild «Die Zeit ist ein Fluß ohne Ufer»[gg]. Hier verbinden sich die beiden Bereiche, die das Ich der menschlichen Person überschreiten und die doch zu ihr gehören, nach der Tiefe des Körperlichen und nach der Höhe des Seelisch-Geistigen hin. Beide Bereiche sind der ursprünglichen Schöpfung wie auch ihrer künftigen Vollen-

dung nahe: die Tierseite wie die Engelseite des Menschen. Und wo die ursprüngliche Schöpfung nahe ist, erklingt bei Chagall Musik, hier die Geige.
Wenn die Zeit unentrinnbar verfliegt, weiß nur der geflügelte Fisch, der die Lebensuhr trägt, den Weg. Verkörpert er das geflügelte Unbewußte, so ist das geflügelte Pferd schon bewußtseinsnäher, menschennäher, vor allem hat es bereits festen Boden unter den Füßen. Doch läßt Chagall dieses fliegende Pferd wiederum schweben. Es trägt wie Pegasus das hochzeitliche Paar der Liebenden, Salomo und Sulamith, das Paar des «Hohen Liedes» auf dem schon erwähnten Bild[d], das zu der «Message Biblique» in Nizza gehört. Hier sind das Pferd, die vital-emotionale, auch sexuelle Seite, mit dem Vogel als der seelisch-geistigen Seite zu einem Pferdevogel, einem Pferde-Engel verbunden, der die Liebenden trägt, der Schwerkraft enthoben, durch den rot entflammten Himmel ihrer «Lebensleidenschaft» (V. Kast).
Engel wiederum als der Schwerkraft enthobene Wesen gleichen den Akrobaten, die unter unmöglichen Umständen das Gleichgewicht halten – und die Akrobaten gleichen bei Chagall den Engeln.
Andere Tiere, wie Kuh und Hahn in einem der Kreuzigungsbilder, zum Beispiel «Das Martyrium»[hh] aus dem Jahr 1940 tragen zwar keine Flügel, haben aber eine ähnliche Funktion wie die Engel, indem sie kopfüber herbeistürzen, um dem gequälten Menschen am Pfahl beizuspringen. Schutzengel und Schutztiere sind bei Chagall verwandte Wesen.
Ein Esel trägt die Kerze, die Licht spendet, hinter der Familie auf der Flucht, die leicht die Heilige Familie sein könnte und über der wie ein Omen der Gekreuzigte steht.[ii]
Tiere wie Engel sind Schutzgeister des einzelnen Menschen wie auch des Paares, und indem sie uns umgeben, erweitern sie unser Schwingungsfeld um die instinktiven und spirituellen Kräfte, die uns als einzelne und als Paar zu tragen vermögen.

Warum löste sich die Verstörung, die nach dem Reaktorunglück von Tschernobyl in uns war, als wir vor Chagalls Bilder traten?

Diese Frage begleitet uns seit dem Anfang unserer Wieder-Betrachtung seiner Bilder. Ob es nicht das war: Chagalls Bilder brachten uns wieder in Kontakt mit den Kräften, die die Schöpfung und uns selber als Kinder der Schöpfung zusammenhalten und tragen: mit Tier, Pflanze und Engel, mit der instinktiven Tiefe und der spirituellen Höhe in uns selber also – und über uns hinaus. Sie brachten uns in Berührung mit unserer größeren Ganzheit, die uns wieder heil macht und fähig, künftigen Katastrophen etwas entgegenzusetzen, sowohl in unserem Inneren wie auch in der Außenwelt. Vor allem aber bringt uns Chagall in Kontakt mit den kosmischen Kräften der Liebe und der Freude, die uns letztlich zusammenhalten und uns jeweils wieder zusammenfügen, wenn wir auseinanderzufallen drohen.

Tier und Pflanze gehören für Marc Chagall zu der ursprünglichen Schöpfung, wie sie war, ehe der Mensch sie verstörte – und wo Tier und Pflanze sind, schimmert für Chagall immer etwas von der ursprünglichen Schöpfung durch, die nicht einfach verschwunden ist, sondern nur wie hinter einem Schleier verborgen.

Der blühende Baum oder auch Strauch, über dem das Ganzheitszeichen, das Zeichen für die Schechinah, die Gegenwart und die Herrlichkeit Gottes steht – er ist eins der schönsten Symbole für diese geheimnisvolle Gegenwart des Ursprünglichen hinter aller Verstörung und Zerstörung. Einzigartig in der religiösen Malerei: eine Pflanze als Gottes-Symbol, das Blühende der Schöpfung als Bild für Gott selbst. Chagalls Blumenbaum im Paradies ist nicht allen Blicken entzogen, sondern Chagall hat ihn wieder sichtbar gemacht: und er wartet auf uns, bis wir ihn finden.

Anmerkungen und Literatur

Mario Jacoby
Das sogenannt «Animalische» im Menschen

Badinter, E. (1980): Die Mutterliebe. Orig.: «l' amour en plus», Paris. Dt. Ausg.: München/Zürich: Piper, Neuausg. 1991.

Eibl-Eibesfeldt, I. (1970): Liebe und Haß. München: Piper.

Elias, N. (1969): Über den Prozeß der Zivilisation. 2. Aufl. Bern/München: Francke.

Fordham, M. (1974): Das Kind als Individuum. Orig.: Children as individuals, London 1965. Dt. Ausg.: München/Basel: Reinhardt.

Gehlen, A. (1955): Der Mensch. Bonn: Athenäum-Verlag.

Herder, J. H. (1966): Ideen zur Philosophie der Geschichte der Menschheit. Darmstadt: Melzer.

Jung, C. G. (1946): Die Psychologie der Übertragung. In: Gesammelte Werke [= GW] 16.

Jung, C. G. (1946b): Theoretische Überlegungen zum Wesen des Psychischen. GW 8, Par. 343–442.

Jung, C. G. (1954): Mysterium Coniunctionis. GW 14/1.

Jung, C. G./Jaffé, A. (1962): Erinnerungen, Träume, Gedanken von C. G. Jung. Zürich/Stuttgart: Rascher.

Lichtenberg, J. D. (1989): Psychoanalysis and motivation. Hillsdale, NJ: The Analytic Press.

Mead, M. (1970): Geschlecht und Temperament in drei primitiven Gesellschaften (= Jugend und Sexualität in primitiven Gesellschaften, Bd. 3). Orig.: Sex and temperament, New York. Dt. Ausg.: München: Deutscher Taschenbuch Verlag.

Morris, D. (1967): The naked ape. New York: Dell.

Neumann, E. (1963): Das Kind. Zürich: Rhein-Verlag.

Portmann, A. (1958): Zoologie des Menschen. Reinbek: Rowohlt.

Barbara Mettler-Meibom
Pflanze – Tier – Mensch
Eingebundensein und Verantwortung in der Mediengesellschaft

1 Neil Postman: Das Technopol. Die Macht der Technologien und die Entmündigung der Gesellschaft (amerik.). Frankfurt/M.: Fischer 1992.
2 Dieser Aspekt wird gerade bei Psychologen immer wieder vernachlässigt, so auch in dem einleitenden Referat auf dieser Tagung von Mario Jacoby, in dem er die Differenz von Mensch, Pflanze und Tier herausarbeiten wollte.
3 Ivan Illich hat diesen Begriff allerdings vor allem auf die technischen Werkzeuge des Menschen bezogen: «Konvivial oder lebensgerecht ist jene Gesellschaft, in der der Mensch das Werkzeug durch politische Prozesse kontrolliert.» Aus: Ivan Illich: Selbstbegrenzung. «Tools for Conviviality» (amerik. 1973; dt. 1975). Reinbek: Rowohlt 1986, S. 14.
4 Wir sind ein Teil der Erde. Die Rede des Häuptlings Seattle vor dem Präsidenten der Vereinigten Staaten von Amerika im Jahre 1855, in der adaptierten Fassung des amerik. Dichters William Arrowsmith. Olten: Walter Verlag 1982.
5 Sarah Jansen: Magie und Technik. Auf der Suche nach feministischen Alternativen zur patriarchalen Naturnutzung. In: beiträge zur feministischen theorie und praxis, 7. Jg. (1984) H. 12: Natur Technik Magie Alltag, S. 69–81; Vgl. auch Doris Janshen (Hg.): Hat die Technik ein Geschlecht? Denkschrift für eine andere technische Zivilisation. Berlin: Orlanda Frauenverlag 1990.
6 vgl. dazu vor allem die Beiträge von Gertrude Deninger-Polzer und Ingrid Riedel in diesem Band.
7 Heinrich von Kleist: Über das Marionettentheater. Stuttgart: Reclam 1990.
8 Von «sogenannten» Informations- und Kommunikationstechniken schreibe ich, um auf den mißbräuchlichen Bedeutungsüberschuß dieser Begriffe hinzuweisen. Es ist sehr fraglich, ob es sich hierbei um Information und Kommunikation handelt. Angemessener wäre es, von Fernmelde- und Datenverarbeitungstechniken zu sprechen.
9 Unübertroffen ist dies im Märchen Momo von Michael Ende dargestellt: Michael Ende: Momo. Stuttgart 1973.
10 vgl. Roy Mason et al.: Xanadu. The Computerized Home of Tomor-

row and How it Can be Yours Today. Washington, D. C.: Acropolis 1983, und F. van Rijn/R. Williams (Eds.): Concerning Home Telematics. Amsterdam/N. Y./Oxford/Tokyo: North-Holland 1988.

11 Leo Kirch begann als Filmhändler, der für die öffentlich-rechtlichen Rundfunkanstalten Filme auf dem US-Markt einkaufte. Mit den Lizenzen für diese Filme hat er nunmehr die Grundlagen für die Sender SAT 1, Pro 7 und Premiere gelegt, bei denen er bzw. sein Sohn eine beherrschende Anteilseignerposition haben.

12 Mary Winn: Die Droge im Wohnzimmer. Reinbek: Rowohlt 1979; Neil Postman: Wir amüsieren uns zu Tode. Urteilsbildung im Zeitalter der Unterhaltungsindustrie (amerik. 1985). Frankfurt: Fischer 1985; vgl. auch: Claudia Schmidt et al.: Endstation Seh-Sucht? Stuttgart: GEP-Buch Steinkopf 1989; Bettina Hurrelman et al.: Familie und erweitertes Medienangebot, Begleitforschung des Landes NRW zum Kabelpilotprojekt Dortmund. Düsseldorf: Presse- und Informationsamt der Landesregierung 1988.

13 vgl. «Ich will nicht weggehen und sagen: Ich muß braver werden.» Ein Gespräch mit Petra K. Kelly und Gert Bastian über die deutschen Massenmedien, ihr Verhältnis zur Ökologie und Umweltbewegung. In: Frankfurter Rundschau v. 23. 10. 1992, S. 18; Öko-Sendungen. Kein leichter Stand. In: IW-Medienspiegel v. 20. 4. 1992, S. 3.

14 Günther Anders: Die Antiquiertheit des Menschen, Bd. 1: Über die Seele im Zeitalter der zweiten industriellen Revolution (1956). München: 7. Auflage Beck 1985, S. 111.

15 Die Gründung des Instituts für Informations- und Kommunikationsökologie – IKÖ – im Jahre 1989 stand u. a. im Zusammenhang mit solchen Überlegungen (Reuterstr. 44, 5300 Bonn); vgl. u. a. Barbara Mettler-Meibom: Das Institut für Informations- und Kommunikationsökologie. In: Wechselwirkung, 13. Jg., Febr. 1991, S. 18–21; dies.: Normative Grundlagen eines kommunikationsökologischen Konzepts, a. a. O., S. 21–25, und a. a. O., April 1991, S. 48–53.

16 Godela Unseld: Maschinenintelligenz oder Menschenphantasie? Plädoyer für den Ausstieg aus unserer technisch-wissenschaftlichen Kultur. Frankfurt/M.: Suhrkamp 1992.

17 in einem ausführlichen Schreiben an mich vom 15. 6. 1990.

18 a. a. O.

19 a. a. O.

20 Martin Buber: Das Dialogische Prinzip. Heidelberg: 5. durchgesehene Ausgabe Lambert Schneider 1984.

21 vgl. Heiko Ernst: Das Ich der Zukunft. In: Psychologie heute, 18. Jg.,

H. 12, Dez. 1991, S. 20–26; Stefan Baier: Der Informationsinfarkt, a. a. O., S. 28–30.

Sergius Golowin
Das Tier in der Volkskultur

1 Zum Fortleben der Legenden und Lehren der frühmittelalterlichen Gnostiker und Bogumilen im osteuropäischen Raum: Ihre Zentren lassen schon geographisch die Annahme zu, daß das Gebiet um das Schwarze Meer, ähnlich wie das des Asowschen Meeres, schon früh mit den Lehren der Balkan-Gnostiker in Verbindung gekommen ist. Der Einfluß dieses Kulturkreises auf die Oberschicht des Zarenreiches im 18. und 19. Jahrhundert (und sogar auf den Zarenhof selber!) wird immer faßbarer. Vgl. K. R. H. Frick, Licht und Finsternis. Gnostisch-theosophische und freimaurisch-okkulte Geheimgesellschaften, Teil 2, Graz 1978, S. 457.

2 Die von den rumänisch-ukrainischen Zigeunern bis in den französischen Westen mündlich verbreiteten Legenden, das sogenannte «Zigeuner-Evangelium», enthalten offensichtlich uralte Einflüsse der Begegnungen unserer Nomaden mit frühen urchristlichen Gemeinschaften. Vgl. H. Berger, Mythologie der Zigeuner, in: Götter und Mythen des indischen Subkontinents, hrsg. von H. W. Haussig, Wörterbuch der Mythologie, Stuttgart ^{5}1984, S. 821.f., und S. Golowin, Gemeinsam im Garten Eden. Mystik und Magie unserer Haustiere, Basel 1993.

Sylvia Greiffenhagen
Tiere als Therapie

Weiterführende Literatur findet sich in dem umfangreichen Literaturverzeichnis des Buches der Autorin:

Greiffenhagen, S.: Tiere als Therapie. Neue Wege in Erziehung und Heilung. München: Droemer Knaur 1991 (TB 1993).

Auf die folgenden Arbeiten wird besonders verwiesen:

Anderson, R. K. u. a. (Hrsg.): The Pet Connection. Minnesota 1984.
Bergler, R.: Mensch und Katze. Kultur-Gefühl-Persönlichkeit. 1985.
Bergler, R.: Mensch und Hund. Psychologie einer Beziehung. Köln 1986.

Bergler, R.: Heimtierhaltung aus psychologischer Sicht. In: Zentralblatt für Bakteriologie, Mikrobiologie und Hygiene 1986/1987, S. 304 ff.
Brüch, A.: Ein Hund und eine Katze in der Kinderpsychotherapie. In: Zeitschrift für Individualpsychologie 4 (1988) S. 264 ff.
Bustad, L. K.: Zusammenfassung des Symposiums. In: Mensch-Tier-Beziehung. Dokumentation des Internationalen Symposiums für Mensch-Tier-Beziehung in Wien 1983.
Condoret, A.: L'animal compagnon de l'enfant. Paris 1973.
Corson, S./Corson, E.: Pets as Mediators of Therapy. In: Current Psychiatric Therapies 18 (1978) S. 195 ff.
Corson, S., u. a.: Pet Dogs as Nonverbal Communication Links in Hospital Psychiatry. In: Comprehensive Psychiatry 15 (1975) S. 277 ff.
Cusack, O./Smith, E.: Pets and the Elderly. the Therapeutic Bond. New York 1984 (Sonderheft der Zeitschrift «Activities, Adaption and Aging»).
De Smet, S.: Öffnet die Heime – für Haustiere. In: Altenpflege 5 (1988) S. 308 ff.
Fogle, B. (Hrsg.): Interrelations between People and Pets. Springfield 1981.
Fogle, B.: Pets and Their People. London 1983.
Friedmann, E.: Haustierhaltung und Überlebenschancen nach Herzkranzgefäßerkrankungen. In: Effem-Forschung für Kleintiernahrung. Report 9 (1979) S. 21 ff.
Friedmann, E., u. a.: Animal Companions and One-Year Survival of Patients after Discharge from Coronary Care Unit. In: Public Health Report 1980, S. 307 ff.
Friedmann, E., u. a.: Pet Ownership and Psychological Status. In: Anderson 1984, S. 300 ff.
Friedmann, E., u. a.: When Pet Owners are Hospitalized. Significance of Companion Animals during Hospitalization. In: Katcher/Beck 1983, S. 346 ff.
Heilpädagogisches Voltigieren und Reiten. Das Pferd in Pädagogik, Psychologie und Psychiatrie. Ausgewählte Beiträge aus der Zeitschrift «Therapeutisches Reiten», hrsg. v. Kuratorium für Therapeutisches Reiten. Warendorf 1989, S. 38 ff.
Heimann, M.: On the Role of Animals. In: The Psychoanalytic Quarterly 22 (1953) S. 147 ff.
Katcher, A. H./Beck, A. M. (Hrsg.): Sicherheit und Vertrautheit. Physiologische und Verhaltensreaktionen auf die Interaktion mit Haustieren. In: Die Mensch-Tier-Beziehung 1983, S. 131 ff.

Katcher, A. H./Beck, A. M. (Hrsg.): New Perspectives on Our Lives with Companion Animals. Philadelphia 1983a.
Levinson, B. M.: The Dog as a «Co-therapist». In: Mental Hygiene 46 (1962) S. 59 ff.
Levinson, B. M.: Pet Oriented Child Psychotherapy. Springfield 1969.
Levinson, B. M.: Pets and Human Development. Springfield 1972.
McCulloch, M.: The Pet as Prosthesis. Defining Criteria for the Adjunctive Use of Companion Animals in the Treatment of Medically Ill, Depressed Outpatient. In: Fogle 1981, S. 101 ff.
McCulloch, M. J.: Animal-Facilitated Therapy. In: Katcher/Beck 1983, S. 410 ff.
Die Mensch-Tier-Beziehung. Dokumentation des Internationalen Symposiums in Wien 1983, hrsg. vom Institut für interdisziplinäre Erforschung der Mensch-Tier-Beziehung, Wien.
Olbrich, E.: Tiere als «Therapeuten». In: Altenpflege 2. Feb. 1987.
Olbrich, E.: Ein wärmendes Stück Leben. Die Bedeutung der Mensch-Tier-Beziehung im Alter. In: Altenpflege 7 (1989) S. 405 ff.
Ryder, R. D.: Pets in Man's Search for Sanity. In: Journal of Small Animal Practice 14 (1973) S. 657 ff.
Serpell, J.: In the Company of Animals. A Study of Human-Animal Relationship. Oxford 1986.

Günter Altner
Seelenleben der Pflanzen –
Grundsätze und Perspektiven einer umfassenden Bioethik

1 Fechner, G. Th.: Das unendliche Leben. München 1984, S. 36.
2 Fechner, G. Th.: a. a. O., S. 48.
3 vgl. dazu Altner, G.: Naturvergessenheit – Grundlagen einer umfassenden Bioethik. Darmstadt 1991, insbes. S. 9 ff.
4 Buber, M.: Das dialogische Prinzip. Heidelberg 1973, S. 10–11.
5 Wuketits, M.: Konrad Lorenz. 1983, S. 37.
6 Kästner, E.: Aufstand der Dinge. Byzantinische Aufzeichnungen. Frankfurt a. M. 1976, S. 157.
7 Anbauer, H. P. (Hg.): Umweltmanifest. Wien 1987, S. 6.
8 Jonas, H.: Technik, Ethik und biogenetische Kunst – Betrachtungen zur neuen Schöpferrolle des Menschen. In: Am Beginn des zweiten Jahrhunderts Hoechst Pharma, Internationales Symposium Frankfurt a. M., 1984, S. 17.

9 vgl. dazu Altner, G.: a. a. O., S. 44 ff., dort auch die Originalzitate.
10 Strey, G.: Umweltethik und Evolution. Göttingen 1989, S. 138.

Hildegunde Wöller
Vielfarbige Weisheit – Sophia als Symbol alles Lebendigen

1 zitiert nach Thomas Schipflinger, Sophia – Maria. Eine ganzheitliche Vision der Schöpfung, München/Zürich 1988, S. 72.
2 zitiert nach Thomas Schipflinger, a. a. O., S. 79.
3 vgl. Felix Christ, Jesus Sophia. Die Sophia-Christologie bei den Synoptikern, Zürich 1970, S. 16.
4 Martin Buber, Zwischen Zeit und Ewigkeit. Gog und Magog. Eine chassidische Chronik, Heidelberg 1969, S. 294 f.
5 a. a. O., S. 297.
6 Im folgenden beziehe ich mich auf Hans Egli, Das Schlangensymbol. Geschichte, Märchen, Mythos, Olten 1982.
7 Albert Einstein, Mein Weltbild, Zürich o. J., zitiert nach Johannes Thiele, die mystische Liebe zur Erde. Fühlen und Denken mit der Natur, Stuttgart 1989, S. 237.
8 a. a. O., S. 237.
9 Brian Swimme, das Universum ist ein grüner Drache. Ein Dialog über die Schöpfungsgeschichte oder von der mystischen Liebe zum Kosmos. Aus dem Amerikanischen übersetzt von Peter-Johannes Athmann, München 1991, S. 21 f.
10 a. a. O., S. 23.
11 a. a. O., S. 32.
12 a. a. O., S. 55 f.
13 a. a. O., S. 119.
14 a. a. O., S. 120.
15 a. a. O., S. 145.
16 a. a. O., S. 144 f.
17 a. a. O., S. 19.
18 a. a. O., S. 20.

Gertrude Deninger-Polzer
Göttliches Tier – tierischer Gott: Bedeutung und Aufgabe der Tiere in der Mythologie

1 vgl. E. Hornung: Der Eine und die Vielen. Ägyptische Gottesvorstellungen. Darmstadt 1973, S. 91 f.
2 E. Hornung: Die Bedeutung des Tieres im alten Ägypten. In: Studium Generale, 20. Jhg., 2/1967, S. 73.
3 E. Hornung: Der Eine und die Vielen, a. a. O., S. 98.
4 W. Kranz (Hrsg.): Vorsokratische Denker. Berlin 1959, S. 58.
5 vgl. E. Hornung: Die Bedeutung des Tieres im alten Ägypten, a. a. O., S. 69.
6 vgl. R. Merz: Die numinose Mischgestalt. Methodenkritische Untersuchungen zu tiermenschlichen Erscheinungen Altägyptens, der Eiszeit und der Aranda in Australien. Berlin/New York 1978, S. 88.
7 vgl. S. Morenz/J. Schubert: Der Gott auf der Blume. Eine ägyptische Kosmogonie und ihre weltweite Bildwirkung. Ascona 1954, S. 22 ff.
8 vgl. M. Lurker: Adler und Schlange. Tiersymbolik im Glauben und Weltbild der Völker. Tübingen 1983, S. 18.
9 vgl. M. Eliade (Hrsg./Vorwort): Die Schöpfungsmythen. Quellen des alten Orients, Bd. 1. Einsiedeln/Zürich/Köln 1964, S. 56–58.
10 vgl. ebd., S. 50.
11 vgl. G. Roeder (Hrsg.): Urkunden zur Religion des Alten Ägypten. Düsseldorf/Köln 1978 (1915), S. 108 f., 166 f.
12 M. Eliade: Die Schöpfungsmythen, a. a. O., S. 120.
13 ebd., S. 95 f.
14 vgl. zum Folgenden R. Merz, a. a. O., S. 90 ff.
15 Bruce Chatwin geht in seinem Roman «Traumpfade. The Songlines» (München/Wien 1990) ausführlich auf diese Zusammenhänge ein.
16 Märchen aus der Südsee, erz. v. V. Reis. Hanau 1976, S. 16 ff., vgl. zur Interpretation R. Merz, a. a. O., S. 167 ff.
17 So machte Gott die Welt. Schöpfungsmythen der Völker. Nacherz. u. gedeutet v. A. Th. Khoury u. G. Girschek, Freiburg 1985, Herder TB 1223, S. 33.
18 Sibirische Märchen, erz. v. M. Tvrdíková. Hanau 1980, S. 9.
19 vgl. F. Herrmann: Das Tier als Schöpfer. Ein Beitrag zur vergleichenden Mythologie. In: Studium Generale, 20. Jhg., 3/1967, S. 130.
20 Märchen aus der Südsee, a. a. O., S. 103 f.
21 Was die Zauberpfeife erzählt... Indianermärchen erz. v. V. Hulpach. Hanau 1966, S. 17 ff.

22 Sibirische Märchen, a.a.O., S. 30 ff.
23 vgl. Älteste indische Dichtung und Prosa. Vedische Hymnen, Legenden, Zauberlieder, philos. u. ritualist. Lehren, hrsg. v. K. Mylius, Wiesbaden 1981, S. 143 f.
24 J. Gonda: Mensch und Tier im alten Indien. In: Studium Generale, 20. Jhg., 2/1967, S. 115.
25 Aus: Yâjñavalkya's Gesetzbuch (etwa um 300 n. Chr.), zit. nach H. v. Glasenapp: Indische Geisteswelt, Baden-Baden o. J., S. 136 f.
26 vgl. H. Zimmer: Indische Mythen und Symbole. Düsseldorf/Köln, Neuausgabe 1972, S. 7–12.
27 J. Gonda, a.a.O., S. 106.
28 vgl. ebd.
29 Buddhistische Märchen, hrsg. v. J. Mehlig. Leipzig 1982/Wiesbaden 1984, S. 81 ff.
30 vgl. ebd., S. 86 ff.
31 vgl. ebd., S. 117 ff.
32 Das Ramayana des Valmiki, ins Dt. übertragen v. C. Schmölders. Düsseldorf/Köln 1981.
33 vgl. E. Schleberger: Die indische Götterwelt – Gestalt, Ausdruck und Sinnbild. Ein Handbuch der hinduistischen Ikonographie. Düsseldorf/Köln 1986, S. 130 ff.
34 Grimm's Märchen, Bayreuth 1978, S. 530 ff.
35 vgl. C. Sailer: Die Sünde wider die Natur und die Hoffnung auf eine neue Erde. In: Wendepunkte Erde Frau Gott. Am Anfang eines neuen Zeitalters, hrsg. v. P. M. Pflüger. Olten 1987, bes. S. 13 ff.
36 vgl. V. Kast: Liebe im Märchen. Olten 1992, S. 15 ff. und 32 ff., wo sie die Märchen «Schweinehaut» und «Das Eselein» interpretiert, und: Familienkonflikte im Märchen. Olten 1984, S. 15 ff. und 35 ff. mit den Interpretationen von «Allerleirauh» und «Vom Kalberlkönig».
37 Altägyptische Unterweltsbücher, eingel., übers. und erl. v. E. Hornung. Darmstadt ^{2}1984, S. 197.
38 E. Hornung: Die Bedeutung des Tieres im alten Ägypten, a.a.O., S. 71.
39 E. Brunner-Traut: Die alten Ägypter. Verborgenes Leben unter Pharaonen. Stuttgart/Berlin/Köln/Mainz ^{4}1987, S. 42–44; die Autorin weist darauf hin, daß in den Pyramidentexten von Unas (um 2300 v. Chr.) bis zu Pepi II. (um 2200 v. Chr.) dieses Schuldbekenntnis zu finden ist. Ferner gibt sie den interessanten Hinweis, daß die Anfänge der Veterinärmedizin nach Ägypten führen; ebd., S. 44.

40 zit. nach H. Greßmann (Hrsg.): Altorientalische Texte zum Alten Testament. Berlin/Leipzig ²1926, S. 14.

41 vgl. Summa contra Gentiles, Lib II, cap. LXXXII: «Quod animae brutorum animalium non sunt immortales», wo sich Thomas auf Aristoteles' De Anima III beruft. Vgl. A. Nitschke: Verhalten und Bewegung der Tiere nach frühen christlichen Lehren. In: Studium Generale, 20. Jhg., 4/1967, S. 235 ff., hier bes. S. 259.

42 E. Drewermann: Über die Unsterblichkeit der Tiere. Hoffnung für die leidende Kreatur. Olten/Freiburg 1990, S. 38.

43 Franz von Assisi: Die Werke, die Blümlein, übers. v. W. v. d. Steinen. Hamburg rororo 34, 1958, S. 85; 93–95.

44 vgl. A. Nitschke: Tiere und Heilige. Beobachtungen zum Ursprung und Wandel menschlichen Verhaltens. In: Dauer und Wandel der Geschichte, hrsg. v. R. Vierhaus und M. Botzenhart, 1966, S. 80 ff.

45 vgl. ebd., S. 91 ff., und den in Anm. 41 zit. Aufsatz, S. 261.

Ingrid Riedel
Pflanze und Tier bei Marc Chagall

Bildhinweise

a La Paix, abgebildet in der örtlichen Broschüre der Kapelle Sarrebourg.

b Himmelfahrt des Elia. In: Irmgard Vogelsanger-de Roche: Die Chagall-Fenster von Zürich. Zürich 1971.

c Selbstbildnis mit Wanduhr (1947). In: Hans Martin Rotermund: Marc Chagall und die Bibel. Lahr: Ernst Kaufmann 1970, S. 119, und in: Franz Meyer: Marc Chagall. Köln: DuMont Schauberg 1961, S. 472.

d Das Hohelied IV: Salomo und Sulamith (1958). In: Rotermund (vgl. Anm. c), S. 96, in: Meyer (vgl. Anm. c), S. 572, und in: Gerald Cramer, Editeur: Marc Chagall 1887–1985. Paris 1985.

e Adams und Evas Vertreibung aus dem Paradies (1954–1967). In: André Verdet: Chagall und das Mittelmeer. Genf: Weber 1985, Abb. zu S. 86.

f Der brennende Dornbusch. In: Cramer (vgl. Anm. d).

g Das Hohelied II. In: Cramer (vgl. Anm. d).

h Die Liebenden von Vence (1957), Cosmopress-Dia.

i Der Maler und seine Frau (1969), Cosmopress-Dia.

j In: Vogelsanger (vgl. Anm. b).

k In: Rotermund (vgl. Anm. c), S. 145, und in: Christoph Goldmann: Kinder entdecken Gott mit Marc Chagall. Göttingen u. Freiburg 1978, Bild 2, S. 19.

l Der Stall (1917). In: Katalog «Marc Chagall». Kunsthalle der Hypo-Stiftung München, 23. 3.–30. 6. 1991. München: Hirmer 1991, S. 21.

m Die Kuh im Zimmer (1911). In: C. Vitali. Marc Chagall. Die russischen Jahre. Schirn – Kunsthalle Frankfurt, Bonn und Genf 1991, Abb. 24.

n Einsamkeit (1933). In: Meyer (vgl. Anm. c), Nr. 574.

o Das Brautpaar mit dem Eiffelturm (1938/39). In: Katalog «Marc Chagall». (vgl. Anm. l), Abb. 43.

p Les plumes en fleur (1943), Cosmopress-Dia.

q Der Hahn (1947). In: Katalog «Marc Chagall» (vgl. Anm. l), Abb. 57; vgl. auch Abb. 43 ebenda.

r Radierungen zur Bibel. In: La Bible. Paris: Editions Revue Verve 1956.

s Noahs Dankopfer. In: Rotermund (vgl. Anm. c), S. 146, und in: Goldmann (vgl. Anm. k), Abb. 3, S. 21.

t Das Hohelied. In: Cramer (vgl. Anm. d).

u Der Krieg (1943). In: Meyer (vgl. Anm. c), Nr. 693.

v Der Engelsturz (1947). In: Werner Haftmann: Marc Chagall. Köln: DuMont 1972, Abb. 32, S. 129, und in: Meyer (vgl. Anm. c), S. 491.

w Der gehäutete Ochse (1947). In: Katalog «Marc Chagall» (vgl. Anm. l), Abb. 58.

x Bildnis Vava (1954). In: Haftmann (vgl. Anm. v), Abb. 40, S. 144.

y In: Daphnis und Chloe. Illustrationen von Marc Chagall [1954–1961]. München: Prestel 1982, S. 3 u. 7.

z In: Katalog «Marc Chagall. Peintures Récentes». Paris: Louvre 1977/78.

aa In: Jean Leymarie: The Jerusalem Windows. New York 1967.

bb Brautwerber. In: Marc Chagall/Klaus Mayer: Das Chagall-Fenster St. Stephan. 3 Bde. Würzburg 1978 ff.

cc La ferme en vert (1968). In: Katalog «Marc Chagall. Peintures Récentes» (vgl. Anm. z), Abb. 7.

dd Cantique (1974). Ebenda, Abb. 23.

ee Umschlagbild der Ausstellung München 1967.

ff Der Mythos von Orpheus (1977). In: Katalog Fondation Maeght. St. Paul 1984, S. 143.

gg Die Zeit ist ein Fluß ohne Ufer (1930–1939). In: Katalog «Marc Chagall» (vgl. Anm. l), Abb. 42.

hh Das Martyrium (1940). In: Katalog Fondation Maeght (vgl. Anm. ff.), Abb. 42, S. 89, und in: Meyer (vgl. Anm. c), S. 427.
ii Kreuzigung mit Familie (1955). In: Goldmann (vgl. Anm. k), Abb. 24, S. 65.

Anmerkungen

1 Die Äußerungen Marc Chagalls entstammen einem Interview mit André Verdet. In: André Verdet: Chagall und das Mittelmeer. Genf: Weber 1985, S. 21–72, und in: Hommage à Marc Chagall. Paris XXe siècle; deutsche Ausgabe: Luxemburg und Wiesbaden: Hasso Ebeling Verlag 1976, S. 86.
2 zit. Verdet (vgl. Anm. 1), S. 17.
3 Vollard, Ambroise: J'édite les «Fables» de la Fontaine. In: Chagall Monumental. Cahier de Galerie San Lazzaro. Paris 1973, S. 131.
4 Rosenberg, Alfons: Paare in der Kunst Chagalls. In: Peter-Michael Pflüger (Hrsg.): Trennung und Abschied – Chance zu neuem Leben. Fellbach-Oeffingen: Bonz 1984, S. 144–154.
5 a. a. O., S. 148.
6 ebenda
7 a. a. O., S. 148 f.
8 a. a. O., S. 149.
9 Alfons Rosenberg:
10 Rosenberg, Paare (vgl. Anm. 4), S. 149.
11 a. a. O., S. 150.
12 a. a. O., S. 145.
13 Carrieri, Raffaele. In: Hommage à Marc Chagall (vgl. Anm. 1), S. 12.
14 Marq, Charles: Wenn Chagall die Stimme der Engel vernimmt. In: Hommage à Marc Chagall (vgl. Anm. 1), S. 81–86.
15 a. a. O., S. 82.
16 ebenda.
17 Die folgenden Betrachtungen wurden von Chagall anläßlich eines Treffens mit amerikanischen Freunden geäußert, das in Washington vom 2. bis 4. Mai 1963 stattfand. Sie wurden ebenso wie die nachstehende Replik von Mircea Eliade mit Genehmigung beider Autoren der von Nef edierten Broschüre entnommen, die das Center for Human Understandig an der Universität Chicago zu dem Treffen herausgegeben hat.

18 Eliade, Mircea: Marc Chagall und die Liebe zum Kosmos. In: Nef (Hrsg.): Center for Human Understanding of the University of Chicago. Chicago 1963. Abgedruckt in: Hommage à Marc Chagall (vgl. Anm. 1), S. 16f.
19 ebenda
20 a.a.O., S. 16f.
21 In: Verdet (vgl. Anm. 1), S. 21–72.
22 Vgl. dazu mein Buch «Marc Chagalls Grüner Christus». Olten: Walter ^{4}1991, S. 102–112.
23 Verdet (vgl. Anm. 1), S. 103.
24 a.a.O., S. 105.
25 a.a.O., S. 106.
26 Haggard, Virginia: Sieben Jahre der Fülle, Hamburg 1987.
27 In: Verdet (vgl. Anm. 1), S. 35.
28 Chagall, Marc: Mein Leben. Stuttgart: Hatje Verlag 1959, S. 14f.
29 Werner Schmalenbach/Charles Sorlier: Marc Chagall. Frankfurt-Berlin-Wien: Propyläen 1979, S. 174.
30 ebenda.
31 ebenda.
32 ebenda.

Kurzbiographien

Günter Altner
Heidelberg. Dr. theol., Dr. rer. nat., Universitätsprofessor für evangelische Theologie an der Universität Koblenz-Landau. Mitbegründung des Instituts für angewandte Ökologie e. V. (Öko-Institut) in Freiburg, Mitarbeit im Vorstand; 1979–82 Mitglied der Enquete-Kommission «Zukünftige Kernenergiepolitik» des Deutschen Bundestags; Mitglied des Wissenschaftlichen Beirats des Instituts für Zukunftsstudien und Technologiebewertung (IZT) Berlin und des Wissenschaftlichen Beirats des Informationsdienstes Wissenschaft & Frieden e. V., Bonn. Arbeitsschwerpunkt ist u. a. der Dialog zwischen Theologie, Naturwissenschaften und Natur.

Gertrude Deninger-Polzer
Argenthal. Dr. phil.Universitätsprofessorin für Religionsphänomenologie und Religionsgeschichte an der Universität Frankfurt. Veröffentlichungen in den Bereichen Religionsphilosophie und Religionswissenschaft.

Eugen Drewermann
Paderborn. Dr. theol., Theologe und Psychoanalytiker. Nach Entzug der kirchlichen Lehrerlaubnis 1991 Privatdozent und Lehrbeauftragter im Fach Soziologie an der Universität Paderborn. Zahlreiche Veröffentlichungen, vor allem zur Bibelexegese und psychol. Märcheninterpretation. Dem Vortrag zugrunde lagen zwei seiner Bücher: Der tödliche Fortschritt, Freiburg ^{6}1991 (Herder Spektrum), und: Ich steige hinab in die Barke der Sonne. Über die Unsterblichkeit der Tiere, Olten: Walter 1989.

Helga Egner
Darmstadt. Verlagslektorin und dipl. analytische Psychologin.

Sergius Golowin
Allmendingen. Schriftsteller. Gelernter Bibliothekar volkstümlicher und heimatkundlicher Richtung. 1950–68 Sammeln alpenländischer Traditionen, später längere Zeit von Überlieferungen osteuropäischer Kulturen. Letzte Veröffentlichung: Gemeinsam im Garten Eden. Mystik und Magie unserer Haustiere, Basel 1993.

Sylvia Greiffenhagen
Esslingen am Neckar. Dr. rer. soc., Sozialforscherin und Wissenschaftspublizistin. Arbeitsschwerpunkte: Jugend- und Sozialisationsforschung, politische Einstellungen und Werthaltungen der Bevölkerung, Stadt- und Sozialforschung, Sozialpolitik, Parteienforschung und -geschichte. Publikationen, Filme, Rundfunksendungen und Ausstellungen zu diesen Themenbereichen.

Mario Jacoby
Zollikon/Zürich. Dr. phil., Analytischer Psychotherapeut in freier Praxis, Dozent und Lehranalytiker am C. G.-Jung-Institut Zürich. Interessenschwerpunkte: Psychotherapie, Übertragung/Gegenübertragung. Veröffentlichungen in den Bereichen Märchen- und Mytheninterpretation, Beziehungsaspekte in der Psychotherapie, Verbindung von neuerer Psychoanalyse und Analytischer Psychologie.

Barbara Mettler-Meibom
Essen. Dr. phil. Professorin für Politikwissenschaft an der Universität GHS Essen, Mitbegründerin des Instituts für Informations- und Kommunikationsökologie, Bonn. Arbeitsschwerpunkte: Kommunikation, Medien, Infrastrukturen, Technikfolgenabschätzung und -bewertung. Veröffentlichungen u. a. im Bereich Soziale Kosten in der Informationsgesellschaft, Kommunikationsökologie, Technik & Alltag.

Ingrid Riedel
Konstanz. Dr. theol., Dr. phil. Theologin, Psychotherapeutin in freier Praxis. Dozentin und Lehranalytikerin am C. G.-Jung-Institut Zürich. Honorarprofessorin an der Universität Frankfurt. Wissenschaftliche Leiterin der Internationalen Gesellschaft für Tiefenpsychologie. Veröffentlichun-

gen in den Bereichen Symbolik, Mythologie, Märchenforschung und Tiefenpsychologie, Trauminterpretation.

Rüdiger Rogoll
Markdorf. Dr. med., Arzt für Neurologie und Psychiatrie. Engagiert im Umwelt-, Tier- und Pflanzenschutz. Veröffentlichungen aus dem Bereich der Themenzentrierten Interaktion und der Paartherapie.

Hildegunde Wöller
Stuttgart. Ev. Theologin, Verlagslektorin. Arbeitsschwerpunkte: Theologie, Tiefenpsychologie, feministische Theologie, Religionen, Mystik. Freiberufliche Tätigkeit im Bereich Publizistik und Erwachsenenbildung. Zahlreiche Veröffentlichungen über religiöse, feministische und tiefenpsychologische Themen.

Die vorhergehenden Bände im Walter-Verlag

Herausgegeben von Peter Michael Pflüger

Freund- und Feindbilder

Begegnung mit dem Osten

179 Seiten, Broschur, 1986

Mit Beiträgen von

Ursula Baumgardt, Wjatscheslaw Daschitschew, Iring Fletscher, Jörg K. Hoensch, Mario Jacoby, Verena Kast, Wladimir Markow, Peter Michael Pflüger, Gerhard Rein.

Tiefenpsychologen, Historiker, Politologen und Journalisten aus Ost und West befaßten sich mit diesem Thema. Dabei wurde deutlich, wie schwierig es ist, anderen Menschen und vor allem Fremden vorurteils- und feindbildfrei zu begegnen. In diesem Buch sind Möglichkeiten und Grenzen aufgezeigt, diese Hemmschwellen zu überwinden.

Wendepunkte Erde, Frau, Gott

Am Anfang eines neuen Zeitalters

250 Seiten, Broschur, 1987, 2. Auflage 1988

Mit Beiträgen von

Ursula Baumgardt, Kurth Lüthi, Hubertus Mynarek, Ingrid Olbricht, Helmut Quast, Ingrid Riedel, Christian Sailer, Günther Schiwy, Anne Springer, Hildegunde Wöller.

Die Ergebnisse der modernen Wissenschaften zeigen immer deutlicher, daß Geist und Materie, Seele und belebter Leib, Natur und Gott eine Einheit bilden. Die Frauen besinnen sich auf ihre eigenen Werte und ihren spezifischen Beitrag zur Gestaltung unserer Welt. Vielleicht ist gerade die Frau dazu berufen, in der Praxis des Lebens die Verbindung zwischen Erde und Gott wiederherzustellen.

Das Paar – Mythos und Wirklichkeit

Neue Werte in Liebe und Sexualität

236 Seiten, Broschur, 1988

Mit Beiträgen von

Gertrude Deninger-Polzer, Jörg Fengler, Verena Kast, Heidemarie Langer, Hans-Karl Seeger, Dietrich Stollberg, Gerhard Wehr, Rosmarie Welter-Enderlin, Hans-Georg Wiedemann, Ute Wild.

«Psychologen und Theologen greifen umstrittene Themen aus dem Bereich der Paarbeziehung auf: Das Verhältnis von Mythos und Wirklichkeit, den fruchtbaren Streit in der Paarbeziehung, Konflikt und Gewalt in Paarbeziehungen, die Psychodynamik von Paarbeziehung und Dreieck als Herausforderung. Beziehung unter Frauen, die Schwierigkeiten zärtlicher Männerbeziehungen, die Beziehungsgestaltung in den helfenden Berufen, menschliche Reifung im Spiegel der Heiligen Hochzeit, Erfahrungen mit einem Paar aus der Bibel sowie die Versuchung zum Gott-Sein.»

Zentralblatt Neurologie/Psychiatrie, Heidelberg 1989

Der Mann im Umbruch

Patriarchat am Ende?

237 Seiten, Broschur 3. Auflage 1992

Mit Beiträgen von

Hans-Eckehard Bahr, Helmut Barz, Marina Gambaroff, Matthias Hirsch, Walter Hollstein, Hans Jellouschek, Lutz Müller, Helmut Remmler, Gisela Rieß, Peter Schellenbaum.

«Die Frage, welchen Adam braucht die neue Eva, wird von Frauenseite beantwortet, nämlich ein männliches Gegenüber, das selber und mit der Frau am Weg ist. Die Liebe wird als ein Impuls gesehen, die Partner auf einen gemeinsamen Weg zum eigenen Ich zu setzen. Im ganzen Buch, das von verschiedenen Ansätzen kommend, den ‹neuen Mann› aus seiner Entfremdung befreien und in seinem Denken, Handeln und Fühlen zu sich selber führen kann. Es schenkt Orientierungshilfe allen Frauen und Männern, die nach neuen Beziehungsmustern suchen.»

Sendbote, Werthenstein 1989

Die Suche nach Sinn – heute

280 Seiten mit 26 Farbbildern, Broschur, 1990

Mit Beiträgen von
Marga Bühring, Wolf Büntig, Hinderk M. Emrich, Ursula Eschenbach, Günter Funke, Heidi Gidion, Günther Schiwy, Hans-Jürgen Schultz, Theodor Seifert, Peter Sloterdijk, Dorothee Sölle, Hermann Strobel.

«Der Theologe G. Funke betont – wie viele andere Beiträge auch –, daß bei der Suche nach Sinn der Weg und das Sich-Aufmachen das Entscheidende ist. Die Theologin M. Bührig sieht es als besonderes Kennzeichen des Feminismus, daß er ‹Hoffnung gegen Vernichtung› setzt... Die Literaturwissenschaftlerin H. Gidion befaßt sich mit der Zuordnung von Sinn und Schreiben bei Christa Wolf. Der Arzt W. Büntig untersucht, ob und wie Krankheit als Chance zur Sinnfindung gesehen beziehungsweise erfahren werden kann... Gerade diese Vielfalt macht den Reiz dieses Buches aus.»

Theologie und Glaube, Klaus Hollmann, 1991

Abschiedlich leben

Umsiedeln – Entwurzeln – Identität suchen

244 Seiten, Broschur, 1991

Mit Beiträgen von
Tobias Brocher, Alfred Drees, Hinderk M. Emrich, Mario Jacoby, Verena Kast, Elcin Kürsat-Ahlers, Karin Lorenz-Lindemann, Franz Nuscheler, Ingrid Riedel, Theo Stammen, Johanna Vogel.

«Abschiedlich leben, ein Phänomen, das uns alle in verschiedenen Lebensphasen mehr oder weniger betrifft. Menschen, die aus verschiedenen Gründen aus ihrer Heimat auswandern oder fliehen müssen oder wollen, sind von dieser Problematik besonders betroffen – Peter M. Pflüger läßt Politologen, Soziologen, Psychologen, eine Theologin, eine Literaturwissenschaftlerin und einen Neurobiologen zu Wort kommen –. Das Buch richtet sich aber nicht nur an Fachleute, sondern an Leser, die nicht in Vorurteilen, Abwehr und Ängsten steckenbleiben, sondern sich selbst und Fremde in dieser Problematik besser verstehen lernen wollen; es ist also eine Hilfe zu tieferem Verständnis der politischen, der persönlichen, auch gefühlsmäßigen Entwicklung aller Betroffenen.»

Luzerner Zeitung vom 26. 3. 1992

Gewalt – warum?

Der Mensch: Zerstörer und Gestalter

245 Seiten mit 8 Farb- und 4 Schwarzweißabbildungen, Broschur, 1992

Mit Beiträgen von

Brigitte Dorst, Hinderk M. Emrich, Abdoljavad Falaturi, Wolfgang Giegerich, Adolf Guggenbühl-Craig, Peer Hultberg, Gunther Kosinski, Elisabeth Wellendorf, Hildegunde Wöller.

«Im vorliegenden Buch sind die zum Teil überarbeiteten, erweiterten oder zum besseren Verständnis mit Skizzen und Abbildungen ergänzten neun Referate von Ärzten, Seelsorgern, Psychotherapeuten, Psychologen, Pädagogen, Juristen und Sozialarbeitern gesammelt worden. Klärungen werden vor allem versucht zu Fragen, wie Gewalt entsteht, ob sie unvermeidlich ist, inwiefern sie zur Natur des Menschen gehört und ob (wie) sie sich kontrollieren oder bändigen läßt. Besonders bedeutsam ist jedenfalls die Absicht, die Fragen und Antworten nicht nur auf Ausbrüche von Gewalt wie etwa Krieg und Bürgerkrieg zu beziehen, sondern auch auf die vielfältigen Formen von Gewaltausübung und Gewalterfahrung im täglichen Umgang der Menschen miteinander. Ein wichtiges und gutes Buch zur rechten Zeit…»

Bücherbord Graz, Franz Deimbacher, 1993